Das Recht auf informationelle Selbstbestimmung in der Corona-Pandemie

Johanna Sophie Materne

Das Recht auf informationelle Selbstbestimmung in der Corona-Pandemie

Anforderungen des Vorbehalts des Gesetzes und Bestimmtheitsgebots an Kontaktdatenverarbeitungsregelungen in Rechtsverordnungen

Springer

Dr. jur. Johanna Sophie Materne
Juristische Fakultät
Heinrich-Heine-Universität Düsseldorf
Düsseldorf, Deutschland

Kennziffer D61

ISBN 978-3-658-50961-3 ISBN 978-3-658-50962-0 (eBook)
https://doi.org/10.1007/978-3-658-50962-0

Die Deutsche Nationalbibliothek verzeichnet diese Publikation in der Deutschen Nationalbibliografie; detaillierte bibliografische Daten sind im Internet über https://portal.dnb.de abrufbar.

Planung/Lektorat: Karina Kowatsch
Springer ist ein Imprint der eingetragenen Gesellschaft Springer Fachmedien Wiesbaden GmbH und ist ein Teil von Springer Nature.
Die Anschrift der Gesellschaft ist: Abraham-Lincoln-Str. 46, 65189 Wiesbaden, Germany

Vorwort

Meinem Doktorvater, Herrn Prof. Dr. jur. Lothar Michael, danke ich aufrichtig für das entgegengebrachte Vertrauen und den gewährten Freiraum bei der Anfertigung dieser Arbeit. Seine fachliche Kompetenz, die kritischen Anmerkungen und der konstruktive Austausch haben wesentlich zur Qualität und zum Gelingen dieser Dissertation beigetragen. Besonders dankbar bin ich ihm für seine stets offene Türe und die wertvollen Diskussionen, die mich bei der Entwicklung meiner Thesen vorangebracht haben. Seine Anleitung hat mir nicht nur in methodischer Hinsicht Sicherheit gegeben, sondern mir auch gezeigt, wie anspruchsvolle wissenschaftliche Arbeit aussieht. Für all dies bin ich ihm zutiefst verbunden.

Herrn Prof. Dr. jur. Johann Justus Vasel danke ich für die Erstellung des Zweitgutachtens, seine wertvollen Hinweise sowie das konstruktive Disputationsgespräch.

Mein Dank gilt zudem allen Kolleginnen und Kollegen am Lehrstuhl von Herrn Prof. Dr. Michael, insbesondere Frau Dr. Laura Katharina Pauli und Herrn Christoph Witthaut, an welchem ich von 2021 bis 2024 die Freude hatte zu arbeiten.
Ferner danke ich Herrn Prof. Dr. med. Chapot, denn ohne ihn wäre die Fertigstellung dieser Doktorarbeit sowie die Beschreitung meines weiteren Lebensweges in Gesundheit nicht möglich gewesen.

Mein größter Dank gilt schließlich meinen Eltern und meinem Verlobten für ihren unermüdlichen Rückhalt, ihr Vertrauen und ihre emotionale Unterstützung während dieser intensiven Phase meiner akademischen Laufbahn.

Diese Dissertation wurde am 24. September 2024 von der Juristischen Fakultät der Heinrich-Heine-Universität Düsseldorf zur Promotion angenommen. Rechtsprechung und Literatur wurden bis zu diesem Zeitpunkt berücksichtigt. Die Disputation fand am 30. Oktober 2025 statt.

Duisburg
im Dezember 2025

Johanna Sophie Materne

Interessenkonflikt Der/die Autor*in hat keine relevanten Interessenskonflikte im Zusammenhang mit dieser Publikation.

Inhaltsverzeichnis

A. Einleitung: Gang der Darstellung

Ende des Jahres 2019 wurden in der chinesischen Stadt Wuhan Fälle einer damals unbekannten Krankheit beobachtet, die durch ein neuartiges Virus ausgelöst wurde: COVID-19.[1] Dieses Virus wurde als „Schweres Akutes Respiratorisches Syndrom-Coronavirus-2“, kurz „SARS-CoV-2“ oder – aufgrund seiner unter einem Elektronenmikroskop an eine Krone erinnernden Oberflächenstruktur – auch als „Corona“ bezeichnet.[2] Nach anfänglicher Spekulation über die Gefährlichkeit der Krankheit starb Ende Dezember 2019 die erste Person an bzw. mit der neuen Lungenerkrankung und die Krankheitsfälle wurden der Weltgesundheitsorganisation gemeldet.[3] Im Januar 2020 traten Infektionen in Thailand, Ägypten, Iran und Südkorea, Ende Januar auch in der Bundesrepublik Deutschland auf, woraufhin die Weltgesundheitsorganisation die Situation am 11. März 2020 zur Pandemie erklärte.[4]

Zur Bekämpfung der Corona-Pandemie wurde eine Vielzahl an tiefgreifenden und schwerwiegenden grundrechtsbeeinträchtigenden Maßnahmen ergriffen, die es in dieser Art und Weise in der Geschichte der Bundesrepublik bisher nicht gegeben hatte.[5] Die zur Eindämmung dieser Pandemie erlassenen Maßnahmen werden regelmäßig als härteste Grundrechtseinschränkungen in der jüngeren Geschichte von Deutschland bewertet.[6] Neben Beeinträchtigungen der Versammlungsfreiheit, Berufsfreiheit, Religionsfreiheit und vieler weiterer Grundrechte kam es unter anderem zu Beeinträchtigungen des „Grundrechts auf Datenschutz“. Die verfassungsrechtlichen Fragestellungen, die sich insbesondere zu Beginn sowie im Laufe der Corona-Pandemie stellten, werden vorliegend im Kontext mittelbarer Eingriffe in das Recht auf informationelle Selbstbestimmung aus Art. 2 Abs. 1 i.V.m. Art. 1 Abs. 1 GG untersucht.

Dazu wird zunächst eine Bestandsaufnahme zu mehreren datenschutzrelevanten Maßnahmen in der Corona-Pandemie vollzogen. Darin wird unter anderem die schwerpunktmäßig behandelte Konstellation einer Datenverarbeitungspflicht für Einrichtungsbetreibende vor Zutrittsgewährung als mittelbarer Eingriff in das Grundrecht auf Datenschutz der Einrichtungsbesucherinnen und -besucher dargestellt. Es wird außerdem auf die Schutzbereiche der

---

[1] COVID-19 als Akronym von „Coronavirus Disease 2019” (Englisch) bzw. „Coronavirus-Krankheit 2019” (Deutsch); *Giesberts/Gayger/Weyand*, NVwZ 2020, 417; *Maaß*, NVwZ 2020, 589; *Schlegel/Meßling/Bockholdt*, COVID-19, 2. Auflage 2022, § 1, Rn. 1; Deutsches Ärzteblatt, Jg. 117, 2020, S. A362.

[2] https://www.infektionsschutz.de/erregersteckbriefe/coronavirus-sars-cov-2/; https://www.dzif.de/de/glossar/coronavirus; https://uol.de/aktuelles/artikel/angriff-von-coronaviren-in-nahaufnahme-4788 (zuletzt abgerufen: 18.09.2024).

[3] *Niedenhoff/Orth*, Neue Wege für Wirtschaft und Gesellschaft, 2021, S. 7.

[4] *Niedenhoff/Orth*, Neue Wege für Wirtschaft und Gesellschaft, 2021, S. 8; *Schlegel/Meßling/Bockholdt*, COVID-19, 2. Auflage 2022, § 1, Rn. 2; *Zuck/Zuck*, NVwZ 2020, 2302; https://www.who.int/director-general/speeches/detail/who-director-general-s-opening-remarks-at-the-media-briefing-on-covid-19---11-march-2020 (zuletzt abgerufen: 18.09.2024).

[5] Eine Übersicht für das Jahr 2020 siehe z.B. *Kluckert* in: Kluckert, Das neue Infektionsschutzrecht, 2. Auflage 2021, Anhang; vgl. *Kersten/Rixen*, Der Verfassungsstaat in der Corona-Krise, 3. Auflage 2022, S. 13-24; *Kotzur* in: von Münch/Kunig, Grundgesetz-Kommentar, 7. Auflage 2021, Art. 20 GG, Rn. 174 ff.; *Schwarz*, JA 2020, 321; *Schmitz/Neubert*, NVwZ 2020, 666 (666 f.).

[6] VGH Hessen, Beschluss vom 07.04.2020, 8 B 892/20.N; VGH Bayern, Beschluss vom 09.04.2020, 20 NE 20.663; *Spieth/Hellermann*, NVwZ 2020, 1405.

J. S. Materne, *Das Recht auf informationelle Selbstbestimmung in der Corona-Pandemie*, https://doi.org/10.1007/978-3-658-50962-0_1

Landesgrundrechte auf Datenschutz sowie des Rechts auf informationelle Selbstbestimmung des Grundgesetzes eingegangen.[7]

Im Anschluss an die Bestandsaufnahme werden ausgewählte Judikate sowie einschlägige Literatur überwiegend aus dem Jahr 2020 zu dem Vorbehalt des Gesetzes einerseits und dem Bestimmtheitsgebot aus Art. 80 Abs. 1 S. 2 GG andererseits dargestellt. Die Literatur trennte konsequenter als die Rechtsprechung hinsichtlich beider Gewährleistungsbereiche, weshalb die Literaturauffassungen ebenfalls getrennt dargestellt werden. Die Rechtsprechung lässt sich hingegen in retrospektive und nicht retrospektive Entscheidungen untergliedern. Sie wird weitgehend in chronologischer Reihenfolge dargestellt. Bei der Auswertung wird nicht nur auf Literatur und Rechtsprechung hinsichtlich des Datenschutzgrundrechts Bezug genommen, sondern es werden aus einem Spektrum an Ansichten dogmatische Konsequenzen für den hiesigen Kontext hergeleitet. Nach einer Zwischenbilanz werden die ausgewerteten Entscheidungen und Beiträge aus der Literatur reflektiert. Abschließend werden die Rechtsfolgen des gefundenen Ergebnisses erörtert.

Das nachfolgende Kapitel widmet sich der Beschränkbarkeit des Rechts auf informationelle Selbstbestimmung. Dazu beschäftigt es sich insbesondere mit den speziellen Normenbestimmtheits- und Normenklarheitsvoraussetzungen, die das Bundesverfassungsgericht im Volkszählungsurteil aus dem Jahre 1983[8] aufgestellt hat. Es wird unter Berücksichtigung von sich vor allem auf das Volkszählungsurteil beziehender Literatur erörtert, inwiefern diese Voraussetzungen mit dem grundsätzlich bestehenden Gesetzesvorbehalt beim Recht auf informationelle Selbstbestimmung verwoben sind und ob an ihnen in einer Situation wie der Corona-Pandemie festgehalten werden sollte.

Ferner wird die Frage beantwortet, ob die Anordnungen einer verpflichtenden Kundenkontaktdatenverarbeitung durch Private einen unangemessenen mittelbaren Eingriff in das Recht auf informationelle Selbstbestimmung darstellten bzw. aus heutiger Sicht darstellen. Anschließend wird die Rolle, welche die Corona Applikationen („Apps“ auf mobilen Endgeräten) dabei gespielt haben, berücksichtigt. Auf die Unanwendbarkeit der Unionsgrundrechte wird eingegangen, bevor letztendlich eine umfangreiche Abwägung vorgenommen wird. Sodann wird untersucht, was sich mit der Einfügung des § 28a IfSG im November 2020 änderte.

Den Abschluss bilden die Auseinandersetzung mit der Frage, ob ein aktuelles Erfordernis einer spezialgesetzlichen Grundlage für zukünftige Pandemien besteht und eine Zusammenfassung der wesentlichen Erkenntnisse.

---

[7] Ausführlicher dazu sogleich unter B.

[8] BVerfGE 65, 1.

B. Bestandsaufnahme zu datenschutzrelevanten Maßnahmen in der Corona-Pandemie

Erste Maßnahmen zur Pandemiebekämpfung wurden in der Bundesrepublik Deutschland ab der elften Kalenderwoche im Jahr 2020 in Form von Allgemeinverfügungen und Rechtsverordnungen ergriffen.[9] Gerade zu Beginn der Corona-Pandemie nutzen einige Landesregierungen die Handlungsform der Allgemeinverfügung, um weitreichende Pandemieeindämmungsmaßnahmen wie Ausgangsbeschränkungen, Betriebsschließungen, Versammlungsverbote und weitere grundrechtsbeschneidende Maßnahmen zu erlassen.[10] Schnell wurden jedoch Zweifel an der Verfassungskonformität von derartigen landesweit geltenden Allgemeinverfügungen zur Pandemiebekämpfung geäußert, da Allgemeinverfügungen i.S.v. § 35 S. 2 VwVfG Verwaltungsakte konkret-genereller Natur sind (wohingegen Rechtsverordnungen abstrakt-generelle Regelungen treffen).[11]

Bei adressatenbezogenen Allgemeinverfügungen muss der Personenkreis bestimmbar sein und der Gegenstand der Regelung muss sich auf einen konkreten Lebenssachverhalt beziehen.[12] Bei den Maßnahmen, die zur Eindämmung der Corona-Pandemie in Form von Allgemeinverfügungen getroffen wurden, fehlten jedoch ein solcher abgrenzbarer Personenkreis und ein konkreter Lebenssachverhalt, mithin die Einzelfallbezogenheit.[13]

Daher gingen einige Stimmen in Literatur und Rechtsprechung davon aus, dass für derartige abstrakt-generelle Regelungen vielmehr Rechtsverordnungen die richtige Handlungsform waren, woraufhin auch die Landesregierungen umschwenkten und fortan Rechtsverordnungen auf Grundlage von § 32 S. 1 i.V.m. § 28 Abs. 1 IfSG erließen.[14] Die zu Beginn der Pandemie erlassenen Allgemeinverfügungen werden im Folgenden nicht näher untersucht.

---

[9] *Kluckert* in: Kluckert, Das neue Infektionsschutzrecht, 2. Auflage 2021, § 3, Rn. 2; *Meyer*, NVwZ 2020, 609 (610); zum Verhältnis von Landesrechtsverordnung und Allgemeinverfügung z.B. OVG Berlin-Brandenburg, NJW 2020, 1454 (1455).

[10] *Bender,* NVwZ Extra 2020, 1; *Kersten/Rixen*, Der Verfassungsstaat in der Corona-Krise, 3. Auflage 2022, Kapitel 3, S. 76; *Kluckert* in: Kluckert, Das neue Infektionsschutzrecht, 2. Auflage 2021, § 2, Rn. 191; *Siegel*, NVwZ 2020, 577 (579).

[11] VG München, Beschluss vom 24.03.2020, M 26 S 20.1252, BeckRS 2020, 6126, Rn. 21-23; *Bender,* NVwZ Extra 2020, 1; *Gärditz/Abdulsalam*, GSZ 2020, 108 (111); *Kersten/Rixen*, Der Verfassungsstaat in der Corona-Krise, 3. Auflage 2022, Kapitel 3, S. 76; *Kingreen*, JURA 2020, 1019 (1021 Fn. 16); *Klafki*, JuS 2020, 511 (512); *Knauff* in: Schoch/Schneider, Verwaltungsrecht, Werkstand: 4. EL November 2023, § 35 VwVfG, Rn. 199; *Remmert* in: Dürig/Herzog/Scholz, Grundgesetz-Kommentar, 104. EL April 2024, Art. 80 GG, Rn. 28; *U. Stelkens* in: Stelkens/Bonk/Sachs, Verwaltungsverfahrensgesetz, 10. Auflage 2023, § 35 VwVfG, Rn. 267.

[12] *Barczak*, JuS 2018, 238 (243); *Klafki*, JuS 2020, 511 (512).

[13] Letztere wurde indes von manchen fingiert, siehe z.B. *Rixen*, NJW 2020, 1097 (1100); vgl. *Kluckert* in: Kluckert, Das neue Infektionsschutzrecht, 2. Auflage 2021, § 2, Rn. 197-203; *Marquardsen/Gerlach*, JA 2020, 801 (804); *Siegel*, NVwZ 2020, 577 (579).

[14] VG München, Beschluss vom 24.03.2020, M 26 S 20.1252, BeckRS 2020, 6126, Rn. 21-23; *Gärditz/Abdulsalam*, GSZ 2020, 108 (112); *Kersten/Rixen*, Der Verfassungsstaat in der Corona-Krise, 3. Auflage 2022, Kapitel 3, S. 76; *Kingreen*, JURA 2020, 1019 (1021); *Klafki*, JuS 2020, 511 (512).

J. S. Materne, *Das Recht auf informationelle Selbstbestimmung in der Corona-Pandemie*, https://doi.org/10.1007/978-3-658-50962-0_2

Zurückblickend lässt sich das Infektionsgeschehen zeitlich in verschiedene Phasen aufteilen.[15] Gekennzeichnet sind die Pandemiebegebenheiten insgesamt durch sogenannte Wellen.[16] Während in den Kalenderwochen 5/2020 bis 9/2020 lediglich sporadische Erkrankungsfälle zu verzeichnen waren, entwickelte sich die erste Welle von Kalenderwoche 10/2020 bis 20/2020 (Phase 1).[17] Neben der Anordnung von Hygiene- und Kontaktreduzierungsmaßnahmen wurden sogenannte Lockdowns verhängt, die als Maßnahmen zur Einschränkung des öffentlichen Lebens und der Bewegungsfreiheit die Ausbreitung des Virus verlangsamen sollten.[18] Der erste Lockdown, welcher das öffentliche Leben weitgehend lahmgelegte, wurde am 16.03.2020 beschlossen, trat am 22.03.2020 in Kraft und dauerte bis zum 04.05.2020.[19] Das Sommerplateau, welches durch einen Rückgang der Infektionszahlen und daher der Lockerung von freiheitsbeschränkenden Maßnahmen geprägt war, dauerte von Kalenderwoche 21/2020 bis 39/2020 (Phase 2).[20]

Die zweite Welle entwickelte sich von Kalenderwoche 40/2020 an und dauerte bis in die Kalenderwoche 8/2021 (Phase 3)[21], woraufhin am 02.11.2020 ein „Lockdown-Light“ für das Bundesgebiet Deutschlands ausgerufen wurde. Da dieser das Infektionsgeschehen nicht wie antizipiert einzudämmen vermochte, wurden am 13.12.2020 neue Regelungen bekannt gegeben und ein harter Lockdown am 06.01.2021 verhängt, welcher erst im Mai 2021 mit dem Bruch der dritten Welle endete.[22]

Diese dritte Welle überdauerte den Zeitraum von den Kalenderwochen 9/2021 bis 23/2021 (Phase 4).[23] Nach dem Sommerplateau ab Kalenderwoche 24/2021 (Phase 5) begann in der Kalenderwoche 30/2021 die vierte Welle (Phase 6), welche einen ersten Höhepunkt Mitte September 2021 und einen weiteren Höhepunkt Ende November bzw. Anfang Dezember 2021 erreichte.[24]

---

[15] Epidemiologisches Bulletin 10/2022, 3; Epidemiologisches Bulletin 15/2021, 8; Epidemiologisches Bulletin 10/2022, 3; Epidemiologisches Bulletin 37/2021, 13; andere Phaseneinteilung bei *Niedenhoff/Orth*, Neue Wege für Wirtschaft und Gesellschaft, 2021, S. 7.

[16] RKI, Virologische Analysen in der COVID-19-Pandemie, https://www.rki.de/DE/Content/Infekt/NRZ/Influenza/zirkulierende/VirolAnalysen_2020_21.html (zuletzt abgerufen: 18.09.2024); Epidemiologisches Bulletin 38/2022, 3 (4).

[17] Bundesgesundheitsblatt 12/2021, 64:1500 (1502); Bundesgesundheitsblatt 9/2021, 64:1093; Epidemiologisches Bulletin 15/2021, 8 (10).

[18] https://wirtschaftslexikon.gabler.de/definition/lockdown-122433 (zuletzt abgerufen: 18.09.2024).

[19] *Glaeske*, Public Health Forum 2021, Band 29, 42 (43); *Niedenhoff/Orth*, Neue Wege für Wirtschaft und Gesellschaft, 2021, S. 9; https://www.wiwo.de/politik/deutschland/corona-wie-verlief-der-erste-lockdown-in-deutschland/26853384.html (zuletzt abgerufen: 18.09.2024); Zusammenstellung der zu dieser Zeit geltenden Regelungen: *Kluckert* in: Kluckert, Das neue Infektionsschutzrecht, 2. Auflage 2021, § 3, Rn. 5-49.

[20] Epidemiologisches Bulletin 15/2021, 8 (12); *Glaeske*, Public Health Forum 2021, Band 29, 42 (44).

[21] Bundesgesundheitsblatt 12/2021, 64:1500 (1502); Bundesgesundheitsblatt 9/2021, 64:1093 (1093 ff.); Epidemiologisches Bulletin 15/2021, 8 (12 f.).

[22] Bundesgesundheitsblatt 9/2021, 64:1093 (1095); https://www.wiwo.de/politik/deutschland/corona-lockdown-so-ist-der-zweite-lockdown-in-deutschland-verlaufen/27076474.html (zuletzt abgerufen: 18.09.2024).

[23] Epidemiologisches Bulletin 37/2021, 13.

[24] Epidemiologisches Bulletin 10/2022, 3; Epidemiologisches Bulletin 37/2021, 13.

In der Kalenderwoche 52/2021 startete bereits die fünfte Welle (Phase 7); zwischen der vierten und fünften Welle ist ein nahezu fließender Übergang festzustellen.[25] Die fünfte Welle könnte mit Blick auf die Omikron-Sublinien BA.1 und BA.2 als Virusvarianten erneut in zwei Phasen unterteilt werden, ist jedoch insgesamt als eine Phase zu betrachten. Sie sowie Phase 7 endeten in der Kalenderwoche 21/2022. In der Kalenderwoche 22/2022 startete sodann die sechste COVID-19-Welle sowie Phase 8.[26] Auf die darauffolgenden Phasen und Wellen der Corona-Pandemie kommt es hier nicht mehr an.

Ein Erkenntnisinteresse dieser Arbeit liegt in der Erörterung, wie die Rechtsprechung mit der Corona-Pandemie umgegangen ist und welche Konsequenzen daraus für die Zukunft gezogen werden können. Wird die Rechtsprechung insbesondere aus dem Jahr 2020 näher betrachtet, so lässt sich diese nicht in homogene, strikt voneinander abgrenzbare Phasen einteilen. Bei einer Differenzierung nach Bundesländern, verschiedenen Instanzen, Zeitpunkten oder Rechtswegen bzw. Verfahrensarten ist kein „hartes" Muster zu erkennen. Denn mal war es ein Amtsgericht[27], mal ein Verwaltungsgericht[28], mal gar ein Verfassungsgerichtshof[29], welche erhebliche Kritik an § 32 S. 1 i.V.m. § 28 Abs. 1 IfSG als taugliches Delegationsgesetz für die Vielzahl an grundrechtsverkürzenden Maßnahmen in den Corona-Verordnungen äußerten. Daneben gab es in jeder verwaltungsgerichtlichen Instanz Gerichte, die keine Zweifel an dem verfassungskonformen Rückgriff auf § 32 S. 1 i.V.m. § 28 Abs. 1 IfSG hatten.[30]

Auch hinsichtlich der verschiedenen Instanzen selbst lässt sich kein einheitliches Vorgehen erkennen: Der Verfassungsgerichtshof des Saarlandes sah es im August 2020 vollkommen anders[31] als der Bayrische Verfassungsgerichtshof Ende Oktober 2020[32], der Verfassungsgerichtshof Thüringen sah es im März 2021[33] anders als das Landesverfassungsgericht Sachsen-Anhalt im gleichen Monat[34].

---

[25] Epidemiologisches Bulletin 10/2022, 3 (4).

[26] Dazu Epidemiologisches Bulletin 38/2022, 3 (4).

[27] Z.B. AG Dortmund, Urteil vom 02.11.2020, 733 OWi, 127 Js 75/20, 64/20.

[28] Z.B. VG Hamburg, Beschluss vom 10.11.2020, 13 E 4550/20.

[29] Z.B. VerfGH Saarland, NVwZ 2020, 1513.

[30] Z.B. OVG Bremen, Beschluss vom 09.04.2020, 1 B 97/20, BeckRS 2020, 5629; VGH Bayern, Beschluss vom 09.04.2020, 20 NE 20.663; VG Münster, Beschluss vom 21.08.2020, 5 L 708/20, BeckRS 2020, 21349; BVerwG NVwZ 2023, 1000 hinsichtlich Vorschriften einer Verordnung, die vom 20.04.-03.05.2020 galt.

[31] VerfGH Saarland, NVwZ 2020, 1513 (1518, Rn. 85 ff.): Das Recht auf informationelle Selbstbestimmung sei nur durch förmliches Gesetz (durch die Legislative) beschränkbar.

[32] VerfGH Bayern, Entscheidung vom 21.10.2020, Vf. 26-VII-20, Rn. 14: Das Recht auf informationelle Selbstbestimmung sei nicht nur durch förmliches Gesetz beschränkbar, sondern auch der exekutivische Normgeber sei zu einschränkenden Regelungen befugt.

[33] VerfGH Thüringen, Urteil vom 01.03.2021, VerfGH 18/20, 1. LS: „Die Bestimmungen des § 32 Satz 1 i. V. m. § 28 Abs. 1 Satz 1 IfSG stellen jedenfalls für den im vorliegenden Verfahren relevanten Zeitraum bis zum 11. November 2020 eine ausreichende Verordnungsermächtigung auch für nicht unerhebliche Grundrechtseingriffe dar. (...)"

[34] LVerfG Sachsen-Anhalt, Urteil vom 26.03.2021, LVG 25/20, Rn. 61 ff.: Die Corona-Verordnung (die 8. SARS-CoV-2-EindV(2)) überschritt im Wesentlichen den Rahmen der für sie maßgeblichen Verordnungsermächtigung

Überdies war innerhalb der Bundesländer keine einheitliche Linie bei der Bewertung, ob oder wie lange § 32 S. 1 i.V.m. § 28 Abs. 1 IfSG ein taugliches Delegationsgesetz darstellten, erkennbar: Beispielsweise schien die Generalklausel nach der Ansicht des Verwaltungsgerichts Mainz Anfang November 2020 den verfassungsrechtlichen Anforderungen nicht mehr zu genügen[35], das Oberverwaltungsgericht Rheinland-Pfalz stellte acht Tage später hingegen fest, dass zu dieser Zeit jedenfalls im Wege des einstweiligen Rechtsschutzes[36] von einer grundsätzlich ausreichenden gesetzlichen Ermächtigungsgrundlage auszugehen sei.[37] Außerdem lässt sich kein Zeitpunkt in dem Jahr 2020 bestimmen, zu welchem die These aufgestellt werden könnte, dass bis dahin die Gerichte § 32 S. 1 i.V.m. § 28 Abs. 1 IfSG für eine verfassungskonforme Grundlage angesehen haben und ab dem sie diese für verfassungswidrig erklärt hätten.

Darüber hinaus lässt sich kein Muster anhand der Verfahrensarten in der Corona-Rechtsprechung bilden. Hinsichtlich der hiesigen Thematik wurde soweit ersichtlich zumeist im Wege einstweiligen Rechtsschutzes entschieden im Verfahren nach § 47 Abs. 6 VwGO[38] oder (seltener) § 123 VwGO[39]. Weniger häufig als zu Verfahren nach § 47 Abs. 6 VwGO kam es beispielsweise zu Landesverfassungsbeschwerden[40], abstrakten Normenkontrollverfahren[41] oder (in Bayern) Entscheidungen über Popularklagen auf Feststellung der Verfassungswidrigkeit von Normen aus auf § 32 S. 1 i.V.m. § 28 Abs. 1 IfSG gestützten Corona-Verordnungen.[42] Innerhalb der genannten Verfahren waren die jeweiligen Entscheidungen uneinheitlich.

---

in § 32 S. 1 i.V.m. § 28 Abs. 1 IfSG. Ausdrückliche Abweichung vom Urteil des Thüringer Verfassungsgerichtshofs vom 01.03.2021 ebenfalls in Rn. 65.

[35] VG Mainz, Beschluss vom 01.11.2020, 1 L 843/20.MZ.

[36] Zu diesem Aspekt sogleich.

[37] OVG Rheinland-Pfalz, 09.11.2020, 6 B 11345/20, Rn. 8.

[38] Z.B. OVG NRW, Beschluss vom 06.04.2020, 13 B 398/20.NE; VGH Hessen, Beschluss vom 07.04.2020, 8 B 892/20.N; VGH Baden-Württemberg, Beschluss vom 09.04.2020, 1 S 925/20; OVG Bremen, Beschluss vom 09.04.2020, 1 B 97/20, BeckRS 2020, 5629; VGH Bayern, Beschluss vom 09.04.2020, 20 NE 20.663; OVG NRW, Beschluss vom 16.04.2020, 13 B 452/20.NE; OVG Bremen, Beschluss vom 22.04.2020, 1 B 111/20, BeckRS 2020, 7041; VGH Bayern, Beschluss von 27.04.2020, 20 NE 20.793; OVG Sachsen-Anhalt, Beschluss vom 11.06.2020, 3 R 102/20; OVG NRW, Beschluss vom 23.06.2020, 13 B 695/20.NE; VGH Baden-Württemberg, Beschluss vom 25.06.2020, 1 S 1739/20; VGH Bayern, Beschluss vom 07.09.2020, 20 NE 20.1981; VGH Bayern, Beschluss vom 29.10.2020, 20 NE 20.2360; OVG Berlin-Brandenburg, Beschluss vom 04.11.2020, OVG 11 S 94/20; VGH Baden-Württemberg, Beschluss vom 6.11.2020, 1 S 3388/20; OVG NRW, Beschluss vom 06.11.2020, 13 B 1657/20.NE, BeckRS 2020, 29787; OVG Sachsen, Beschluss vom 11.11.2020, 3 B 357/20; VGH Kassel, Beschluss vom 12.11.2020, 8 B 2701/20.N; OVG Sachsen, Beschluss vom 26.11.2020, 3 B 374/20; OVG Münster, Beschluss vom 15.12.2020, 13 B 1731/20.NE, BeckRS 2020, 36237; zu § 47 VwGO allgemeiner sowie im Kontext der Corona-Pandemie *Bender*, NVwZ Extra 2020, 1 (3).

[39] Z.B. VG Mainz, Beschluss vom 01.11.2020, 1 L 843/20.MZ; VG Hamburg, Beschluss vom 10.11.2020, 13 E 4550/20.

[40] Z.B. VerfGH Saarland, NVwZ 2020, 1513.

[41] Z.B. LVerfG Sachsen-Anhalt, 08.12.2020 - LVG 25/20; VerfGH Thüringen, Urteil vom 01.03.2021, VerfGH 18/20; LVerfG Sachsen-Anhalt, Urteil vom 26.03.2021, LVG 25/20.

[42] VerfGH Bayern, Entscheidung vom 21.10.2020, Vf. 26-VII-20.

Allerdings zeigt sich anhand der ausgewerteten Entscheidungen ein graduelles Muster – und zwar mit Blick auf einen zeitlichen Aspekt bzw. die zeitliche Entwicklung im Jahr 2020. Dieses Muster ist nicht als Stufe, sondern als ansteigende Kurve zu verstehen. Die überwiegende Ansicht der Rechtsprechung war zu Beginn der Pandemie, dass die Generalklausel (§ 32 S. 1 i.V.m. § 28 Abs. 1 IfSG) den Anforderungen des Art. 80 Abs. 1 S. 2 GG bzw. des Vorbehalts des Gesetzes genügte[43]; im Laufe des Jahres 2020 haben die Gerichte zunehmend Bedenken gegen die hinreichende Bestimmtheit im Sinne des Art 80 Abs. 1 S. 2 GG von § 32 S. 1 i.V.m. § 28 Abs. 1 IfSG und deren Tauglichkeit als Delegationsgesetz aufgrund der Anforderungen des Vorbehalts des Gesetzes geäußert.[44] Seltener wurde ausdrücklich in der Judikatur vertreten, dass § 32 S. 1 i.V.m. § 28 Abs. 1 IfSG nach mehreren Monaten der Corona-Pandemie nicht mehr als taugliche Grundlage für die erheblichen Grundrechtseingriffe in Rechtsverordnungen zur Pandemiebekämpfung anzusehen seien.[45] Darin ist ein graduelles Muster zu erkennen.

Außerdem haben die Gerichte vielfach bei der Auslegung von § 32 S. 1 i.V.m. § 28 Abs. 1 IfSG aufeinander Bezug genommen. Sie zitierten sich, um der Ansicht eines anderen Gerichts zu folgen oder wenn sie einer diametral verschiedenen Auffassung waren. Beispielsweise bezog sich der Hessische Verwaltungsgerichtshof im November 2020[46] auf das Verwaltungsgericht Hamburg[47], als er ausführte, dass ihn die Entscheidung des Verwaltungsgerichts Hamburg nicht zu überzeugen vermochte. Ein weiteres Beispiel ist die Entscheidung des Landesverfassungsgerichts Sachsen-Anhalt aus März 2021[48], welches sich von der Auffassung des Thüringer Verfassungsgerichtshofs[49] aus demselben Monat distanzierte. Zuletzt sei das Urteil des Oberverwaltungsgerichts Sachsen vom 10. August 2022[50] genannt, in welchem sich dieses Oberverwaltungsgericht explizit von der Auffassung des Landesverfassungsgerichts Sachsen-Anhalt[51] distanzierte und vielmehr der Ansicht des Oberverwaltungsgerichts Bremen in dessen Urteil vom 23. März 2022[52] gefolgt ist.

In der Literatur[53] wurde dagegen früher und vehementer als in der Rechtsprechung bezweifelt bzw. verneint, dass § 32 S. 1 i.V.m. § 28 Abs. 1 IfSG hinsichtlich der Anforderungen des

[43] Z.B. OVG Berlin-Brandenburg, Beschluss vom 27.05.2020, OVG 11 S 43/20; OVG NRW, Beschluss vom 23.06.2020, 13 B 695/20.NE; VGH Baden-Württemberg, Beschluss vom 25.06.2020, 1 S 1739/20.

[44] VGH Bayern, Beschluss vom 29.10.2020, 20 NE 20.2360; VG Mainz, Beschluss vom 01.11.2020, 1 L 843/20.MZ; VGH Bayern, Beschluss vom 05.11.2020, 20 NE 20.2468; VGH Baden-Württemberg, Beschluss vom 6.11.2020, 1 S 3388/20; vgl. *Kersten/Rixen*, Der Verfassungsstaat in der Corona-Krise, 3. Auflage 2022, Kapitel 3, S. 88.

[45] Z.B. VerfGH Saarland, NVwZ 2020, 1513; AG Dortmund, Urteil vom 02.11.2020, 733 OWi, 127 Js 75/20, 64/20; VG Hamburg, Beschluss vom 10.11.2020, 13 E 4550/20.

[46] VGH Kassel, Beschluss vom 12.11.2020, 8 B 2701/20.N, openJur 2020, 77672, Rn. 39.

[47] VG Hamburg, Beschluss vom 10.11.2020, 13 E 4550/20.

[48] LVerfG Sachsen-Anhalt, Urteil vom 26.03.2021, LVG 25/20, Rn. 65.

[49] VerfGH Thüringen, Urteil vom 01.03.2021, VerfGH 18/20.

[50] OVG Sachsen, Urteil vom 10.08.2022, 3 C 62/20.

[51] LVerfG Sachsen-Anhalt, Urteil vom 26.03.2021, LVG 25/20.

[52] OVG Bremen, Urteil vom 23.03.2022, 1 D 349/20.

[53] Z.B. *Birkner*, ZRP 2020, 157; *Brocker*, NVwZ 2020, 1485; *Brüning/Thomsen*, NVwZ 2021, 1183 (1183 ff.); *Gärditz/Abdulsalam*, GSZ 2020, 108; *Heinig/Kingreen/Lepsius/Möllers/Volkmann/Wißmann*, JZ 2020, 861

Bestimmtheitsgebots aus Art. 80 Abs. 1 S. 2 GG oder jedenfalls des Vorbehalts des Gesetzes ein taugliches Delegationsgesetz für die zahlreichen, schwerwiegenden Grundrechtseingriffe in den Corona-Rechtsverordnungen darstellten.[54]

Zur Eindämmung der Pandemie wurde eine Vielzahl von Maßnahmen erlassen, die das Grundrecht auf Datenschutz berührten. So wurde beispielsweise diskutiert, ob Arbeitgebende den Zutritt zur Arbeitsstätte von einer vorherigen Corona-Testung der Mitarbeitenden oder einer sogenannten „3G-Regelung“[55] abhängig machen sollten, was zwischenzeitlich in § 28b Abs. 1 S. 1 IfSG in der Fassung vom 24.11.2021[56] bis zum 20.03.2022 vorgesehen war.[57] Auch die Erhebung sowie Verarbeitung des Impf- und Serostatus von Beschäftigten durch Arbeitgebende (nach §§ 23a S. 1, 23 Abs. 3 S. 1 und § 36 Abs. 3 S. 1 IfSG) war zur Bekämpfung der Corona-Pandemie möglich.[58]

Es wurde außerdem der Einsatz von Wärmebildkameras und anderen Formen elektronischer Temperaturerfassung vor der Gewährung des Zugangs zu öffentlichen Einrichtungen erwogen.[59] Überdies wurden in mehreren Bundesländern Drohnen oder stationäre Kameras genutzt, um die Wahrung von Ausgangssperren, Kontaktverboten oder Versammlungsverboten zu kontrollieren.[60] Die Gründung des Netzwerks Universitätsmedizin zum Austausch der Daten aller Corona-Patientinnen und Patienten im April 2020 berührte ebenfalls das Recht auf informationelle Selbstbestimmung.[61]

Die genannten Maßnahmen boten Anlass für diese Arbeit, die sich auf verfassungsrechtlich relevante Problemstellungen konzentriert. Diese werden schwerpunktmäßig am Beispiel von Kundenkontaktdatenverarbeitungsregelungen für private Einrichtungsbetreiberinnen und -betreiber zur Infektionskettennachverfolgung erörtert.[62]

(869 ff.); *Klafki*, NVwZ 2020, 1718; *Kluckert* in: Kluckert, Das neue Infektionsschutzrecht, 2. Auflage 2021, § 2, Rn. 102-111d; *Pautsch/Haug*, NJ 2020, 281; *Volkmann*, NJW 2020, 3153; *Waldhoff*, NJW 2021, 2772.

[54] Mehr dazu unter C. II.

[55] Wobei die drei G für „geimpft, genesen, getestet“ stehen.

[56] Geändert durch Art. 1 des Gesetzes vom 22.11.2021, BGBl. I S. 4906.

[57] Vgl. *Hidalgo/Ceelen/Buziek*, NJW 2021, 3151 (3154-3157); *Sagan*, NZA-Beilage 2021, 21 (27); https://www.ldi.nrw.de/3g-nachweis-und-kontaktdaten-einfach-zerreissen-reicht-nicht (zuletzt abgerufen: 18.09.2024).

[58] *Benkert*, NJW-Spezial 2021, 660; *Felz*, ARP 2021, 294 (296); *Sagan*, NZA-Beilage 2021, 21 (26); Beschluss der DSK vom 19.10.2021, S. 1 f.

[59] *Bremert/Hansen/Körffer/Polenz*, DuD 2020, 791 (792); *Brink/Joos*, NZA-Beilage 2021, 17 (19); *Hänold*, ZD-Aktuell 2020, 07411; Beschluss der DSK vom 10.09.2020, S. 1-16.

[60] Siehe *Knell*, NVwZ 2020, 688 (688 f.); https://www.welt.de/vermischtes/article207183545/Regeln-in-der-Corona-Krise-Wo-die-Polizei-die-Ausgangssperre-per-Drohne-kontrolliert.html; https://netzpolitik.org/2020/landespolizeien-setzen-drohnen-ein/ (beide zuletzt abgerufen: 18.09.2024).

[61] Dazu https://link.springer.com/article/10.1007/s00103-022-03649-1; https://www.bmbf.de/bmbf/shareddocs/kurzmeldungen/de/faq-zum-nationalen-forschungsn-zwerk-der-universitaetsmedizin.html (beide zuletzt abgerufen: 18.09.2024). Auf die zuvor beispielhaft genannten Maßnahmen wird im Folgenden nicht erneut eingegangen.

[62] Detailliert dazu sogleich.

In den Phasen 1 und 2 der Corona-Pandemie wurden in zahlreichen Corona-Verordnungen auf Grundlage von § 32 S. 1 i.V.m. § 28 Abs. 1 IfSG solche Datenverarbeitungsregelungen getroffen.[63] Zwar existiert seit November 2020 mit § 28a Abs. 1 Nr. 18[64], Abs. 4 IfSG (erlassen in Phase 3, zunächst noch § 28a Abs. 1 Nr. 17 IfSG[65]) eine auf die Kontaktdatenerhebung im Rahmen der Corona-Pandemie gemünzte Rechtsgrundlage. Dennoch ist eine historische Betrachtung der verfassungsrechtlichen Thematik angezeigt, weshalb hier insbesondere die Datenverarbeitungsregelungen einiger Corona-Verordnungen aus dem Jahr 2020 auf Grundlage der § 32 S. 1 i.V.m. § 28 Abs. 1 IfSG (vor Erlass des § 28a IfSG) untersucht werden.[66] Aufgrund der vielfältigen, divergierenden Ausgestaltungen solcher Regelungen durch die Bundesländer wird nicht eine einzige Norm beleuchtet, sondern die Datenverarbeitungsregelungen werden unter Bezugnahme auf herausstechende Beispiele von Normen auf einer höheren Abstraktionsebene erörtert.

Um potentielle Infektionsketten nachvollziehen zu können, mussten in den durch die im jeweiligen Bundesland geltenden Corona-Verordnungen benannten Einrichtungen wie beispielsweise Gaststätten, Hotels, Friseur- oder Fitnessstudios bzw. bei dem Besuch von Veranstaltungen die Kontaktdaten der Gäste, Kundinnen und Kunden, Nutzerinnen und Nutzer bzw. Teilnehmerinnen und Teilnehmer[67] erhoben werden. Dadurch konnten die zuständigen Behörden im Bedarfsfall personenbezogene Daten einsehen, um Kontaktpersonen informieren und sich ausbreitende Infektionen durch anschließende Quarantänebestimmungen verhindern zu können.[68]

Diese durch die Corona-Verordnungen normierte Pflicht zur Datenerhebung und -verarbeitung richtete sich regelmäßig an Private als Verantwortliche. Die von den Gästen anzugebenden Daten bestanden in der Regel aus deren Namen, dem Datum und der Uhrzeit des Aufenthaltes, der Telefonnummer sowie der Post- oder Mailanschrift.[69] In vielerlei Corona-Verordnungen hieß es wie beispielsweise in § 2a Abs. 1 und 2 der Coronaschutzverordnung Nordrhein-Westfalens in der ab dem 30. Mai 2020 (so ähnlich über mehrere Monate) geltenden Fassung:

> „Die Rückverfolgbarkeit im Sinne dieser Vorschrift ist sichergestellt, wenn die den Begegnungsraum eröffnende Person (Gastgeber, Vermieter, Einrichtungsleitung, Betriebsinhaber, Veranstaltungsleitung usw.) alle anwesenden Personen (Gäste, Mieter, Teilnehmer, Besucher, Kunden, Nutzer usw.) mit deren Einverständnis mit Name, Adresse

---

[63] Auflistung von (u.a.) Landesrechtsverordnungen unterteilt nach Bundesländern: *Kluckert* in: Kluckert, Das neue Infektionsschutzrecht, 2. Auflage 2021, Anhang; https://www.brak.de/anwaltschaft/tipps-und-leitfaeden/corona/landesverordnungen-erlasse-und-allgemeinverfuegungen-der-laender/ (zuletzt abgerufen: 18.09.2024).

[64] Neue Nummer erhalten durch Art. 1 des Gesetzes vom 16.09.2022, BGBl. I S. 1454.

[65] Eingeführt durch das 3. BevSchG v. 18.11.2020, BGBl. I 2397.

[66] Dazu, wie sich die Rechtslage mit § 28a IfSG änderte, siehe unter E. V.

[67] Im Folgenden zur Verkürzung lediglich „Gäste".

[68] *Kühling/Schildbach* in: Huster/Kingreen, Handbuch Infektionsschutzrecht, 2. Auflage 2022, Kapitel 6, Rn. 138.

[69] Siehe für Nordrhein-Westfalen z.B. § 2a CoronaSchVO NRW in der ab dem 15.06.2020, 02.07.2020, 12.08.2020, 01.09.2020 sowie 17.10.2020 gültigen Fassung.

und Telefonnummer sowie – sofern es sich um wechselnde Personenkreise handelt – Zeitraum des Aufenthalts bzw. Zeitpunkt von An- und Abreise schriftlich erfasst und diese Daten für vier Wochen aufbewahrt. Die Daten sind vor dem Zugriff Unbefugter zu sichern und nach Ablauf von vier Wochen vollständig zu vernichten. Die für die Datenerhebung gemäß Satz 1 Verantwortlichen können zusätzlich eine digitale Datenerfassung anbieten, haben dabei aber sämtliche Vorgaben des Datenschutzes (insbesondere bei der Fremdspeicherung von Daten) und die vollständige Löschung der Daten nach 4 Wochen in eigener Verantwortung sicherzustellen. Zudem sind die Daten im Bedarfsfall der zuständigen Behörde auf Verlangen kostenfrei in einem von ihr nutzbaren Format – auf Anforderung auch papiergebunden – zur Verfügung zu stellen. Personen, die in die digitale Datenerfassung nicht einwilligen, ist in jedem Fall eine nur papiergebundene Datenerfassung anzubieten." (Abs. 1)

„In allen Fällen des Zusammentreffens mehrerer Personen, in denen diese Verordnung nicht die Rückverfolgbarkeit nach Absatz 1 anordnet, liegt es in der Verantwortung der zusammentreffenden Personen, für vier Wochen nach dem Zusammentreffen zu gewährleisten, dass im Fall einer Infizierung mit dem Coronavirus SARS-CoV-2 sämtliche Personen der unteren Gesundheitsbehörde mit Kontaktdaten benannt werden können." (Abs. 2)

Die Corona-Verordnungen enthielten mehrheitlich Pflichten und Voraussetzungen für diese Form der Kontaktnachverfolgung. Sie bezeichneten die im jeweiligen Begegnungsraum analog oder elektronisch zu erhebenden personenbezogenen Daten und wie lange diese aufzubewahren waren. Der überwiegend in den Rechtsverordnungen angeordnete Aufbewahrungszeitraum umfasste vier Wochen[70] bzw. eine Aufbewahrungsfrist von einem Monat[71]; vergleichsweise selten galt eine dreiwöchige Frist.[72] Diese Frist für die Aufbewahrung der Daten orientiert sich

[70] Frist von „vier Wochen" z.B. § 2 Abs. 3 S. 3 CoronaVO Gaststätten in der ab 02.06.2020 geltenden Fassung (Baden-Württemberg); § 6 Abs. 2 S. 1 CoronaVO vom 23.06.2020 (Baden-Württemberg); § 3 Abs. 2 S. 2 SARS-CoV-2-Infektionsschutzverordnung vom 23.06.2020 (Berlin); § 3 Abs. 2 S. 3 SARS-CoV-2-UmgV vom 12.06.2020 (Brandenburg); § 7 Abs. 1 Nr. 2 HmbSARS-CoV-2-EindämmungsVO vom 30.06.2020 (Hamburg); § 2a Abs. 1, 2 CoronaSchVo in der ab 15.06.2020 geltenden Fassung (Nordrhein-Westfalen); § 2 Abs. 4 S. 4 der 7. SARS-CoV-2- EindV vom 30.06.2020 (Sachsen-Anhalt); § 3 Abs. 4 S. 3 Nr. 1 ThürSARS-CoV-2-IfS-GrundVO vom 09.06.2020 (Thüringen) sowie in § 4 Abs. 4 S. 1 Nr. 1 ThürSARS-CoV-2-KissP-VO vom 12.06.2020 (Thüringen); in Schleswig-Holstein galt zunächst eine sechswöchige Frist, siehe § 4 Abs. 2 S. 1 Corona-BekämpfVO vom 16.05.2020 und vom 05.06.2020, sodann eine vierwöchige Aufbewahrungsfrist, siehe § 4 Abs. 2 S. 1 Corona-BekämpfVO vom 26.06.2020, auch noch in § 4 Abs. 2 S. 1 Corona-BekämpfVO vom 01.11.2020 (Schleswig-Holstein).

[71] Frist von „einem Monat" z.B. in § 4 Abs. 1 Nr. 2b Corona-Kontakt- und Betriebsbeschränkungsverordnung vom 07.05.2020 in der ab 11.06.2020 geltenden Fassung (Hessen); § 1 Abs. 7 S. 3 der 8. CoBeLVO vom 25.05.2020 bzw. § 1 Abs. 8 S. 2 der 9. CoBeLVO vom 04.06.2020 und immer noch in § 1 Abs. 8 S. 2 der 11. CoBeLVO vom 11.09.2020 (Rheinland-Pfalz); Art. 2 § 3a S. 2 VO-CP vom 29.05.2020 (Saarland); § 7 Abs. 1 S. 4 SächsCoronaSchVO vom 03.06.2020 (Sachsen); Löschung „spätestens nach einem Monat" gemäß § 4 Abs. 1 S. 5 Niedersächsische Corona-Verordnung vom 10.07.2020 (Niedersachsen).

[72] Frist von „drei Wochen" z.B. in § 11a S. 1 Siebente Coronaverordnung vom 15.06.2020 (Bremen); für Gaststätten zuvor z.B. in § 9 Abs. 1 Nr. 1 S. 11 Dritte Coronaverordnung vom 14.05.2020 oder auch § 9a Abs. 2 Nr. 6 Fünfte Coronaverordnung vom 27.05.2020 (Bremen); § 6 Abs. 1 S. 5 Niedersächsische Verordnung zur Bekämpfung der Corona-Pandemie vom 08.05.2020; § 4 Abs. 1 S. 1 Niedersächsische Corona-Verordnung vom 10.07.2020 (Niedersachsen).

an der Inkubationszeit sowie dem zunächst erhöhten und nach ca. vier Wochen regelmäßig nicht mehr existenten Ansteckungsrisiko im Falle einer Infektion mit COVID-19.[73]

Gelegentlich fand sich eine den Zweck der Erhebung umschreibende Formulierung – beispielsweise, dass die Daten zu erheben seien, „damit eine etwaige Infektionskette nachvollzogen werden kann“[74]. Es wurde überwiegend angeordnet, dass den Gesundheitsämtern im Bedarfsfall auf Verlangen die erhobenen Kontaktdaten zur Verfügung zu stellen seien.[75] Doch wurde das Ziel der Rückverfolgbarkeit von Infektionsketten sowie die Anordnung, dass die Daten zu keinem anderen Zweck als der Aushändigung der Daten an die Gesundheitsämter zu verwenden seien, nicht stets in den Rechtsverordnungen bezeichnet.[76]

Hinsichtlich der Regelungsmethodik verfügten die Rechtsverordnungen über ähnliche Mechanismen: Überwiegend existierte eine allgemeine, die Kontaktdatenerhebung anordnende und ausgestaltende Norm.[77] Auf diese „Hauptnorm“ wurde sodann kontextual verwiesen.[78] Unterschiede hinsichtlich der näheren Ausgestaltung sind maßgebend für die Beurteilung der Verhältnismäßigkeit einer solchen Datenverarbeitungsregelung.[79]

Sollen die Pandemiebekämpfungsmaßnahmen einer rechtlichen Bewertung zugeführt werden, so spielen die zeitlichen Phasen, in welchen die Regelungen erlassen wurden, sowie die jeweils

---

[73] Vgl. https://www.rki.de/DE/Content/InfAZ/N/Neuartiges_Coronavirus/Steckbrief.html#:~:text=Die%20Inkubationszeit%20gibt%20die%20Zeitspanne,%2D14%2C2%20Tage (zuletzt abgerufen: 18.09.2024).

[74] § 6 Abs. 1 S. 5 Niedersächsische Verordnung zur Bekämpfung der Corona-Pandemie vom 08.05.2020; § 4 Abs. 1 S. 1 Niedersächsische Corona-Verordnung vom 10.07.2020.

[75] Z.B. § 6 CoronaSchVO in der Fassung vom 23.06.2020 (Baden-Württemberg); § 2 Abs. 3 CoronaVO Gaststätten vom 16.05.2020 in der ab 02.06.2020 geltenden Fassung (Baden-Württemberg); § 3 Abs. 2 SARS-CoV-2-Infektionsschutzverordnung vom 23.06.2020 (Berlin); § 8 Zwölfte Coronaverordnung vom 01.08.2020 (Bremen); § 7 Abs. 1 Nr. 3 HmbSARS-CoV-2-EindämmungsVO vom 30.06.2020 (Hamburg); § 4 Niedersächsische Corona-Verordnung vom 10.07.2020 (Niedersachsen); § 2a Abs. 3 CoronaSchVO sowohl in der Fassung vom 15.06.2020 als auch vom 12.08.2020 (Nordrhein-Westfalen); § 1 Abs. 8 der 9. CoBeVO vom 04.06.2020 (Rheinland-Pfalz).

[76] So geschehen z.B. in § 6 CoronaSchVO vom 23.06.2020 (Baden-Württemberg); § 3 Abs. 2 S. 1 SARS- CoV-2-Infektionsschutzverordnung vom 23.06.2020 (Berlin); Art. 2 § 3a S. 2 VO-CP vom 29.05.2020; Art. 2 § 3 Abs. 3 VO-CP vom 21.08.2020 (Saarland); § 1 Abs. 8 S. 4, 5 der 9. CoBeLVO vom 04.06.2020 (Rheinland-Pfalz); § 3 Abs. 4 S. 4 ThürSARS-CoV-2-IfS-GrundVO vom 09.06.2020 (Thüringen).

[77] Z.B. § 6 CoronaVO vom 23.06.2020 (Baden-Württemberg); § 4 der 7. BayIfSMV vom 01.10.2020 (Bayern); § 3 SARS-CoV-2-Infektionsschutzverordnung vom 23.06.2020 (Berlin); § 11a Sechste CoronaVO vom 03.06.2020 (Bremen); § 7 HmbSARS-CoV-2-EindämmungsVO vom 30.06.2020 (Hamburg); § 4 Niedersächsische Corona-Verordnung vom 10.06.2020; § 2a CoronaSchVO in der ab 30.05.2020 geltenden Fassung (Nordrhein-Westfalen); § 1 Abs. 7 der 8. CoBeLVO vom 25.05.2020 (Rheinland-Pfalz); Art. 2 § 3a VO-CP vom 29.05.2020 (Saarland).

[78] Ähnlich in Sachsen-Anhalt, siehe § 1 Abs. 6 Nr. 2 Fünfte SARS-CoV-2-Eindämmungsverordnung vom 02.05.2020, § 1 Abs. 5 Nr. 2 Sechste SARS-CoV-2-Eindämmungsverordnung vom 26.05.2020 und § 2 Abs. 4 Siebte SARS-CoV-2-Eindämmungsverordnung vom 30.06.2020 (welche bis zum 16.09.2020 galt): Die soeben genannten Normen bezogen sich auf (u.a.) Veranstaltungen und enthielten die Pflicht zur Führung einer Anwesenheitsliste. In darauffolgenden Regelungen der Verordnungen wurde für verschiedene Einrichtungen, Beherbergungsbetriebe, Gaststätten und Sportstätten darauf Bezug genommen, z.B. in §§ 4 Abs. 2 S. 3, 5 Abs. 1 Nr. 2, 6 Abs. 1 Nr. 5, 7 Abs. 2, 8 Abs. 1 Nr. 4 der 7. SARS-CoV-2-Eindämmungsverordnung vom 30.06.2020. Die jeweilige Regelung bezüglich Veranstaltungen etc. wirkte wie eine allgemeine Regelung der Kontaktdatenerhebung.

[79] Dazu siehe E. IV.

zu dieser Zeit gegebenen Erkenntnisstände eine maßgebende Rolle. Maßnahmen, die zu Beginn der Pandemie im Zuge der ersten Welle noch als gerechtfertigt angesehen werden können, sind beispielsweise im Zeitraum der dritten Welle völlig anders zu bewerten.

Jene Maßnahmen werden hier am Maßstab des Rechts auf informationelle Selbstbestimmung untersucht. Die Mütter und Väter des Grundgesetzes hatten ein Grundrecht auf Datenschutz im Jahre 1949 nicht ausdrücklich in die Verfassung aufgenommen, sondern das Bundesverfassungsgericht entwickelte das Recht auf informationelle Selbstbestimmung im Volkszählungsurteil vom 15.12.1983[80] aus Art. 2 Abs. 1 i.V.m. Art. 1 Abs. 1 GG und erkannte es als Grundrecht an.[81] Ausschlaggebend waren die fortschreitende Entwicklung der Technik und die modernen Gefahren, die davon für die Selbstbestimmung des Individuums ausgingen.[82] Mehrere Versuche, das Grundrecht seitdem explizit in der Verfassung zu verankern, sind gescheitert.[83]

Das Recht auf informationelle Selbstbestimmung wird in seiner Gesamtkonzeption bereits seit seiner Anerkennung durch das Bundesverfassungsgericht im Jahre 1983 von einigen Stimmen in der Literatur kritisiert.[84] Manche bezweifeln und bestreiten dessen Grundrechtscharakter, ohne dabei den Inhalt des Rechts auf informationelle Selbstbestimmung zu beanstanden[85], andere halten die dadurch ausgelöste Regelungsflut und den hohen bürokratischen Aufwand für problematisch.[86] So war der erste Bundesbeauftragte für Datenschutz seit der Formulierung des Rechts auf informationelle Selbstbestimmung im Volkszählungsurteil[87] der Ansicht, dass eben jenes Recht auf einer unklaren Grundlage basierte.[88] Seitdem übt er Kritik am geltenden Datenschutzgrundrecht.[89] Im Jahr 2015 schlug er alternative Ansätze vor, um den Datenschutz effektiver und praxisnäher zu gestalten.[90] Auch andere Stimmen in der Literatur schlagen Alternativen vor, halten diese jedoch zum Teil selbst nicht für erfolgsversprechend.[91]

---

[80] BVerfGE 1, 65.

[81] *Di Fabio* in: Dürig/Herzog/Scholz, Grundgesetz-Kommentar, 104. EL April 2024, Art. 2 Abs. 1 GG, Rn. 173; *Kunig/Kämmerer* in: von Münch/Kunig, Grundgesetz Kommentar, 7. Auflage 2021, Art. 2 GG, Rn. 75.

[82] *Barczak* in: Dreier Grundgesetz-Kommentar, 4. Auflage 2023, Art. 2 Abs. 1 GG, Rn. 90 f.; *Lang* in: BeckOK Grundgesetz, 58. Edition, Stand: 15.06.2024, Art. 2 GG, Rn. 114 ff.

[83] Vgl. *Gola*, NJW 1993, 3109 (3109 f.); *Kunig/Kämmerer* in: von Münch/Kunig, Grundgesetz Kommentar, 7. Auflage 2021, Art. 2 GG, Rn. 56; *Schrader*, CR 1994, 427 (427 ff.).

[84] Z.B. *Behrendt*, Entzauberung des Rechts auf informationelle Selbstbestimmung, 2023, S. 1 f. m.w.N.; S. 259 ff.; S. 393 ff.; *Gusy*, KritV 2000, 52 (52-64); *Ladeur*, DÖV 2009, 45; *Nettesheim*, VVDStRL 70, 2011, 7 (26-29); *Schlink*, Der Staat 1986, 233 (233-250); *Vogelgesang*, Grundrecht auf informationelle Selbstbestimmung?, 1987.

[85] Siehe *Roßnagel*, JURA 2023, 1363 (1372) m.w.N.

[86] *Bull*, Sinn und Unsinn des Datenschutzes, 2015; *Kluth* in: Görres-Gesellschaft, Staatslexikon, 8. Auflage 2019, Informationelle Selbstbestimmung, 4. Kritik und Ausblick.

[87] Erneut: BVerfGE 1, 65.

[88] So beispielsweise in *Bull*, Sinn und Unsinn des Datenschutzes, 2015, S. 1 ff.

[89] Z.B. *Bull*, NJW 2006, 1617; *Bull*, Informationelle Selbstbestimmung – Vision oder Illusion?, 2. Auflage 2011.

[90] *Bull*, Sinn und Unsinn des Datenschutzes, 2015, S. 71-111.

[91] Vgl. *Kluth* in: Görres-Gesellschaft, Staatslexikon, 8. Auflage 2019, Informationelle Selbstbestimmung, 4. Kritik und Ausblick.

Insbesondere die These des Bundesverfassungsgerichts aus dem Volkszählungsurteil, dass es „kein ‚belangloses' Datum"[92] mehr gebe, gerät heutzutage zunehmend unter Druck.[93] Gerade die Corona-Pandemie hätte in diesem Zuge Anlass bieten können, die grundsätzliche Dogmatik des Rechts auf informationelle Selbstbestimmung genereller und radikaler zu hinterfragen.

Fundamentale Kritik übt beispielsweise Behrendt in ihrer Dissertationsschrift, welche das Recht auf informationelle Selbstbestimmung nicht nur in Bezug auf einzelne Aspekte, sondern in seiner gesamten Konzeption in Frage stellt.[94] Sie stellt einen Grundkonflikt zwischen zwei inkongruenten Denkmodellen fest:[95] Dabei verstehe das *erste* Modell das Recht auf informationelle Selbstbestimmung als „eigentumsanaloge Verfügungsbefugnis"[96] über personenbezogene Daten, in deren Rahmen jeder datenbezogene Vorgang grundsätzlich unabhängig von seinem Verwendungszusammenhang rechtfertigungsbedürftig sein solle.

Nach dem „kontrastierenden" *zweiten* Modell wirke „sich das allgemeine Persönlichkeitsrecht inhaltlich auf die Konzeption des Rechts auf informationelle Selbstbestimmung aus"; Grundprämisse dieses zweiten Modells sei die Annahme, dass sich „Gefahren für das allgemeine Persönlichkeitsrecht inhaltlich bei der grundrechtlichen Prüfung auswirken".[97] Das Bundesverfassungsgericht behaupte das erste Modell, setze dieses aber in seinen Entscheidungen nicht konsequent um; stattdessen verfolge es faktisch das zweite Modell, ohne dies überzeugend begründen zu können.

Daraus entstehe laut Behrendt ein schwerwiegendes Folgeproblem[98]: Wenn man die erste Konzeption konsequent zu Ende denkt, würde daraus folgen, dass es einen „grundrechtlichen Prima-facie-Anspruch gegen das soziale Gegenüber"[99] darauf gäbe, die Wahrnehmung der eigenen Person zu unterlassen. Dies sei absurd, weil die bloße Existenz des einen keinen Angriff auf den Achtungsanspruch des anderen darstellen könne; ein solches Verständnis würde vielmehr die „Gleichrangigkeit"[100] aller Grundrechtsträger untergraben. Daraus zieht Behrendt wiederum die Schlussfolgerung, dass das Recht auf informationelle Selbstbestimmung *weder* als eigenständiges Grundrecht *noch* als „‚Ausprägung eines Grundrechts'"[101] grundrechtstheoretisch begründbar sei.

---

92 BVerfGE 65, 1 (45); mehr zu der Kritik am Volkszählungsurteil: s.u. unter D.I.

93 Z.B. *Behrendt*, Entzauberung des Rechts auf informationelle Selbstbestimmung, 2023.

94 Zur Klarstellung: es folgt ausschließlich eine Auswertung ihrer Dissertation in Bezug auf die für die hiesige Bearbeitung relevanten Aspekte.

95 Zu diesem Aspekt siehe *Behrendt*, Entzauberung des Rechts auf informationelle Selbstbestimmung, 2023, S. 183 ff., 202 ff.

96 Dazu siehe *Behrendt*, Entzauberung des Rechts auf informationelle Selbstbestimmung, 2023, S. 36, 38.

97 Alle drei Zitate aus *Behrendt*, Entzauberung des Rechts auf informationelle Selbstbestimmung, 2023, S. 203.

98 Zu dem folgenden Aspekt siehe auch sehr knapp *Heinemann*, NVwZ 2024, 570.

99 *Behrendt*, Entzauberung des Rechts auf informationelle Selbstbestimmung, 2023, S. 259.

100 *Behrendt*, Entzauberung des Rechts auf informationelle Selbstbestimmung, 2023, S. 263 ff., 267, 275.

101 *Behrendt*, Entzauberung des Rechts auf informationelle Selbstbestimmung, 2023, S. 13; zu dieser These siehe auch *dies.*, S. 15, 240, 259, 374 ff.

Mit ihren Worten: Es könne „weder vom Verfassunggeber noch vom Bundesverfassungsgericht als Grundrecht geschaffen beziehungsweise anerkannt werden“[102].

Nach hier vertretener Ansicht ist die These, die Existenz sowie Dogmatik des (Grund-)Rechts auf informationelle Selbstbestimmung sei insgesamt in Frage zu stellen, da sich ein solches nicht grundrechtstheoretisch begründen lässt, bereits aus praktischen Gründen nicht tragbar: Wenn es, wie Behrendt vertritt, gar kein „Grundrecht auf Datenschutz“[103] gäbe, so würde konsequenter Weise nur noch einfaches Datenschutzrecht zum Schutz der Grundrechtsträger vor Datenmissbrauch oder Datenmanipulation existieren, was in der Folge zu gravierenden Freiheitsbeschränkungen führen würde und realiter schlicht keinen ausreichenden Schutz bietet. Außerdem würde die gesamte Schutzarchitektur, die auf dem Recht auf informationelle Selbstbestimmung aufbaut, erschüttert.

Schon allein die Existenz des Volkszählungsurteils zeigt, dass die Schaffung dieses Rechts notwendig war, da der Schutz durch das allgemeine Persönlichkeitsrecht gerade *nicht* mehr ausreichte, und dass der Schutz durch das Recht auf informationelle Selbstbestimmung heutzutage noch immer notwendig ist – sogar in verstärkter Form im Vergleich zur Situation zur Zeit des Volkszählungsurteils vor circa einem halben Jahrhundert.[104]

Zugegeben: Es gibt zwar Inkonsequenzen in der Rechtsprechung, welche u.a. Behrendt aufgedeckt und ausführlich dargestellt hat – diese führen nach hier vertretener Auffassung aber nicht dazu, dass das Grundrecht insgesamt nicht existiert, sondern dass seine Entfaltung verbessert werden muss.

Diese Bearbeitung schließt sich also im Ergebnis den Befürwortern des Rechts auf informationelle Selbstbestimmung in seiner aktuellen, im Jahr 2024 geltenden Ausgestaltung an. Für die Anerkennung als eigenständiges Grundrecht spricht im Übrigen beispielsweise, dass das Recht auf informationelle Selbstbestimmung über einen genauso klar umschriebenen und von anderen Grundrechten abgrenzbaren Schutzbereich mit einer eigenen dogmatischen Struktur verfügt wie die geschriebenen Freiheitsrechte. Ferner sind „dessen Eingriffsvoraussetzungen nicht weniger präzise [...] als die anderer Grundrechte. [...] Es fügt sich auch in die Systematik der anderen Grundrechte ein.“[105] Außerdem gestehen manche Kritiker ein, dass sich ihre Kritik bislang nicht durchzusetzen vermochte und sie spekulieren lediglich über die Gründe dafür.[106] Andere beziehen sich explizit auf jene Kritiker und stellen fest, dass deren „rechtsdogmatische und -theoretische Zweifel [...] keine praktische Relevanz“[107] haben.

---

102 *Behrendt*, Entzauberung des Rechts auf informationelle Selbstbestimmung, 2023, S. 393; vgl. *Heinemann*, NVwZ 2024, 570.

103 BVerfGE 84, 239 (280); vgl. *Roßnagel*, JURA 2023, 1363 (1373).

104 Detaillierter dazu siehe unten unter D.

105 Zu diesem Absatz sowie zu dem direkten Zitat *Roßnagel*, JURA 2023, 1363 (1373) m.w.N.

106 So beispielsweise *Behrendt*, Entzauberung des Rechts auf informationelle Selbstbestimmung, 2023, S. 1-11.

107 *Roßnagel*, JURA 2023, 1363 (1372).

Aus dem Schutz der Menschenwürde (hinsichtlich des Ranges und Schutzniveaus jedoch dahinter zurückbleibend[108]) und der freien Selbstbestimmung des Menschen wird zunächst das allgemeine Persönlichkeitsrecht aus Art. 2 Abs. 1 i.V.m. Art. 1 Abs. 1 GG hergeleitet. Differenziert wird bei diesem unbenannten, eigenständigen Freiheitsrecht überwiegend zwischen dem Schutzgehalt eines Bereiches privater Lebensgestaltung einerseits und einem absolut geschützten Kernbereich andererseits[109] und zwischen den hinsichtlich der Schutzbedürftigkeit ansteigenden drei Sphären Sozialsphäre, Privatsphäre und Intimsphäre[110]. Eine der besonderen Erscheinungsformen des grundrechtlichen Persönlichkeitsschutzes ist das Recht auf informationelle Selbstbestimmung[111], welches vom Bundesverfassungsgericht selbst bereits als eigenständiges „Grundrecht auf Datenschutz“[112] bezeichnet wurde.

Gemäß Art. 2 Abs. 1 GG hat „jeder“ das Recht auf freie Entfaltung seiner Persönlichkeit. Als Jedermann-Grundrecht steht dieses jedenfalls allen natürlichen Personen zu.[113]

Das Recht auf informationelle Selbstbestimmung schützt vor der „unbegrenzte[n] Erhebung, Speicherung, Verwendung und Weitergabe“[114] von personenbezogenen Daten. Der Schutzbereich erfasst die Befugnis der Grundrechtsberechtigten zur selbständigen Entscheidung über die eventuelle Preisgabe und Verwendung ihrer persönlichen Daten: Wenn nicht zu überschauen wäre, welche Daten in welcher Form und zu welcher Zeit bekannt und verwendet werden könnten, so würden die Bürger enorm in ihrem Selbstbestimmungsrecht gehemmt.[115]

---

108 *Michael/Morlok*, Grundrechte, 8. Auflage 2022, Rn. 420 f.

109 BVerfGE 6, 32 (41); 27, 344 (350); 32, 373 (378 f.); 34, 238 (245 f.).

110 BVerfGE 90, 255 (260); 101, 361 (380 ff.); *Barczak* in: Dreier Grundgesetz-Kommentar, 4. Auflage 2023, Art. 2 Abs. 1 GG, Rn. 77, 106 f.; *Kunig/Kämmerer* in: von Münch/Kunig, Grundgesetz Kommentar, 7. Auflage 2021, Art. 2 GG, Rn. 55; *Manssen*, Staatsrecht II, 19. Auflage 2022, Rn. 303.

111 *Di Fabio* in: Dürig/Herzog/Scholz, Grundgesetz-Kommentar, 104. EL April 2024, Art. 2 Abs. 1 GG, Rn. 173; *Michael/Morlok*, Grundrechte, 8. Auflage 2022, Rn. 426.

112 BVerfGE 84, 239 (280); vgl. *Roßnagel*, JURA 2023, 1363 (1373).

113 *Barczak* in: Dreier Grundgesetz-Kommentar, 4. Auflage 2023, Art. 2 Abs. 1 GG, Rn. 98; *Jarass* in: Jarass/Pieroth, Grundgesetz Kommentar, 18. Auflage 2024, Art. 2 GG, Rn. 56; *Lang/Wilms*, Staatsrecht II, 2. Auflage 2020, Rn. 394; ob sich auch juristische Personen auf das allgemeine Persönlichkeitsrecht berufen können, ist umstritten. Soweit ersichtlich besteht jedoch Einigkeit, dass sich juristische Personen auf das Recht auf informationelle Selbstbestimmung insoweit berufen können, als dass es ausschließlich auf Art. 2 Abs. 1 GG (und nicht auf Art. 1 Abs. 1 GG) gestützt wird. Dazu BVerfGE 128, 1 (43); *Di Fabio* in: Dürig/Herzog/Scholz, Grundgesetz-Kommentar, 104. EL April 2024, Art. 2 Abs. 1 GG, Rn. 224; *Jarass* in: Jarass/Pieroth, Grundgesetz Kommentar, 18. Auflage 2024, Art. 2 GG, Rn. 57; *Kunig/Kämmerer* in: von Münch/Kunig, Grundgesetz Kommentar, 7. Auflage 2021, Art. 2 GG, Rn. 84; *Rixen* in: Sachs, Grundgesetz Kommentar, 9. Auflage 2021, Art. 2 GG, Rn. 77; *Schmidt* in: Erfurter Kommentar zum Arbeitsrecht, 24. Auflage 2024, Art. 2 GG, Rn. 47.

114 BVerfGE 65, 1 (43); 67, 100 (143); 84, 239 (279); 103, 21 (33); 115, 320 (341); so auch schon *Donner/Simon*, DÖV 1990, 907 (914).

115 BVerfGE 65, 1 (43); 115, 320 (342); *Barczak* in: Dreier Grundgesetz-Kommentar, 4. Auflage 2023, Art. 2 Abs. 1 GG, Rn. 90 ff.; *Michael/Morlok*, Grundrechte, 8. Auflage 2022, Rn. 426; *Rixen* in: Sachs, Grundgesetz Kommentar, 9. Auflage 2021, Art. 2 GG, Rn. 73, 88a.

Dabei ist unerheblich, auf welche Art und Weise die Erhebung oder Verarbeitung der Daten erfolgt. Geschützt wird vor manueller sowie automatisierter Datenerfassung durch Computer, Software oder Internet-Tracking.[116]

In einige Landesverfassungen wurde eine ausdrückliche Normierung des Grundrechts auf Datenschutz aufgenommen.[117] In der Bayrischen und Hamburgischen Verfassung ist keine Gewährleistung eines Grundrechts auf Datenschutz zu verzeichnen, wohl aber Regelungen hinsichtlich eines Landesbeauftragten für Datenschutz.[118] Die Landesverfassungen, welche die Grundrechte des Grundgesetzes inkorporieren[119], bewirken aufgrund der Gewährleistung des Rechts auf informationelle Selbstbestimmung durch das Grundgesetz den Grundrechtsschutz des Datenschutzes auch auf Landesebene.

Nach Art. 142 GG bleiben die Landesgrundrechte in Kraft, insoweit sie mit den Art. 1 bis 18 des Grundgesetzes übereinstimmen. Im Kontext des Grundrechts auf Datenschutz gilt mit Blick auf das Nebeneinander von Bundes- und Landesgrundrechten, dass überwiegend von einer Mehrgewährleistung durch die Landesverfassungen[120] auszugehen ist, welche „in Übereinstimmung“ im Sinne des Art. 142 GG mit dem Grundgesetz stehen, da sie ein „Mehr“ an Rechten im individuell-abwehrrechtlichen Sinne gewähren und dieses „Mehr“ mit dem Grundgesetz vereinbar ist.[121] In allen Bundesländern, die eine ausdrückliche Normierung eines Grundrechts auf Datenschutz in ihre Verfassung aufgenommen haben, orientieren sich die landesverfassungsrechtlichen Schutzbereiche der Datenschutzgrundrechte an der Rechtsprechung des Bundesverfassungsgerichts[122] und dem Recht auf informationelle Selbstbestimmung.[123]

---

[116] BVerfGE 78, 77 (84); *Di Fabio* in: Dürig/Herzog/Scholz, Grundgesetz-Kommentar, 104. EL April 2024, Art. 2 Abs. 1 GG, Rn. 176; *Kunig/Kämmerer* in: von Münch/Kunig, Grundgesetz Kommentar, 7. Auflage 2021, Art. 2 GG, Rn. 75, 78.

[117] Gemäß Art. 4 Abs. 2 Landesverfassung NRW, Art. 2 S. 2 Saarländische Verfassung und Art. 6 Abs. 2 der Verfassung des Freistaates Thüringen hat jeder „Anspruch auf Schutz seiner personenbezogenen Daten“ sowie das „Recht auf Schutz seiner personenbezogenen Daten“ gemäß Art. 12 Abs. 3 Bremische Verfassung, Art. 6 Abs. 1 der Verfassung des Landes Sachsen-Anhalt, Art. 6 Abs. 1 der Verfassung des Landes Mecklenburg-Vorpommern. Art. 33 S. 1 der Berliner Verfassung gewährleistet „das Recht des einzelnen, grundsätzlich selbst über die Preisgabe und Verwendung seiner persönlichen Daten zu bestimmen“. Ähnliches regeln Art. 11 Abs. 1 der Brandenburgischen Verfassung, Art. 12a S. 1 der Hessischen Verfassung, Art. 4a Abs. 1 der Verfassung von Rheinland-Pfalz sowie Art. 33 S. 1 der Verfassung des Freistaates Sachsen. Letztere geht noch darüber hinaus, indem ferner das Recht „auf Auskunft über die Speicherung und auf Einsicht in Akten und sonstige amtliche Unterlagen, soweit sie ihn betreffen und Rechte Dritter nicht entgegenstehen“ gewährt wird.

[118] Siehe Art. 33a BayVerf (Bayern); Art. 60a HmbVerf (Hamburg).

[119] Verfassungen der Länder Baden-Württemberg, Niedersachsen und Schleswig-Holstein.

[120] Alle bis auf die bayrische, hamburgische, baden-württembergische, niedersächsische und schleswig-holsteinische Landesverfassung.

[121] *Heckmann/Paschke* in: Stern/Sodan/Möstl, Staatsrecht, 2. Auflage 2022, § 103, Rn. 31.

[122] Insbesondere am Volkszählungsurteil, BVerfGE 1, 65; *Sauer* in: Dreier Grundgesetz-Kommentar, 4. Auflage 2023, Vorbemerkungen vor Art. 1 GG, Rn. 70.

[123] *Heckmann/Paschke* in: Stern/Sodan/Möstl, Staatsrecht, 2. Auflage 2022, § 103, Rn. 22, 24; *Härtel*, LKV 2019, 49 (50, 53).

Da die landesverfassungsrechtlichen Grundrechtsgewährleistungen mit Blick auf die Grundrechte auf Datenschutz vom Schutzumfang her inhaltlich weitgehend deckungsgleich mit dem Schutzbereich des Rechts auf informationelle Selbstbestimmung sind[124], steht jenes Grundrecht des Grundgesetzes im weiteren Verlauf dieser Arbeit im Mittelpunkt. Einige der nachfolgend ausgewerteten landesverfassungsgerichtlichen Entscheidungen befassen sich mit dem Grundrecht auf Datenschutz aus der jeweiligen Landesverfassung. Bei deren Auswertung wird stets einbezogen, inwieweit sich die Ausführungen auf das Recht auf informationelle Selbstbestimmung übertragen lassen.

[124] Vgl. *Bull*, NordÖR 2008, 49 (52); in dieser Hinsicht kritisch *Kloepfer/Schärdel*, JZ 2009, 453 (454 f.).

C. Vorbehalt des Gesetzes und Bestimmtheitstrias aus Art. 80 Abs. 1 S. 2 GG

Im Jahr 2020 bestand in Rechtsprechung und Literatur Uneinigkeit darüber, ob die infektionsschutzrechtliche Generalklausel der § 32 S. 1 i.V.m. § 28 Abs. 1 IfSG Verordnungsregelungen hinsichtlich einer verpflichtenden Kundenkontaktdatenerhebung vor Zutrittsgewährung durch Private überhaupt ermöglichte und damit für die mittelbaren Eingriffe in das Grundrecht auf Datenschutz eine ausreichende formalgesetzliche Grundlage zu bilden vermochte. Vor allem im Anfangsstadium der Pandemie wurde das zum Verordnungserlass ermächtigende Gesetz für grundrechtsbeschränkende Maßnahmen von der Rechtsprechung soweit ersichtlich beinahe stets als eine den verfassungsrechtlichen Anforderungen genügende Grundlage erachtet.[125]

In der Literatur[126] wurde hingegen früher als in der Rechtsprechung[127] bezweifelt, dass § 32 S. 1 i.V.m. § 28 Abs. 1 IfSG eine taugliche gesetzliche Grundlage für die erheblichen Grundrechtseingriffe in Rechtsverordnungen zur Pandemiebekämpfung darstellten. Auf die Rechtsprechung einerseits und die Literatur andererseits wird nun detailliert eingegangen.

I. Auswertung ausgewählter Rechtsprechung

Zu Beginn der Corona-Pandemie war die deutlich überwiegende Mehrheit der Gerichte noch von der Verfassungsmäßigkeit des Rückgriffs auf die infektionsschutzrechtliche Generalklausel als Delegationsgesetz überzeugt.[128] Im Herbst und Winter 2020 wurden hingegen überwiegend „Zweifel" oder „Bedenken" in der Corona Rechtsprechung geäußert.[129] Insbesondere dieser Aspekt wird im Folgenden vertieft.

---

[125] Z.B. OVG Berlin-Brandenburg, Beschluss vom 27.05.2020, OVG 11 S 43/20; OVG NRW, Beschluss vom 23.06.2020, 13 B 695/20.NE; VGH Baden-Württemberg, Beschluss vom 25.06.2020, 1 S 1739/20.

[126] *Birkner*, ZRP 2020, 157; *Brocker*, NVwZ 2020, 1485; *Brüning/Thomsen*, NVwZ 2021, 1183 (1183 ff.); *Gärditz/Abdulsalam*, GSZ 2020, 108; *Heinig/Kingreen/Lepsius/Möllers/Volkmann/Wißmann*, JZ 2020, 861 (869 ff.); *Klafki*, NVwZ 2020, 1718; *Kluckert* in: Kluckert, Das neue Infektionsschutzrecht, 2. Auflage 2021, § 2, Rn. 102-111d; *Pautsch/Haug*, NJ 2020, 281; *Volkmann*, NJW 2020, 3153; *Waldhoff*, NJW 2021, 2772.

[127] Zweifel z.B. in VGH Bayern, Beschluss vom 29.10.2020, 20 NE 20.2360; VG Mainz, Beschluss vom 01.11.2020, 1 L 843/20.MZ; VGH Bayern, Beschluss vom 05.11.2020, 20 NE 20.2468; VGH Baden-Württemberg, Beschluss vom 6.11.2020, 1 S 3388/20; § 32 S. 1 i.V.m. § 28 Abs. 1 IfSG nicht mehr als taugliche Grundlage für die erheblichen Grundrechtseingriffe in Rechtsverordnungen zur Pandemiebekämpfung ansehend z.B. VerfGH Saarland, NVwZ 2020, 1513; AG Dortmund, Urteil vom 02.11.2020, 733 OWi, 127 Js 75/20, 64/20; VG Hamburg, Beschluss vom 10.11.2020, 13 E 4550/20.

[128] OVG NRW, Beschluss vom 06.04.2020, 13 B 398/20.NE, CoVuR 2020, 423 (425 f., Rn. 30; 427, Rn. 38); OVG NRW, Beschluss vom 16.04.2020, 13 B 452/20.NE, openJur 2020, 31334, Rn. 40-50; OVG Bremen, Beschluss vom 09.04.2020, 1 B 97/20, BeckRS 2020, 5629, Rn. 18, 28; OVG Sachsen-Anhalt, Beschluss vom 11.06.2020, 3 R 102/20, Rn. 28; OVG NRW, Beschluss vom 23.6.2020, 13 B 695/20.NE, Rn. 45-48.

[129] VGH Bayern, Beschluss vom 29.10.2020, 20 NE 20.2360; VG Mainz, Beschluss vom 01.11.2020, 1 L 843/20.MZ; VGH Bayern, Beschluss vom 05.11.2020, 20 NE 20.2468, Rn. 11; OVG NRW, Beschluss vom 06.11.2020, 13 B 1657/20.NE, BeckRS 2020, 29787, Rn. 10; VGH Baden-Württemberg, Beschluss vom 6.11.2020, 1 S 3388/20.

J. S. Materne, *Das Recht auf informationelle Selbstbestimmung in der Corona-Pandemie*, https://doi.org/10.1007/978-3-658-50962-0_3

1. Nicht retrospektive Entscheidungen

Mit den Worten der Rechtsprechung waren verschiedenste Pandemiebekämpfungsmaßnahmen in ersten Monaten der Corona-Pandemie „derzeit“ oder „zumindest zum jetzigen Zeitpunkt“ oder „jedenfalls für einen Übergangszeitraum“ nicht wegen eines Verstoßes gegen den Vorbehalt des Gesetzes oder gegen das Bestimmtheitsgebot aus Art. 80 Abs. 1 S. 2 GG aufzuheben.[130] So entschied beispielsweise das Oberverwaltungsgericht Münster zu Beginn der Corona-Pandemie, dass § 32 S. 1 i.V.m. § 28 Abs. 1 IfSG sowohl mit jenem Bestimmtheitsgebot als auch mit den Vorgaben des Vorbehalts des Gesetzes zu dieser Zeit vereinbar waren.[131] Selbst wenn eine speziellere Rechtsgrundlage erforderlich werden würde, so könnte einen Monat nach Pandemiebeginn nicht davon ausgegangen werden, dass der Gesetzgeber „bereits jetzt“[132] eine solche zu schaffen gehabt hätte.

Zehn Tage später, am 16. April 2020, äußerte sich das Oberverwaltungsgericht Münster erneut, wobei es sich hinsichtlich des Vorbehalts des Gesetzes und des Bestimmtheitsgebots aus Art. 80 Abs. 1 S. 2 GG umfassend wiederholte.[133] Selbst wenn Bedenken gegen § 32 S. 1 i.V.m. § 28 Abs. 1 IfSG bestehen sollten, so „ergäbe sich daraus derzeit nicht ihre Unanwendbarkeit“, denn in der Rechtsprechung sei anerkannt, „dass es im Rahmen unvorhergesehener Entwicklungen aus übergeordneten Gründen des Gemeinwohls geboten sein kann, nicht hinnehmbare gravierende Regelungslücken für einen Übergangszeitraum insbesondere auf der Grundlage von Generalklauseln zu schließen und auf diese Weise selbst sehr eingriffsintensive Maßnahmen, die an sich einer besonderen Regelung bedürfen, vorübergehend zu ermöglichen. [...] Diese Voraussetzungen für die Anwendung der infektionsschutzrechtlichen Generalklausel zur Vermeidung nicht mehr vertretbarer Schutzlücken lägen aktuell vor.“[134]

Der Verwaltungsgerichtshof Baden-Württemberg ging in seinem Beschluss vom 9. April 2020 davon aus, dass offen sei, ob § 32 S. 1 i.V.m. § 28 Abs. 1 IfSG eine ausreichende Ermächtigungsgrundlage für landesweite Betriebsschließungen mit Blick auf den Vorbehalt des Gesetzes darzustellen vermochten.[135] Dafür spreche jedenfalls die Auslegung dieser Normen nach den allgemeinen Regeln.[136]

---

130 Z.B. VGH Mannheim, Beschluss vom 09.04.2020, 1 S 925/20; OVG Bremen, Beschluss vom 09.04.2020, 1 B 97/20; Beschluss vom 22.04.2020, 1 B 111/20; OVG NRW, Beschluss vom 06.04.2020, 13 B 398/20.NE, CoVuR 2020, 423 (425 f., Rn. 39; 429, Rn. 61); OVG Sachsen-Anhalt, Beschluss vom 11.06.2020, 3 R 102/20.

131 OVG NRW, Beschluss vom 06.04.2020, 13 B 398/20.NE, CoVuR 2020, 423 (425 f., Rn. 30; 427, Rn. 38).

132 OVG NRW, Beschluss vom 06.04.2020, 13 B 398/20.NE, CoVuR 2020, 423 (427, Rn. 41); so auch in OVG NRW, Beschluss vom 16.04.2020, 13 B 452/20.NE, openJur 2020, 31334, Rn. 64.

133 OVG NRW, Beschluss vom 06.04.2020, 13 B 398/20.NE, CoVuR 2020, 423 (426, Rn. 31 ff.); OVG NRW, Beschluss vom 16.04.2020, 13 B 452/20.NE, openJur 2020, 31334, Rn. 40-50.

134 Beide Zitate OVG NRW, Beschluss vom 16.04.2020, 13 B 452/20.NE, openJur 2020, 31334, Rn. 61-64.

135 VGH Baden-Württemberg, Beschluss vom 09.04.2020, 1 S 925/20, 3. LS; eingehend zu dem Aspekt der Offenheit siehe C. IV. 1.

136 VGH Baden-Württemberg, Beschluss vom 09.04.2020, 1 S 925/20, Rn. 42.

Das Oberverwaltungsgericht Bremen vertrat Anfang April 2020 stattdessen ausdrücklich, dass Verstöße gegen das Bestimmtheitsgebot aus Art. 80 Abs. 1 S. 2 GG einerseits sowie gegen den Parlamentsvorbehalt und die Wesentlichkeitstheorie andererseits nicht vorlägen.[137] Knapp zwei Wochen später wiederholte das Oberverwaltungsgericht Bremen diese Ausführungen.[138]

Auch der Bayerische Verwaltungsgerichtshof war Anfang April 2020 der Ansicht, dass ein Verstoß gegen das Bestimmtheitsgebot aus Art. 80 Abs. 1 S. 2 GG nicht ersichtlich sei.[139] Zum Vorbehalt des Gesetzes äußerte sich jener Verwaltungsgerichtshof in diesem Beschluss nicht.

Ende April stellte der Bayerische Verwaltungsgerichtshof einen Verstoß einer Corona-Eindämmungsmaßnahme (genauer: der Untersagung der Öffnung des Einzelhandels jeder Art mit Freistellung von Buchhandlungen ohne Begrenzung der Verkaufsfläche nach § 2 Abs. 4 S. 1, 3 der Zweiten Bayerischen Infektionsschutzmaßnahmenverordnung in der Fassung vom 31.03.2020[140]) gegen den allgemeinen Gleichheitsgrundsatz aus Art. 3 Abs. 1 GG fest.[141] Der Verwaltungsgerichtshof erinnerte im 3. Leitsatz daran, dass „[j]e länger die Maßnahmen zur Bekämpfung der Corona-Pandemie fortbestehen, desto mehr [...] dafür [spricht], dass sie der Ermächtigung durch ein besonderes förmliches Bundesgesetz bedürfen."[142] Solche Hinweise fanden sich im Verlaufe des Jahres 2020 immer häufiger in Judikaten[143]; zur Zeit, als der Beschluss des Bayerischen Verwaltungsgerichtshofs erging, waren sie indes noch nicht so üblich wie im Herbst und Winter 2020.

Das Oberverwaltungsgericht Sachsen-Anhalt entschied Anfang Juni 2020 wie „zu mehreren Regelungen der Vorgängerverordnungen der 6. SARS-CoV-2-EindV", dass diese „von einer hinreichend bestimmten, ihrerseits verfassungskonformen gesetzlichen Grundlage getragen" waren.[144] Es konnte keinen Verstoß gegen den Wesentlichkeitsgrundsatz bzw. den Vorbehalt des Gesetzes oder das Bestimmtheitsgebot aus Art. 80 Abs. 1 S. 2 GG erkennen.[145]

Ähnliches vertrat der Verwaltungsgerichtshof Baden-Württemberg im Juni 2020[146], welcher sich mit der Pflicht zur Angabe von Kontaktdaten in Gaststätten aus § 2 Abs. 3 Corona-Verordnung Gaststätten[147] befasste und davon ausging, dass § 32 S. 1 i.V.m. § 28 Abs. 1 IfSG eine ausreichende Rechtsgrundlage für eine solche Regelung darstellen „dürften".[148]

[137] OVG Bremen, Beschluss vom 09.04.2020, 1 B 97/20, BeckRS 2020, 5629, Rn. 18, 28.
[138] OVG Bremen, Beschluss vom 22.04.2020, 1 B 111/20, BeckRS 2020, 7041, Rn. 18 ff., 27 ff.
[139] VGH Bayern, Beschluss vom 09.04.2020, 20 NE 20.663, openJur 2020, 50093, Rn. 42 ff.
[140] BayMBl. 2020 Nr. 162, GVBl. 2020 S. 194.
[141] VGH Bayern, Beschluss von 27.04.2020, 20 NE 20.793, openJur 2020, 4280, Rn. 37, 40.
[142] VGH Bayern, Beschluss von 27.04.2020, 20 NE 20.793, openJur 2020, 4280, 3. LS.
[143] Mehr zu solchen Hinweisen sogleich.
[144] Beide Zitate OVG Sachsen-Anhalt, Beschluss vom 11.06.2020, 3 R 102/20, Rn. 28.
[145] OVG Sachsen-Anhalt, Beschluss vom 11.06.2020, 3 R 102/20, Rn. 29-36.
[146] VGH Baden-Württemberg, Beschluss vom 25.06.2020, 1 S 1739/20.
[147] CoronaVO Gaststätten vom 16.05.2020 in der ab 2. Juni 2020 geltenden Fassung.
[148] VGH Baden-Württemberg, Beschluss vom 25.06.2020, 1 S 1739/20, Rn. 72.

Das Oberverwaltungsgericht Nordrhein-Westfalens widmete sich ebenfalls im Juni 2020[149] den Regelungen der damals geltenden Corona-Schutzverordnung[150] zur verpflichtenden Kundenkontaktdatenerhebung und -verarbeitung im Rahmen der Gastronomie sowie Fitness- und Friseurstudios. § 2a CoronaSchVO regelte in Nordrhein-Westfalen als Hauptnorm die Rückverfolgbarkeit in nahezu unveränderter Form[151] von Ende Mai bis Ende Oktober 2020.

Der Beschluss des Oberverwaltungsgerichts Münster befasste sich mit den Regelungen §§ 9 Abs. 4, 12 Abs. 2 S. 1 Nr. 1, 14 Abs. 1 S. 1 der CoronaSchVO i.V.m. den dazugehörigen Vorschriften der Anlage zur CoronaSchVO, gestützt auf die Generalklausel der § 32 S. 1, 2 i.V.m. § 28 Abs. 1 S. 1 Hs. 1 IfSG. Letztere seien eine taugliche Rechtsgrundlage, da sie den „verfassungsrechtlichen Anforderungen" genügten, wofür der Senat „zur Vermeidung von Wiederholungen" auf mehrere seiner Beschlüsse von April 2020 verwies.[152]

Hinsichtlich des hier maßgeblichen Rechts auf informationelle Selbstbestimmung ging der Senat davon aus, dass selbst wenn das Grundrecht auf Datenschutz aus Art. 2 Abs. 1 i.V.m. Art. 1 Abs. 1 GG grundsätzlich präzisere gesetzliche Regelungen als Grundlage für eine Kundenkontaktdatenerhebung verlange, dies „aktuell (noch) nicht dazu [führte], dass der Verordnungsgeber nicht auf die Generalklausel in § 28 Abs. 1 S. 1 IfSG zurückgreifen könnte"[153], denn der Bundesgesetzgeber hätte aufgrund der Dynamik des Pandemiegeschehens und der örtlichen Differenzen noch keinen Handlungsbedarf. Die Bundesländer konnten insbesondere im Anfangsstadium der Corona-Pandemie den jeweiligen Stand des Infektionsgeschehens in ihrem Hoheitsgebiet besser einschätzen als der Bund. Außerdem zeigte sich, dass den jeweiligen Entwicklungen mit unterschiedlichen landesrechtlichen Maßnahmen begegnet werden konnte, welche zur Pandemieeindämmung beitrugen. Dass aufgrund der unterschiedlichen Infektionsdynamik innerhalb der einzelnen Bundesländer in den ersten Monaten der Corona-Pandemie noch keine sinnvolle bundeseinheitliche Regelung möglich sei, wurde von der Rechtsprechung wiederholt als Argument für die verfassungskonforme Heranziehung der § 32 S. 1 i.V.m. § 28 Abs. 1 IfSG als Delegationsgesetz bemüht.[154]

Inhaltlich nahezu deckungsgleich argumentiert das Oberverwaltungsgericht Münster auch im August 2020[155]: Obgleich der Bundesgesetzgeber das Infektionsschutzgesetz seit Beginn der Corona-Pandemie mehrfach modifiziert habe, ließe sich daraus nicht ableiten, dass er

---

[149] OVG NRW, Beschluss vom 23.6.2020, 13 B 695/20.NE.

[150] CoronaSchVO vom 10.06.2020 (GV. NRW S. 382a), geändert durch Verordnung vom 19.06.2020 (GV. NRW S. 446).

[151] Abgesehen von der CoronaSchVO in der ab 30.05.2020 und sodann in der ab 15.06.2020 gültigen Fassung.

[152] Beide Zitate OVG NRW, Beschluss vom 23.6.2020, 13 B 695/20.NE, Rn. 45 ff.

[153] OVG NRW, Beschluss vom 23.6.2020, 13 B 695/20.NE, Rn. 48.

[154] Z.B. OVG NRW, Beschluss vom 23.06.2020, 13 B 695/20.NE, Rn. 45, 48; vgl. auch OVG Bremen, Beschluss vom 09.04.2020, 1 B 97/20, BeckRS 2020, 5629; OVG Sachsen-Anhalt, Beschluss vom 11.06.2020, 3 R 102/20.

[155] OVG NRW, Beschluss vom 18.08.2020, 13 B 847/20.NE, Rn. 83 ff.

vorausschauend alle Konstellationen in parlamentsgesetzliche Form zu gießen habe und andernfalls ein Rückgriff auf die Generalklausel ausscheiden würde.[156]

Der Verfassungsgerichtshof des Saarlandes ging hingegen Ende August 2020 davon aus, dass der mittelbare Eingriff in das Grundrecht auf Datenschutz durch die verpflichtende Datenverarbeitungsregelung zur Infektionskettennachverfolgung in der zu dieser Zeit geltenden Corona Rechtsverordnung[157] mit § 32 S. 1 i.V.m. § 28 Abs. 1 IfSG nicht auf einer tragfähigen gesetzlichen Grundlage basierte.[158] Zur Begründung stützte er sich maßgeblich auf die für das Recht auf informationelle Selbstbestimmung entwickelten Anforderungen an eine parlamentsgesetzliche Grundlage, worauf an späterer Stelle erneut eingegangen wird.[159]

Dem Gesetzgeber war ein gewisser Zeitraum zuzugestehen, bevor er neue und konkretere Regelungen traf, in welchem daher maßgebend die Exekutive agierte. Außerdem sind laut Bundesverfassungsgericht weniger strenge Maßstäbe an die Bestimmtheit anzulegen, wenn vielgestaltige Sachverhalte erfasst werden sollen[160] oder – worauf vielfach von Seiten der Judikative im Jahr 2020 verwiesen wurde – „wenn zu erwarten ist, daß sich die tatsächlichen Verhältnisse alsbald ändern werden“[161]. Aufgrund der vorübergehenden Untätigkeit des Gesetzgebers wurde im Herbst bzw. im Winter 2020 von einigen Gerichten angekündigt, dass sie § 32 S. 1 i.V.m. § 28 Abs. 1 IfSG in Zukunft nicht mehr als tragfähige gesetzliche Grundlage ansehen würden und dass sie erhebliche Zweifel am Vorliegen einer ausreichenden gesetzlichen Grundlage hätten.[162]

Der Bayerische Verwaltungsgerichtshof hielt zunächst im September 2020 hinsichtlich der Maskenpflicht an Schulen gemäß des damals geltenden § 16 Abs. 2 S. 1 der 6. BayIfSMV fest, dass der Parlamentsvorbehalt dem Erlass dieser Pandemieeindämmungsmaßnahme nicht entgegen stand.[163] Am 21. Oktober 2020 ging auch der Bayerische Verfassungsgerichtshof noch davon aus, dass § 32 S. 1 i.V.m. § 28 Abs. 1 IfSG eine hinreichende Grundlage für die Regelungen zur Erfassung von Kundenkontaktdaten in der Siebten Bayrischen Infektionsschutzmaßnahmenverordnung seien.[164]

---

[156] OVG NRW, Beschluss vom 23.6.2020, 13 B 695/20.NE, Rn. 48; so auch VGH Baden-Württemberg, Beschluss vom 09.04.2020, 1 S 925/20, Rn. 43.

[157] Art. 2 § 3 Abs. 1 VO-CP vom 21.08.2020 (Amtsbl. 2020 S. 768).

[158] VerfGH Saarland, NVwZ 2020, 1513 (1518).

[159] VerfGH Saarland, NVwZ 2020, 1513 (1518); mehr zu den Anforderungen, die gerade bei dem Recht auf informationelle Selbstbestimmung zu stellen sind: s.u. unter D. I.

[160] BVerfGE 11, 234 (237); 21, 1 (4); 28, 175 (183).

[161] BVerfGE 58, 257 (278).

[162] § 32 S. 1 i.V.m. § 28 Abs. 1 IfSG seien grundsätzlich ausreichend z.B. in VGH Bayern, Beschluss vom 07.09.2020, 20 NE 20.1981; anders in VGH Bayern, Beschluss vom 29.10.2020, 20 NE 20.2360; erhebliche Zweifel auch formuliert in VG Mainz, Beschluss vom 1.11.2020, 1 L 843.20.

[163] VGH Bayern, Beschluss vom 07.09.2020, 20 NE 20.1981, openJur 2020, 49736, Rn. 31 ff.

[164] VerfGH Bayern, Entscheidung vom 21.10.2020, Vf. 26-VII-20.

Am 29. Oktober 2020 stellte der Verwaltungsgerichtshof Bayern jedoch klar, dass „[m]it der zeitlichen Dauer und der Intensität der bislang nur im Rahmen von Rechtsverordnungen der Exekutive geregelten Maßnahmen zur Bekämpfung der SARS-CoV-2-Pandemie [...] sich die Anforderungen des Parlamentsvorbehalts [verschärften]"[165]. Der Beschluss befasste sich mit Beschränkungen gastronomischer Betriebe in der 7. BayIfSMV vom 1. Oktober 2020. Der Senat äußerte erhebliche Zweifel daran, dass die in Frage stehenden Maßnahmen mit dem Parlamentsvorbehalt und dem Bestimmtheitsgebot aus Art. 80 Abs. 1 S. 2 GG vereinbar waren. Damit wird dem Umstand Rechnung getragen, dass die zu dieser Zeit erfolgten Grundrechtseingriffe mittlerweile beispiellos waren: Solch langandauernde und intensive Maßnahmen habe der Gesetzgeber nicht in seine Abwägung bei Erlass des Delegationsgesetzes eingestellt, sondern es sollten allgemeinverbindliche Regelungen bei Auftritt einer lokal begrenzten Gefahr ermöglicht werden[166], weshalb die Verordnungsermächtigung nach mehreren Monaten der das gesamte Bundesgebiet betreffenden Corona-Pandemie trotz Berücksichtigung der Ausnahmesituation eher nicht mehr ausreichen könnte.[167] Offen blieb die Beurteilung, bis zu welchem Ausmaß und für welche umgrenzte Zeitspanne das Delegationsgesetz noch als ausreichende Grundlage herangezogen werden durfte.

Ferner wurde in dem Beschluss problematisiert, dass die durch Bundesregierung und Landesregierungen formlos vereinbarte Hotspot-Strategie[168] nicht lokal umgesetzt, sondern in der 7. BayIfSMV abstrakt-generell geregelt wurde: Das Überschreiten von 7-Tage-Inzidenzen (35, 50, 100) löste weitergehende grundrechtsbeschränkende Maßnahmen aus, ohne dass der Verordnungsgeber unter Abwägung anderer Belange eine aktuelle Beurteilung getroffen hatte. Aufgrund der erheblichen Grundrechtsrelevanz hätte sich mittlerweile der Handlungsbedarf des Bundesgesetzgebers nahezu aufgedrängt.[169] Dies wurde anschließend insofern relativiert, als dass der Senat ausreichen ließ, „dass die Voraussetzungen einer ausreichenden gesetzlichen Verordnungsermächtigung demnächst geschaffen werden".[170] Anfang November wiederholte der Bayerische Verwaltungsgerichtshof diese erheblichen Bedenken.[171]

Auch das Verwaltungsgericht Mainz[172] hatte Anfang November Zweifel an der Tauglichkeit von § 32 S. 1 i.V.m. § 28 Abs. 1 IfSG als Delegationsgesetz. Wie der Bayerische Verwaltungsgerichtshof stellte es fest, dass sich die Anforderungen des Parlamentsvorbehaltes mit der Zeit und hinsichtlich der Intensität der Pandemiebekämpfungsmaßnahmen verschärfen[173] und es

[165] VGH Bayern, Beschluss vom 29.10.2020, 20 NE 20.2360, Leitsatz.

[166] Vgl. BT-Drs. 8/2468 S. 21.

[167] VGH Bayern, Beschluss vom 29.10.2020, 20 NE 20.2360, Rn. 28, 30 f., 34 f.

[168] Beschluss der Bundeskanzlerin mit den Regierungschefinnen und -chefs am 14.10.2020, Nr. 4, abrufbar unter: https://www.bundesregierung.de/breg-de/suche/konferenz-der-bundeskanzlerin-mit-den-regierungschefinnen-und-regierungschefs-der-laender-am-14-oktober-2020-1798942 (zuletzt abgerufen: 18.09.2024).

[169] Zu diesem Absatz insgesamt VGH Bayern, Beschluss vom 29.10.2020, 20 NE 20.2360, Rn. 28, 30 f., 34 f.

[170] VGH Bayern, Beschluss vom 29.10.2020, 20 NE 20.2360, Rn. 37.

[171] VGH Bayern, Beschluss vom 05.11.2020, 20 NE 20.2468, Rn. 11.

[172] VG Mainz, Beschluss vom 01.11.2020, 1 L 843/20.MZ.

[173] Wobei es auf den Beschluss des Bayerischen VGH vom 29.10.2020, 20 NE.2360 verweist.

ging davon aus, dass „zum gegenwärtigen Zeitpunkt, das heißt mehr als ein halbes Jahr, nachdem der Deutsche Bundestag eine epidemische Lage von nationaler Tragweite (§ 5 Abs. 1 S. 1 IfSG) festgestellt hat“[174], die Generalklausel (§ 32 S. 1 i.V.m. § 28 Abs. 1 IfSG) den verfassungsrechtlichen Anforderungen nicht mehr zu genügen erschien.

Etwas weniger direkt, doch kritischer als andere Gerichte äußerte sich auch der Verwaltungsgerichtshof Baden-Württemberg Anfang November 2020, indem er formulierte, dass offen sei, ob die teilweise Untersagung des Betriebs von Gastwirtschaften in § 1a Abs. 6 S. 1 Nr. 10 Corona-Verordnung[175] als Maßnahme der Exekutive noch auf § 32 S. 1 i.V.m. § 28 Abs. 1 IfSG gestützt werden konnte, da die Pandemiebekämpfungsmaßnahmen bereits langandauernd waren und mit Blick auf die Gaststättenbetreiberinnen und -betreiber bezüglich einer bestimmten Personengruppe besonders intensive Grundrechtseingriffe bewirkt hatten.[176]

Nur wenige Gerichte äußerten wie der Verfassungsgerichtshof des Saarlandes[177] ausdrücklich, dass sie § 32 S. 1 i.V.m. § 28 Abs. 1 IfSG nicht (mehr) als taugliche Grundlage für die erheblichen Grundrechtseingriffe in Rechtsverordnungen zur Pandemiebekämpfung ansahen. So hielt das Verwaltungsgericht Hamburg[178] im November 2020 die bis zu diesem Zeitpunkt in der Rechtsprechung und Literatur geäußerten Zweifel an der Wahrung des Vorbehalts des Gesetzes für durchgreifend. Es sei nicht erkennbar gewesen, dass der Gesetzgeber die wesentlichen Entscheidungen in §§ 28 ff. IfSG (a.F.) getroffen habe. Diese Entscheidungen waren zwar zu Beginn der Pandemie noch nicht vorhersehbar, doch im November 2020 sei das erwartbare Infektionsgeschehen durch den Gesetzgeber zu regeln gewesen. Das Ermächtigungsgesetz ermögliche eine Vielzahl von grundrechtsbeeinträchtigenden Maßnahmen, hier würde aber § 28 Abs. 1 S. 1 IfSG nicht mehr als Stütze für die andauernden Grundrechtseingriffe ausreichen. Vielmehr hätte der Gesetzgeber aufgrund deren Intensität „die vielseitigen Wechselwirkungen der infektionsschutzrechtlichen Eingriffsmaßnahmen in einem gesetzlichen Rahmenkonzept abbilden [müssen], an dem der Verordnungsgeber sich in der Folge bei dem Erlass von Einzelmaßnahmen zu orientieren“[179] gehabt hätte. Eine Regelung grundlegender infektionsschutzrechtlicher Maßnahmen sei für den Gesetzgeber generell auch umsetzbar, wie es die Standardmaßnahmen im allgemeinen Polizeirecht zeigten.[180]

Eine weitere Besonderheit des Beschlusses des Verwaltungsgerichts Hamburg sind dessen Ausführungen dazu, inwiefern der vielfach in der Rechtsprechung ausgedehnte Übergangszeitraum für den Rückgriff auf die infektionsschutzrechtliche Generalklausel im November 2020 überschritten gewesen sei. Denn bereits seit März 2020 erfolgten schwerwiegende

---

[174] VG Mainz, Beschluss vom 01.11.2020, 1 L 843/20.MZ, Rn. 11.

[175] CoronaVO vom 23.06.2020 in der seit dem 02.11.2020 geltenden Fassung.

[176] VGH Baden-Württemberg, Beschluss vom 6.11.2020, 1 S 3388/20, Rn. 25.

[177] VerfGH Saarland, NVwZ 2020, 1513 (1518), dazu s.o.

[178] VG Hamburg, Beschluss vom 10.11.2020, 13 E 4550/20.

[179] *Eibenstein*, CoVuR 2020, 888 (890).

[180] So auch *Volkmann*, NJW 2020, 3153 (3157).

Grundrechtseingriffe, seitdem dominierte die Pandemie die öffentliche Diskussion und es war (im November 2020) mehr als ein halbes Jahr der Corona-Pandemie vergangen. Das Entstehen einer zweiten Welle zeichnete sich bereits im Sommer 2020 ab, sodass der Gesetzgeber nicht wie zu Beginn der Pandemie von einem Anstieg der Infektionszahlen überrascht werden konnte. Das Parlament war in den bereits vergangenen Pandemiemonaten grundsätzlich handlungsfähig, weshalb sich aus der (vorübergehenden) Untätigkeit des Parlaments auch umgekehrt keine Fiktion gesetzgeberischen Willens hinsichtlich einer Billigung der Verordnungslage herleiten ließe. Es hätte daher nach Ansicht des Verwaltungsgerichts Hamburg eines konkreteren Delegationsgesetzes bedurft, welches die wesentlichen Eingriffsmodalitäten regelt, um die Vorgaben des Vorbehalts des Gesetzes und der Wesentlichkeitstheorie zu wahren. Nach über sieben Monaten der Corona-Pandemie durfte demnach nicht mehr auf die Generalklausel zurückgegriffen werden.[181]

Andere Gerichte vertraten noch nach mehr als acht vergangenen Monaten der Corona-Pandemie im Jahr 2020, dass § 32 S. 1 i.V.m. § 28 Abs. 1 IfSG eine taugliche Grundlage für verschiedenste Grundrechtsbeeinträchtigungen in den Corona-Rechtsverordnungen waren. So äußerte beispielsweise der Hessische Verwaltungsgerichtshof hinsichtlich der damals in § 4 Abs. 1 S. 1 der Corona-Kontakt- und Betriebsbeschränkungsverordnung[182] angeordneten Schließung von Gaststätten explizit, dass dafür noch immer auf die Generalklausel als taugliches Delegationsgesetz zurückgegriffen werden könnte.[183] Eine andere Beurteilung wie beispielsweise durch das Verwaltungsgericht Hamburg[184], auf wessen Beschluss der Hessische Verwaltungsgerichtshof auch Bezug nahm, vermochte diesen „nicht zu überzeugen".[185]

Das Oberverwaltungsgericht Münster setzte sich zu dieser Zeit hingegen ebenfalls mit Betriebsschließungen (von Fitnessstudios) auseinander. Zwar äußerte es „Bedenken gegen die Generalklausel des § 28 Abs. 1 S. 1 Hs. 1 IfSG als Grundlage für allgemeine flächendeckende Betriebsverbote [...] mit Fortdauer der Pandemielage und Wiederholung der verordneten Betriebsschließungen"[186]. Trotzdem wurde noch Anfang November 2020 an der Ansicht festgehalten, dass Regelungslücken aus übergeordneten Gemeinwohlgründen für einen Übergangszeitraum durch Generalklauseln geschlossen werden sollten.[187] Ähnliches vertrat das Oberverwaltungsgericht Berlin-Brandenburg, als es im November 2020 davon ausging, dass § 32 S. 1 i.V.m. § 28 Abs. 1 IfSG aufgrund der im Rahmen der Corona-Pandemie stets genannten Argumente (Flexibilität der exekutiven Rechtsetzung sowie der Schwerfälligkeit des

[181] Zu diesem Absatz VG Hamburg, Beschluss vom 10.11.2020, 13 E 4550/20, S. 8 ff.; *Eibenstein*, CoVuR 2020, 888 (889 f., 898, 891).

[182] Gemäß der 21. Verordnung zur Anpassung der Verordnungen zur Bekämpfung des Corona-Virus vom 29.10.2020, GVBl. S. 734.

[183] VGH Kassel, Beschluss vom 12.11.2020, 8 B 2701/20.N, Rn. 23.

[184] VG Hamburg, Beschluss vom 10.11.2020, 13 E 4550/20.

[185] VGH Kassel, Beschluss vom 12.11.2020, 8 B 2701/20.N, Rn. 25.

[186] OVG NRW, Beschluss vom 06.11.2020, 13 B 1657/20.NE, BeckRS 2020, 29787, Rn. 10.

[187] Siehe OVG NRW, Beschluss vom 06.11.2020, 13 B 1657/20.NE, BeckRS 2020, 29787.

parlamentarischen Gesetzgebungsverfahrens) trotz der Wesentlichkeit der Materie noch acht Monate nach Pandemiebeginn eine ausreichende gesetzliche Grundlage seien.[188]

Am 11. November 2020 hatte auch das Sächsische Oberverwaltungsgericht „noch keine durchgreifenden Bedenken dahingehend", dass § 32 S. 1 i.V.m. § 28 Abs. 1 IfSG „eine ausreichende Verordnungsermächtigung für die durch die Sächsische Corona-Schutz-Verordnung erfolgenden Grundrechtseingriffe darstellt[en] und diese insbesondere auch dem Wesentlichkeitsgrundsatz und dem Bestimmtheitsgebot des Art. 80 Abs. 1 Satz 2 GG genügt[en]."[189] Am 26. November 2020 ging es weiterhin davon aus, dass § 32 S. 1 i.V.m. § 28 Abs. 1 IfSG eine taugliche Verordnungsermächtigung für die Grundrechtsbeeinträchtigungen in der zu dieser Zeit geltenden Sächsischen Corona-Schutz-Verordnung vom 10. November 2020 seien, woran auch das zwischenzeitliche Inkrafttreten des Dritten Gesetzes zum Schutz der Bevölkerung bei einer epidemischen Lage von nationaler Tragweite vom 18. November 2020 nichts änderte.[190]

2. Retrospektive Entscheidungen

Die nun problematisierten Entscheidungen befassen sich retrospektiv mit Normen der Corona-Rechtsverordnungen aus dem Jahr 2020 und der Frage nach der Tauglichkeit von § 32 S. 1 i.V.m. § 28 Abs. 1 IfSG für jene Rechtsverordnungen als Delegationsgesetz.

Das Amtsgericht Dortmund ging im November 2020 im Kontext von Kontaktverbotsregelungen nach § 12 CoronaSchVO, die vom 30.03.2020 bis zum Ablauf des 19.04.2020 galten, davon aus, dass diese nicht auf § 32 S. 1 i.V.m. § 28 Abs. 1 S. 1, 2 IfSG gestützt werden konnten.[191] Zunächst betonte das Amtsgericht, dass seine Entscheidung „mit dem größten Respekt vor den seit Anfang März 2020 getroffenen Entscheidungen der Bundesregierungen und Landesregierungen ergeht und in keiner Weise von einem staatspolitischen Misstrauen oder Argwohn gegenüber diesen und der sie repräsentierenden Personen getragen ist" und dass es sich bewusst sei, dass die in Frage stehende Rechtsverordnung „im Rahmen einer der größten Krisen in der Geschichte der Bundesrepublik Deutschland und zudem unter großem Zeitdruck erfolgt ist".[192] Da sich die Judikatur im Anfangsstadium der Pandemie mit verfassungsrechtlichen Bedenken größtenteils zurückgehalten hatte, wirkt es, als hätte das Amtsgericht diese vorangestellten Ausführungen für notwendig gehalten, um sich für seine nachfolgende Bewertung zu erklären. Jedenfalls sind derartige einleitende Bemerkungen als Offenlegung des richterlichen Vorverständnisses eine Besonderheit.

---

188 OVG Berlin-Brandenburg, Beschluss vom 04.11.2020, OVG 11 S 94/20, Rn. 31, 34.

189 Beide Zitate OVG Sachsen, Beschluss vom 11.11.2020, 3 B 357/20, Rn. 16.

190 OVG Sachsen, Beschluss vom 26.11.2020, 3 B 374/20, Rn. 16 f. unter Verweis auf OVG Sachsen, Beschluss vom 11.11.2020, 3 B 357/20.

191 AG Dortmund, Urteil vom 02.11.2020, 733 OWi, 127 Js 75/20, 64/20.

192 Beide Zitate AG Dortmund, Urteil vom 02.11.2020, 733 OWi, 127 Js 75/20, 64/20, Rn. 29.

Das zu überprüfende Kontaktverbot konnte nach Ansicht des Amtsgerichts Dortmund zum einen nicht auf § 32 S. 1 i.V.m. § 28 Abs. 1 S. 1, 2 IfSG gestützt werden, weil es bereits deren Voraussetzungen sowie allgemeine Grundsätze des Gefahrenabwehrrechts nicht erfüllte. Zum anderen hätte ein flächendeckendes Kontaktverbot von vornherein nicht im Wege exekutiver Rechtsetzung erlassen werden dürfen, sondern die Entscheidung darüber wäre a priori dem parlamentarischen Gesetzgeber vorbehalten gewesen. Diese schwerwiegende Grundrechtsbeeinträchtigung war von einer solchen Intensität, dass von einer wesentlichen normativen Entscheidung ausgegangen wurde, welche der parlamentarische Gesetzgeber nicht hätte delegieren dürfen. Die Norm war daher nach Ansicht des Amtsgerichts Dortmund wegen eines Verstoßes gegen den Parlamentsvorbehalt verfassungswidrig.

Den Einwand, dass dem Gesetzgeber grundsätzlich ein Übergangszeitraum zuzugestehen sei und zwischenzeitlich auf Generalklauseln zurückgegriffen werden könne, hielt das Amtsgericht nicht für durchgreifend. Der Verstoß gegen den Wesentlichkeitsgrundsatz bezog sich, wie das Amtsgericht Dortmund klarstellte, lediglich auf die Kontaktverbotsnorm der Corona-Schutzverordnung und nicht auf § 32 S. 1 i.V.m. § 28 Abs. 1 IfSG, da das Delegationsgesetz generell verfassungskonform ausgelegt werden könne.[193]

Dass der Übergangszeitraum im September 2020 abgelaufen sei, äußerte das Landesverfassungsgericht Sachsen-Anhalt retrospektiv in seinem Urteil vom 26.03.2021[194] mit Blick auf die 8. SARS-CoV-2-Eindämmungsverordnung vom 15.09.2020[195] in Form der zweiten[196] und dritten[197] Änderungsverordnung. Zuvor hatte es (nicht retrospektiv) im Dezember 2020 die vorläufige Außervollzugsetzung der §§ 2a, 5a, 6a und 13a der 8. SARS-CoV-2-EindV in der Fassung durch die 3. Änderungsverordnung nicht als dringend geboten angesehen.[198]

Das Landesverfassungsgericht Sachsen-Anhalt distanzierte sich insoweit von der Auffassung des Thüringer Verfassungsgerichtshofs.[199] Ersteres ließ explizit offen, ob ein solcher Übergangszeitraum überhaupt anzuerkennen und mit der Verfassung vereinbar sei, da jener jedenfalls in dem Zeitraum, in welchem die 8. SARS-CoV-2-EindV erlassen wurde, also Mitte September 2020, überschritten gewesen sei. Unabhängig davon, dass dem Gesetzgeber eventuell eine Reaktionszeit zuzubilligen sei – obgleich Regelungen durch den Verordnungsgeber getroffen würden, „die im Lichte der Wesentlichkeitstheorie im Grunde näher

[193] Zu diesem Absatz AG Dortmund, Urteil vom 02.11.2020, 733 OWi, 127 Js 75/20, 64/20, Rn. 36-53, 55-61, 64.

[194] LVerfG Sachsen-Anhalt, Urteil vom 26.03.2021, LVG 25/20.

[195] Achte SARS-CoV-2-EindV vom 15.09.2020, GVBl. S. 432.

[196] Zweite Verordnung zur Änderung der Achten SARS-CoV-2-Eindämmungsverordnung vom 30.10.2020, GVBl. S. 624.

[197] Dritte Verordnung zur Änderung der Achten SARS-CoV-2-Eindämmungsverordnung vom 27.11.2020, GVBl. S. 688.

[198] LVerfG Sachsen-Anhalt, Beschluss vom 08.12.2020, LVG 25/20, Rn. 36.

[199] LVerfG Sachsen-Anhalt, Urteil vom 26.03.2021, LVG 25/20, Rn. 65 mit mehreren Verweisen auf VerfGH Thüringen, Urteil vom 01.03.2021, VerfGH 18/20; dazu auch BVerfG, Beschluss vom 19.10.2022, 1 BvN 1/21; mehr dazu sogleich.

regelungsbedürftig wären“[200] – hätte der Gesetzgeber nach Ansicht des Landesverfassungsgerichts Sachsen-Anhalt schon in den Wochen bis zur parlamentarischen Sommerpause oder aufgrund der Ungewissheit der Situation jedenfalls unmittelbar im Anschluss daran die erforderliche parlamentsgesetzliche Grundlage schaffen können und müssen. Der Ablauf des Übergangszeitraums wird hier somit durch das Landesverfassungsgericht Sachsen-Anhalt vergleichsweise früh angesiedelt. Die Rechtsetzungspraxis der Exekutive auf Grundlage einer sie nicht deckenden Verordnungsermächtigung sollte demnach nicht stillschweigend durch die Judikatur gebilligt werden, was im Übrigen eine parlamentsgesetzliche Regelung der wesentlichen Belange nicht ersetzen könne.[201]

Der Verfassungsgerichtshof Thüringen entschied im März 2021 hinsichtlich der Datenerhebungs- und Datenverarbeitungspflicht aus § 3 Abs. 4 der 1. und 2. ThürSARS-CoV-2-IfS-GrundVO, dass diese von der infektionsschutzrechtlichen Generalklausel gedeckt waren – „zumindest für den hier zu betrachtenden Zeitraum“.[202] Dieser „Zeitraum“ meinte zunächst denjenigen von Mitte Juni bis Mitte Juli 2020, während die ThürSARS-CoV-2-IfS-GrundVO galt.[203] Für diese Zeitspanne wurde retrospektiv ausgeführt, dass der Verordnungsgeber berechtigt war, auf Entwicklungen im Zuge der Wiederöffnungen in fast allen gesellschaftlichen Bereichen zu reagieren, um Schutzlücken zu schließen, da die dynamischen Entwicklungen für den Bundesgesetzgeber nicht vorhersehbar gewesen wären. Nach dem ersten Lockdown, welcher Anfang Mai 2020 endete[204], existierten tatsächlich noch keine Erfahrungen hinsichtlich der Wiederöffnung. Diese Wiederöffnungen fanden in Phase 2 statt, also während des Sommerplateaus von Mitte Mai bis Mitte September 2020. Ab Ende September 2020 entwickelte sich die zweite Covid-19-Welle und ab Oktober erfolgten erneut Betriebsschließungen[205] sowie das stufenweise Herunterfahren des gesellschaftlichen Lebens.

Der Verfassungsgerichtshof Thüringen bezog sich zwar zunächst auf die Zeitspanne von Juni bis Juli 2020; hinsichtlich der 2. ThürSARS-CoV-2-IfS-GrundVO vom 7. Juli 2020 in Gestalt der jeweiligen Änderungen vom 20. August, 30. August, 30. September, 31. Oktober und 8. November 2020 verwies er jedoch umfassend auf das zuvor Ausgeführte.[206] Auch im Kontext der Datenerhebungspflicht zur Kontaktnachverfolgung verwies der Thüringer Verfassungsgerichtshof nach oben – seine obige Argumentation und Erwägungen zur Wiederöffnung passen jedoch nur zu einem Teil der Zeit (Sommer 2020), in der diese Regelungen galten. Er äußert sich nicht gesondert zu der Zeit, in der bereits Erfahrungen existierten und in welcher hätte hinterfragt werden können, ob nach dem Sommerplateau im Jahr 2020

[200] BVerfG, Beschluss vom 19.10.2022, 1 BvN 1/21, Rn. 24.

[201] Zu diesem Absatz siehe LVerfG Sachsen-Anhalt, Urteil vom 26.03.2021, LVG 25/20, Rn. 65.

[202] VerfGH Thüringen, Urteil vom 01.03.2021, VerfGH 18/20, S. 124, Verweis darauf siehe S. 139.

[203] Die ThürSARS-CoV-2-GrundVO galt vom 13.06.2020 bis zum 15.07.2020.

[204] Beispielsweise durften Gaststätten und Hotels ab dem 15.05.2020 in Thüringen wieder öffnen nach § 12 Abs. 2 und weitere Einrichtungen wie Fitnessstudios oder Schwimmbäder ab dem 01.06.2020 nach § 12 Abs. 3 ThürSARS-CoV-2-MaßnFortentwVO vom 12.05.2020.

[205] Z.B. waren Gaststätten zu schließen nach § 7 Abs. 1 ThürSARS-CoV-2-SonderEindmaßnVO vom 31.10.2020.

[206] VerfGH Thüringen, Urteil vom 01.03.2021, VerfGH 18/20, S. 124, 139.

§ 32 S. 1 i.V.m. § 28 Abs. 1 IfSG wirklich noch als gesetzliche Grundlage ausreichten. Es wird hinsichtlich der Datenverarbeitungsregelungen zur Infektionskettennachverfolgung, welche in der 1. sowie 2. ThürSARS-CoV-2-IfS-GrundVO beinahe inhaltsgleich konzipiert waren, für die Zeitspanne von Juli bis November 2020 lediglich unter Verhältnismäßigkeitsgesichtspunkten festgehalten, dass die Pflicht zur Angabe der Kontaktdaten „die Bevölkerung lediglich in bestimmten Lebensbereichen betrifft und quasi de[r] ‚Preis' für die andernfalls nach Infektionsschutzgesichtspunkten zweifelhafte (Wieder-)Öffnung der betreffenden Einrichtungen ist, deren Besuch im Übrigen freiwillig ist"[207]. Es gäbe keine Indikatoren dafür, dass die Regelungen aufgrund der Anforderungen des Vorbehalts des Gesetzes vom Gesetzgeber selbst hätten getroffen werden sollen, worauf für die 2. ThürSARS-CoV-2-IfS-GrundVO lediglich verwiesen wurde.[208]

In einem Vorlagebeschluss an das Bundesverfassungsgericht vom 19. Mai 2021 führte der Thüringer Verfassungsgerichtshof[209] sodann aus, warum seiner Ansicht nach auch Ende Oktober 2020 noch auf § 32 S. 1 i.V.m. § 28 Abs. 1 IfSG als Ermächtigungsgesetz für den Erlass von Rechtsverordnungen zurückgegriffen werden konnte, ohne dass darin ein Verstoß gegen den Parlamentsvorbehalt und die Wesentlichkeitstheorie zu sehen wäre. Obwohl es sich bei den Grundrechtseingriffen in der Corona-Pandemie, zu denen § 32 S. 1 i.V.m. § 28 Abs. 1 IfSG ermächtigten, um wesentliche Belange handelte, sei eine Rechtsetzung durch die Exekutive in verfassungskonformer Weise möglich, da der Übergangszeitraum auch nach mehr als sieben Monaten seit Pandemiebeginn noch nicht überschritten sei. Nach Ansicht des Verfassungsgerichtshofes Thüringen konnte für die auf die Generalklausel (§ 32 S. 1 i.V.m. § 28 Abs. 1 IfSG) gestützte Corona-Rechtsverordnung vom 31. Oktober 2020 berücksichtigt werden, dass konkret absehbar war, dass der Gesetzgeber zeitnah tätig werden und das Infektionsschutzgesetz präzisieren würde, sodass für den Thüringer Verfassungsgerichtshof ein Ende des Rückgriffs auf § 32 S. 1 i.V.m. § 28 Abs. 1 IfSG erkennbar war.[210] Da das Bundesverfassungsgericht dem Gesetzgeber eine Übergangsfrist zur Neuregelung einräumt, wenn bei Nichtigkeit einer Norm ein rechtlicher luftleerer Raum entstünde, könne hier nichts anderes für den weiteren Rückgriff auf die Generalklausel gelten, wenn absehbar sei, dass der Gesetzgeber die unvollständige Regelung bereits modifiziert und lediglich der Gesetzgebungsprozess noch nicht abgeschlossen ist.[211]

Das Bundesverfassungsgericht hat die Divergenzvorlage des Thüringer Verfassungsgerichtshofs für unzulässig erklärt und sich inhaltlich nur soweit wie notwendig zu den Vorlagefragen positioniert.[212] Für die ersten zwei Vorlagefragen fehlte es laut dem Bundesverfassungsgericht

[207] Zu dem Zitat sowie dem Absatz insgesamt siehe VerfGH Thüringen, Urteil vom 01.03.2021, VerfGH 18/20, S. 124, 139.

[208] VerfGH Thüringen, Urteil vom 01.03.2021, VerfGH 18/20, S. 126, 139.

[209] VerfGH Thüringen, Beschluss vom 19.05.2021, VerfGH 110/20.

[210] So auch OVG Bremen, Beschluss vom 24.11.2020, 1 B 362/20, BeckRS 2020, 32277, Rn. 37 f.

[211] Zu diesem Absatz VerfGH Thüringen, Beschluss vom 19.05.2021, VerfGH 110/20, S. 22-24.

[212] BVerfG, Beschluss vom 19.10.2022, 1 BvN 1/21.

an einem Vorlagegrund, die dritte Frage sei weder entscheidungserheblich gewesen noch habe die bezeichnete Divergenz vorgelegen, die vierte Vorlagefrage habe keinen tauglichen Vorlagegegenstand bezeichnet und aufgrund der Unzulässigkeit der ersten vier Vorlagefragen könne über die Fünfte nicht entschieden werden.[213] Darin kann eine größtmögliche Zurückhaltung, sich zu der Frage der inhaltlichen und zeitlichen Reichweite des Parlamentsvorbehaltes im Rückblick zu äußern, gesehen werden.

Im Jahr 2022 entschied das Oberverwaltungsgericht Sachsen über zu diesem Zeitpunkt nicht mehr geltende Normen aus der Sächsischen Corona-Schutz-Verordnung vom 30.10.2020[214], welche Betriebsschließungen von Betrieben, die körpernahe Dienstleistungen anbieten, vorsahen.[215] Es ging davon aus, dass § 32 S. 1 i.V.m. § 28 Abs. 1 IfSG „den rechtlichen Anforderungen an den Parlamentsvorbehalt und den Wesentlichkeitsgrundsatz und damit an den Vorbehalt des Gesetzes sowie den Bestimmtheitserfordernissen“[216] gerecht wurden. Eine andere Beurteilung ergab sich laut diesem Oberverwaltungsgericht auch dann nicht, wenn der Zeitpunkt des Beginns der Corona-Pandemie und die Geltungsdauer der angefochtenen Regelungen berücksichtigt wurden.

Das Oberverwaltungsgericht Sachsen distanziert sich explizit von der Auffassung des Landesverfassungsgerichts Sachsen-Anhalt[217]: Die Auffassung, dass der Übergangszeitraum für einen verfassungskonformen Rückgriff auf die Generalklausel abgelaufen war, teilte das Oberverwaltungsgericht Sachsen nicht. Denn bei COVID-19 handelte es sich um eine unbekannte Erkrankung, die zunächst im ersten Jahr der Pandemie erforscht werden konnte und musste. Mit fortschreitenden Erkenntnissen konnten Maßnahmen sodann neu bewertet und ggf. korrigiert werden, sodass ein Tätigwerden des Bundesgesetzgebers „bereits in diesem Zeitraum“ nicht verfassungsrechtlich geboten gewesen sei.[218] Das Oberverwaltungsgericht Sachsen sieht somit retrospektiv vor dem Hintergrund der Anforderungen des Vorbehalts des Gesetzes und des Bestimmtheitsgebots aus Art. 80 Abs. 1 S. 2 GG keinen Handlungsbedarf des Bundesgesetzgebers im ersten Jahr der Corona-Pandemie.[219] Es folgte vielmehr dem Oberverwaltungsgericht Bremen, welches ebenfalls retrospektiv am 23. März 2022 davon ausgegangen ist, dass in verfassungskonformer Weise auf die Generalklausel (§ 32 S. 1 i.V.m. § 28 Abs. 1 IfSG) bis Mitte November 2020 zurückgegriffen werden durfte.[220]

---

[213] BVerfG, Beschluss vom 19.10.2022, 1 BvN 1/21, Rn. 13.

[214] SächsGVBl. 2020, S. 557.

[215] OVG Sachsen, Urteil vom 10.08.2022, 3 C 62/20.

[216] OVG Sachsen, Urteil vom 10.08.2022, 3 C 62/20, Rn. 23.

[217] LVerfG Sachsen-Anhalt, Urteil vom 26.03.2021, LVG 25/20, dazu s.o.

[218] Dazu insgesamt OVG Sachsen, Urteil vom 10.08.2022, 3 C 62/20, Rn. 24.

[219] Obgleich der Bundesgesetzgeber schließlich im November 2020 tätig wurde.

[220] OVG Sachsen, Urteil vom 10.08.2022, 3 C 62/20, Rn. 23 mit explizitem Verweis auf OVG Bremen, Urteil vom 23.03.2022, 1 D 349/20, juris Rn. 54.

II. Literatur

Zu der Problematik, ob § 32 S. 1 i.V.m. § 28 Abs. 1 IfSG eine taugliche parlamentsgesetzliche Grundlage für die Vielzahl an Grundrechtseingriffen im Rahmen der Corona-Pandemie darstellten, wurden in der Literatur – wie in der Rechtsprechung – uneinheitliche Auffassungen vertreten. War die Rechtsprechung häufiger der Ansicht, dass die Vorgaben des Vorbehalts des Gesetzes und des Bestimmtheitsgebots aus Art. 80 Abs. 1 S. 2 GG gewahrt waren, so ging die Literatur vor allem nach mehreren Monaten der Corona-Pandemie vermehrt davon aus, dass dies jedenfalls hinsichtlich der Anforderungen des Vorbehalts des Gesetzes nicht der Fall war.[221] Einige Autorinnen und Autoren zeigten sich lediglich unkritisch für das zeitliche Stadium des Beginns der Corona-Pandemie.[222] Nur ein kleiner Teil der Literatur lässt sich als eher neutral einordnen.[223]

Wie bereits erwähnt trennte die Literatur außerdem konsequenter als die Rechtsprechung zwischen dem Vorbehalt des Gesetzes einerseits und den Anforderungen des Bestimmtheitsgebots aus Art. 80 Abs. 1 S. 2 GG andererseits. Daher wird auch die folgende Betrachtung der Literatur in diese beiden Aspekte unterteilt.

1. Zum Bestimmtheitsgebot aus Art. 80 Abs. 1 S. 2 GG

Gegenstand zahlreicher Diskussionen war im Jahr 2020 insbesondere vor Erlass des § 28a IfSG die Frage, ob die Befugnis, nach § 32 S. 1 i.V.m. § 28 Abs. 1 IfSG „die notwendigen Schutzmaßnahmen zu treffen", die Vorgaben des Bestimmtheitsgebots des Art. 80 Abs. 1 S. 2 GG wahrt. Danach müssen § 32 S. 1 i.V.m. § 28 Abs. 1 IfSG als Delegationsgesetz den Inhalt, Zweck und das Ausmaß der erteilten Verordnungsermächtigung bestimmen, sog. Bestimmtheitstrias. Dadurch hat der parlamentarische Gesetzgeber die entscheidende Richtung vorzugeben und festzulegen, mit welchen Fragen sich die Exekutive auseinander zu setzen hat

[221] So z.B. *Aligbe*, ARP 2020, 374 (377, 379); *Antweiler*, NVwZ 2020, 584 (587); *Bender*, NVwZ Extra 2020, 1; *Birkner*, ZRP 2020, 157 (158); *Brüning*, NVwZ 2021, 272 (274 f.); *Brüning/Thomsen*, NVwZ 2021, 1183; *Seiler*, JZ 2021, 924; *Dapprich*, COVuR 2021, 717; *Eibenstein*, COVuR 2020, 856; *Gärditz/Abdulsalam*, GSZ 2020, 108 (113); *Gölzer/Fischer-Uebler/Schaub*, NVwZ 2021, 928; *Guckelberger*, NVwZ Extra 2020, 1 (8); *Kingreen*, JURA 2020, 1019 (1025 f.); *Heinig/Kingreen/Lepsius/Möllers/Volkmann/Volkmann*, JZ 18/2020, 861 (866); *Klafki*, NVwZ 2020, 1718; *Kluckert* in: Kluckert, Das neue Infektionsschutzrecht, 2. Auflage 2021, § 2, Rn. 105, 107; *Leisner-Egensperger*, NJW 2021, 2415 (2417 f.); *Lepsius*, RuP 2020, 258 (265-279); *Michl*, JuS 2020, 507; *Murswiek*, NVwZ Extra 2021, 1 (15); *Pautsch/Haug*, NJ 2020, 281; *Sangs*, NVwZ 2020, 1780 (1784 f.); *Schmitt*, NJW 2020, 1626; *Volkmann*, NJW 2020, 3153 (3153 f.); vgl. *Bender*, NVwZ Extra 2020, 1; *Bremert/Hansen/Körffer/Polenz*, DuD 2020, 791 (795); *Fährmann/Arzt*, DuD 2020, 801; *Glaab/Schwedler*, NJW 2020, 1702; *Klafki*, JuS 2020, 511; *Knell*, NVwZ 2020, 688 (669); *Mayen*, NVwZ 2020, 828 (833 f.); *Meyer*, NVwZ 2020, 1302 (1307); *Niedernhuber*, KriPoZ 6/2020, 318; *Schmitz/Neubert*, NVwZ 2020, 666 (667, 669); *Shirvani*, NVwZ 2020, 1457.

[222] *Berwanger*, NVwZ 2020, 1804 (1807); *Greve*, NVwZ 2020, 1786 (1787 f.); *Kersten*, ZRP 2020, 65; *Martini/Thiessen/Ganter*, NJOZ 2020, 929 (930, 935); *Marquardsen/Gerlach*, JA 2020, 801 (803); *Rixen*, NJW 2020, 1097 (1099, 1102); *Schwarz*, JA 2020, 321 (324); *Siegel*, NVwZ 2020, 577 (582).

[223] *Amhaouach/Huster/Kießling/Schaefer*, NVwZ 2021, 825 (826 f.; 830); *Erdmann*, NVwZ 2020, 1798; *Hase*, JZ 2020, 697 (700-703); *Hase*, JZ 2020, 1107; *Meyer*, NVwZ 2020, 609; *Schlegel/Meßling/Bockoldt*, COVID-19 – Corona-Gesetzgebung, 2. Auflage 2022; *Wiedmann*, BRZ 2021, 87 (99); *Zuck/Zuck*, NJW 2020, 2302.

(Inhalt), welche Grenzen der Verordnungsermächtigung gesetzt werden (Ausmaß) und welches Ziel überhaupt verfolgt wird (Zweck).[224]

Die Kriterien des Bestimmtheitsgebots aus Art. 80 Abs. 1 S. 2 GG sind indes im Einzelfall nicht stets trennscharf voneinander abgrenzbar, weshalb es regelmäßig vom Bundesverfassungsgericht sowie von Teilen der Literatur als einheitlich bzw. ganzheitlich verstanden wird, wonach sich Inhalt, Zweck und Ausmaß gegenseitig ergänzen und erläutern.[225] Allerdings verfolgt auch das Bundesverfassungsgericht dabei keine einheitliche Linie, sondern es differenziert gelegentlich wieder zwischen den Zielen, dem Inhalt und Ausmaß der Verordnungsermächtigung.[226]

Wird dementsprechend zwischen Inhalt, Zweck und Ausmaß zu differenzieren versucht, so lässt § 32 S. 1 IfSG als Regelungszweck und -ziel eindeutig die Bekämpfung übertragbarer Krankheiten erkennen. Es sind lediglich Schutzmaßnahmen gemeint, welche sich im Rahmen des Kompetenztitels für den Infektionsschutz (Art. 74 Abs. 1 Nr. 19 Var. 1 GG) bewegen.[227]

Der Inhalt der Ermächtigung kann einer systematischen Betrachtung des in § 32 S. 1 IfSG in Bezug genommenen § 28 IfSG entnommen werden. Inhaltlich möglich sollte die Normierung von solchen Geboten bzw. Verboten sein, welche auch als Einzelmaßnahmen im Sinne des § 28 IfSG hätten ergehen können.

Weitgehend offen blieben das Ausmaß der Ermächtigung sowie die Inhalte potentieller Schutzmaßnahmen.[228] Historisch gesehen (die Regelung des § 28a IfSG außer Betracht gelassen) ergab sich aus §§ 28, 29-31 IfSG keine greifbare Begrenzung der Verordnungsermächtigung. Von einem kleinen Teil der Literatur wurde daher bereits zu Beginn der Corona-Pandemie keine Vereinbarkeit von § 32 S. 1 i.V.m. § 28 Abs. 1 IfSG mit den Vorgaben des Bestimmtheitsgebots aus Art. 80 Abs. 1 S. 2 GG gesehen.[229]

§ 32 S. 1 i.V.m. § 28 Abs. 1 IfSG ordnen an, dass der Verordnungsgeber abstrakt-generell regeln können soll, was ohne § 32 S. 1 IfSG lediglich konkret-individuell oder konkret-generell als Einzelakt oder Allgemeinverfügung hätte ergehen können. Solche Regelungen – im Sinne des § 28 Abs. 1 IfSG allein – verfügen allerdings über einen starken Einzelfallbezug, wogegen Rechtsnormen abstrakt-genereller Natur sind und diverse Regelungsgegenstände umfassen. Dies ist einer der Gründe, weshalb § 32 S. 1 i.V.m. § 28 Abs. 1 IfSG zu der stets

[224] *Antweiler,* NVwZ 2020, 584 (587); *Mann* in: Sachs, Grundgesetz Kommentar, 9. Auflage 2021, Art. 80, Rn. 25 f.; *Pautsch/Haug,* NJ 2020, 281 (282 f.); *Remmert* in: Dürig/Herzog/Scholz, Grundgesetz-Kommentar, 104. EL April 2024, Art. 80 GG, Rn. 63.

[225] BVerfGE 38, 348 (357 f.); *Brenner* in: Huber/Voßkuhle, Grundgesetz Kommentar, 8. Auflage 2024, Art. 80 GG, Rn. 39; *Kment* in: Jarass/Pieroth, Grundgesetz Kommentar, 18. Auflage 2024, Art. 80 GG, Rn. 15.

[226] BVerfGE 106, 1 (19); 113, 167 (269 f.).

[227] *Kluckert* in: Kluckert, Das neue Infektionsschutzrecht, 2. Auflage 2021, § 2, Rn. 101.

[228] *Martini/Thiessen/Ganter*, NJOZ 2020, 929 (930 f.).

[229] In dieser Hinsicht sehr kritisch *Pautsch/Haug,* NJ 2020, 281 (282 f.).

herangezogenen Generalklausel für die Verordnungsgeber werden konnte[230] und weshalb von dem soeben genannten Teil der Literatur keine hinreichende Bestimmtheit im Sinne des Art. 80 Abs. 1 S. 2 GG angenommen wurde.[231] Nicht unproblematisch erschien außerdem, dass das Delegationsgesetz (§ 32 S. 1 i.V.m. § 28 Abs. 1 IfSG) im Zuge der Corona-Pandemie häufig als Grundlage für vielfältige Grundrechtseingriffe gebraucht wurde. Bei den denkbaren Maßnahmen, die § 32 S. 1 i.V.m. § 28 Abs. 1 IfSG ermöglichen, differieren indes die potentielle Eingriffsqualität und Intensität erheblich.[232]

Andere sahen das Ausmaß dennoch als hinreichend bestimmt an, da der Verordnungsgeber einen Spielraum innerhalb der „notwendigen Schutzmaßnahmen" nur dergestalt hätte, dass Regelungen lediglich zur Verhinderung der weiteren Ausbreitung der übertragbaren Krankheit zu erlassen seien und gegenüber den Betroffenen nicht unverhältnismäßig wirken dürften.[233] In diesem Sinne kommen allerdings weiterhin zahlreiche und vielfältige Regelungen in Betracht, die in jedem Fall den Verhältnismäßigkeitsgrundsatz zu wahren haben, und es wird ein enorm weiter Spielraum des Verordnungsgebers umschrieben.

Art. 80 Abs. 1 S. 2 GG gebietet lediglich eine „hinreichende" Bestimmtheit, weshalb das Bestimmtheitsgebot von einem Teil der Literatur nicht als „Bestimmtheitsgebot", sondern abgeschwächt als „Bestimmungsgebot" oder „Festlegungsgebot" bezeichnet wird.[234] Insbesondere bei dem Gebrauch auslegungsbedürftiger Begriffe in Rechtsnormen sei entscheidend, ob die Regelung insgesamt als hinreichend bestimmbar anzusehen sei. Die Anforderungen an das Maß der Bestimmtheit seien im Einzelfall unter Heranziehung der allgemeinen Auslegungsmethoden – auch der verfassungskonformen Auslegung – zu bestimmen.[235] Außerdem hindere das Bestimmtheitsgebot aus Art. 80 Abs. 1 S. 2 GG den Gesetzgeber nicht per se, auf generalklauselartige Formulierungen im Delegationsgesetz zurückzugreifen.[236] Vor allem im Kontext des Infektionsschutzrechts als Bereich des besonderen Gefahrenabwehrrechts seien Generalklauseln charakteristisch sowie unverzichtbar, um auf unvorhergesehene Krankheiten und deren Erscheinungsformen reagieren zu können.[237] Auf diesen Aspekt stützte sich auch der Gesetzgeber in der Begründung zu § 28 Abs. 1 IfSG.[238]

---

[230] Vgl. *Kluckert* in: Kluckert, Das neue Infektionsschutzrecht, 2. Auflage 2021, § 2, Rn. 93 ff.

[231] Dazu *Pautsch/Haug,* NJ 2020, 281 (282 f.).

[232] *Guckelberger,* NVwZ Extra 2020, 1 (6, 8); vgl. *Martini/Thiessen/Ganter*, NJOZ 2020, 929 (930).

[233] Z.B. OVG NRW, Beschluss vom 16.04.2020, 13 B 452/20.NE, Rn. 55.

[234] *Brocker*, NVwZ 2020, 1485 (1485 f.); *Remmert* in: Dürig/Herzog/Scholz, Grundgesetz-Kommentar, 104. EL April 2024, Art. 80 GG, Rn. 63; *Mann* in: Sachs, Grundgesetz Kommentar, 9. Auflage 2021, Art. 80, Rn. 28.

[235] BVerfGE 8, 274 (307); 143, 38, Rn. 55; *Bauer* in: Dreier Grundgesetz-Kommentar, 3. Auflage 2015, Art. 80 GG, Rn. 35; *Brenner* in: Huber/Voßkuhle, Grundgesetz Kommentar, 8. Auflage 2024, Art. 80 GG, Rn. 38 ff.; *Wallrabenstein* in: von Münch/Kunig, Grundgesetz Kommentar, 7. Auflage 2021, Art. 80 GG, Rn. 45.

[236] BVerfGE 101, 1 (32); 106, 1 (19); 150, 1, Rn. 203.

[237] *Brocker*, NVwZ 2020, 1485; *Martini/Thiessen/Ganter*, NJOZ 2020, 929 (930); *Ritgen* in: Kluckert, Das neue Infektionsschutzrecht, 2. Auflage 2021, § 12, Rn. 34a; *Schwarz*, JA 2020, 321 (324 f.).

[238] Vgl. BT-Drs. 14/2530 (74 f.).

Die bereichsspezifische Abstufung der Bestimmtheitsanforderungen bot nach Ansicht eines Teils der Literatur für die Ausgestaltung der Rechtsetzung in der Corona-Pandemie mehrere Vorteile: Zum einen, dass die ermächtigte Exekutive eigene Fachkenntnisse unmittelbar einbeziehen und sich mit Experten oder anderen Rechtsetzern abstimmen konnte, was insbesondere bei Pandemiebekämpfungsmaßnahmen eine wichtige Rolle spielt; zum anderen, dass auch die Verordnungsermächtigung selbst flexibel interpretiert werden konnte.[239]

Vor diesen Hintergründen waren und sind die Anforderungen des Art. 80 Abs. 1 S. 2 GG hinsichtlich der Corona-Pandemie zu präzisieren. Welche einzelnen Maßnahmen und welche Kombination von Maßnahmen zur Eindämmung des Infektionsgeschehens in Betracht kamen, ließ sich vor allem zu Beginn der Corona-Pandemie nicht umfassend vorherbestimmen.[240] Die zur Pandemieeindämmung erlassenen Maßnahmen richteten sich zum Teil nach den Erscheinungsformen des Virus und waren damit für den Gesetzgeber kaum vorhersehbar, zumal selbst Wissenschaftlerinnen und Wissenschaftler zu Beginn der Pandemie Schwierigkeiten hatten, die Effektivität einzelner Maßnahmen einzuschätzen. Bereits bei der Frage nach der Effektivität und Wirksamkeit des Schutzes von Mund-Nasen-Bedeckungen gingen die Meinungen weit auseinander.[241] Daher wurde zu Beginn der Corona-Pandemie vermehrt davon ausgegangen, dass aus den Anforderungen des Bestimmtheitsgebots aus Art. 80 Abs. 1 S. 2 GG kein zwingender gesetzgeberischer Handlungsbedarf folgte.[242]

Insofern unterscheidet sich bei der Beurteilung der Bestimmtheitsanforderungen die Situation zu Beginn der Corona-Pandemie wiederum von der aktuellen Rechtslage im Jahr 2024. Denn erst seit Erlass der zahlreichen, im Jahre 2020 in Rechtsverordnungen angeordneten Maßnahmen existieren Erfahrungen über die Effektivität von verschiedenen Pandemiebekämpfungsmaßnahmen.

Bei der Ausbreitung einer Pandemie handelt es sich um ein exponentiell steigendes Risiko, welches die Gesundheit und das Leben der Menschen sowie die Funktionsfähigkeit des Gesundheitssystems gefährdet. Dynamische Rahmenbedingungen für effektive Maßnahmen zur Pandemieeindämmung waren deshalb vor allem zu Pandemiebeginn zur Erfüllung der Staatsaufgaben und grundrechtlicher Schutzpflichten aus Art. 2 Abs. 2 S. 1 GG von höchster Bedeutung.[243] Dennoch darf die Flexibilität nicht das einzige und stets ausschlaggebende Argument für die Rechtsetzung in Form von Rechtsverordnungen bilden – nur weil diese von

[239] *Bauer* in: Dreier Grundgesetz-Kommentar, 3. Auflage 2015, Art. 80 GG, Rn. 35 f.; *Brenner* in: Huber/Voßkuhle, Grundgesetz Kommentar, 8. Auflage 2024, Art. 80 GG, Rn. 41, 42a ff.; *Brocker*, NVwZ 2020, 1485.

[240] Dazu insgesamt *Kersten/Rixen*, Der Verfassungsstaat in der Corona-Krise, 3. Auflage 2022, Kapitel 3, S. 80-88.

[241] Die Diskussion flammte 2023 nach Veröffentlichung der Cochrane-Studie erneut auf, siehe https://www.n-tv.de/wissen/Maskenstreit-entzuendet-sich-wegen-Studie-neu-article23890133.html; https://www.tagesschau.de/faktenfinder/corona-studie-masken-101.html (beide zuletzt abgerufen: 18.09.2024).

[242] So z.B. *Martini/Thiessen/Ganter*, NJOZ 2020, 929 (930); a.A. *Pautsch/Haug*, NJ 2020, 281 (282 f.).

[243] Vgl. *Guckelberger,* NVwZ Extra 2020, 1 (4, 8).

der Verfassung mit Art. 80 GG ermöglicht wird, bedeutet dies keinen pauschalen Vorrang exekutiver Rechtsetzung bei dringend zu regelnden Materien.[244] Außerdem kann auch das Gesetzgebungsverfahren rapide durchlaufen werden, wie es im März 2020 für das Gesetz zum Schutz der Bevölkerung bei einer epidemischen Lage von nationaler Tragweite[245] als Reaktion auf die Ausbreitung von COVID-19 in Deutschland geschah, welches innerhalb eines Tages initiiert und vom Bundestag beschlossen wurde.[246] Es bleibt somit stets bei der Überlegung, ob für die jeweilige Regelung entweder das generell aufwendigere parlamentarische oder das exekutive Rechtsetzungsverfahren angemessener ist.[247] Dabei spielen realiter ebenfalls politische Erwägungen eine Rolle. Nach einer Ansicht in der Literatur war das wissenschaftliche Wissen in der Corona-Pandemie „hoch politisiert und in einer von sozialen Medien geprägten Öffentlichkeit nicht nur popularisiert und polarisiert, sondern auch mit Fake-Science konfrontiert“[248]. Auch das Schutzpflichten-Argument durfte danach nicht überspannt werden: Zwar kann der Leib- und Lebensschutz einen Grundrechtseingriff im Einzelfall legitimieren – dies darf jedoch nicht vermischt werden mit der Frage nach der Form, in welcher der Eingriff hätte erfolgen müssen.[249]

2. Zum Vorbehalt des Gesetzes

Obgleich der Vorbehalt des Gesetzes nicht ausdrücklich in der Verfassung geregelt wurde, ist sein Existieren nicht zweifelhaft. Umstritten ist vielmehr dessen Anwendungsbereich und dessen Anforderungen.[250]

Der Vorbehalt des Gesetzes verlangt, dass wesentliche staatliche Entscheidungen auf das größtmögliche Maß an demokratischer Legitimation zurückzuführen sind.[251] Dieses ist am ehesten im parlamentarischen Verfahren zu erreichen, an welchem politische Minderheiten sowie die Öffentlichkeit mitwirken können und welches in einem formellen Gesetz mündet. In dieser Ausprägung erstarkt der allgemeine Vorbehalt des Gesetzes zu einem Parlamentsvorbehalt.[252] Er statuiert keinen Totalvorbehalt, sondern kongruierend mit dem Rechtsstaatsprinzip und Demokratieprinzip, dass der Gesetzgeber in grundlegenden Bereichen die

[244] *von Danwitz*, Die Gestaltungsfreiheit des Verordnungsgebers, 1989, S. 48; *Waldhoff*, NJW 2021, 2772 (2774 ff.); *Wallrabenstein* in: von Münch/Kunig, Grundgesetz Kommentar, 7. Auflage 2021, Art. 80 GG, Rn. 2.

[245] Gesetz vom 27.03.2020, BGBl. I 2020, 587.

[246] BT-Drs. 19/18111; BT-PlPr. 19/154, 19169; *Brüning/Thomsen*, NVwZ 2021, 1183 (1184).

[247] Vgl. BVerfGE 85, 386 (403 f.); 95, 267 (307 f.); *Schulze-Fielitz* in: Dreier Grundgesetz-Kommentar, 3. Auflage 2015, Art. 20 GG (Rechtsstaat), Rn. 120.

[248] *Kersten/Rixen*, Der Verfassungsstaat in der Corona-Krise, 3. Auflage 2022, Kapitel 4, S. 104 m.w.N.

[249] *Heinig/Kingreen/Lepsius/Möllers/Volkmann/Wißmann*, JZ 2020, 861 (863 f.); *Volkmann*, NJW 2020, 3153 (3158).

[250] *Burkiczak* in: Linien der Rechtsprechung des Bundesverfassungsgerichts, 2011, S. 130 f.

[251] Vgl. BVerfGE 47, 46 (78 ff.); 49, 89 (126 f.); 85, 386 (403 f.); 95, 267 (307 f.).

[252] So schon BVerfGE 33, 125 (159); siehe auch BVerfGE 134, 33 (89); *Jarass* in: Jarass/Pieroth, Grundgesetz Kommentar, 18. Auflage 2024, Art. 20 GG, Rn. 69, 77; *Schulze-Fielitz* in: Dreier Grundgesetz-Kommentar, 3. Auflage 2015, Art. 20 GG (Rechtsstaat), Rn. 119; *Volkmann*, NJW 2020, 3153 (3158 f.).

wesentlichen Entscheidungen selbst zu treffen und diese nicht der alleinigen Entscheidungsmacht der Exekutive zu überlassen hat, woraus sich insofern auf der einen Seite aus dem Vorbehalt des Gesetzes ein Delegationsverbot für den parlamentarischen Gesetzgeber ergibt.[253]

Auf der anderen Seite bedarf die Exekutive für ein Tätigwerden in bestimmten Bereichen einer parlamentsgesetzlichen Grundlage.[254] Die Pflicht zur parlamentarischen Regelung befasst sich mit der Fragestellung, ob ein bestimmter Gegenstand formalgesetzlich geregelt werden muss und wie weitreichend diese Regelungen im Einzelnen ausgestaltet werden müssen; dies richtet sich nach der Wesentlichkeitsdoktrin wiederum insbesondere nach dem fraglichen Lebensbereich und dessen Grundrechtsbezug, wobei eine Gesamtbetrachtung der Wesentlichkeit einer Materie anhand der allgemeinen Bedeutung der in Frage stehenden Rechtsgüter einerseits sowie der Intensität der Betroffenheit der Rechtsgüter andererseits vorzunehmen ist.[255] In welchen Fällen und unter welchen Umständen eine solche Wesentlichkeit in der Corona-Pandemie möglicherweise gegeben war, war häufig Gegenstand von Diskussionen. Einige Stimmen in der Literatur gingen in dieser Hinsicht davon aus, dass die Pandemieeindämmungsmaßnahmen ein Musterbeispiel für wesentliche Entscheidungen gewesen wären, welche somit allesamt nicht durch die Exekutive hätten geregelt werden dürfen.[256]

Das Grundgesetz bietet zahlreiche Anhaltspunkte für die Beurteilung der Wesentlichkeit im Einzelfall.[257] Im grundrechtlichen Kontext ergibt sich das Erfordernis einer formalgesetzlichen Grundlage zum Teil aus den grundrechtlichen Bestimmungen selbst.[258] Die grundrechtlichen Gesetzesvorbehalte vermögen den Vorbehalt des Gesetzes zu aktivieren.[259] Allerdings ist nicht mehr nur der Grundrechtsbezug maßgebend für die Beurteilung des Erfordernisses einer gesetzlichen Grundlage.[260] Im Zuge der Weiterentwicklung der Wesentlichkeitstheorie entfernte sich der Vorbehalt des Gesetzes vom Grundrechtseingriff als einziges Kriterium für die Beurteilung der Wesentlichkeit einer Materie und somit des Erfordernisses einer gesetzlichen Grundlage.[261]

---

[253] BVerfGE 33, 125 (158); 34, 165 (192 f.); 49, 89 (127); *Brocker*, NVwZ 2020, 1485 (1486); *Kluckert* in: Kluckert, Das neue Infektionsschutzrecht, 2. Auflage 2021, § 2, Rn. 103; *Ohler*, AöR 2006, 336 (343 f.).

[254] *Jarass* in: Jarass/Pieroth, Grundgesetz Kommentar, 18. Auflage 2024, Art. 20 GG, Rn. 69; *Sommermann* in: Huber/Voßkuhle, Grundgesetz Kommentar, 8. Auflage 2024, Art. 20 GG, Rn. 273.

[255] BVerfGE 33, 125 (160); 49, 89 (126); 83, 130 (142); 101, 1 (34); 139, 19 (49).

[256] So beispielsweise *Kluckert* in: Kluckert, Das neue Infektionsschutzrecht, 2. Auflage 2021, § 2, Rn. 105 ff.; *Pautsch/Haug*, NJ 2020, 281 (281 ff.); *Schmitt*, NJW 2020, 1626 (1629); *Volkmann*, NJW 2020, 3153 (3159).

[257] *Brocker*, NVwZ 2020, 1485 (1486); *Sommermann* in: Huber/Voßkuhle, Grundgesetz Kommentar, 8. Auflage 2024, Art. 20 GG, Rn. 275.

[258] BVerfGE 108, 282 (311); 141, 143 (170 ff.); *Jarass* in: Jarass/Pieroth, Grundgesetz Kommentar, 18. Auflage 2024, Art. 20 GG, Rn. 70 ff.; *Schulze-Fielitz* in: Dreier Grundgesetz-Kommentar, 3. Auflage 2015, Art. 20 GG (Rechtsstaat), Rn. 120.

[259] *Kluckert* in: Kluckert, Das neue Infektionsschutzrecht, 2. Auflage 2021, § 2, Rn. 103.

[260] Hingewiesen sei auf die traditionelle Formulierung, dass „Eingriffe in Freiheit und Eigentum“ auf einer gesetzlichen Grundlage beruhen müssen. Dazu z.B. BVerfGE 8, 155 (166 f.).

[261] *Brenner* in: Huber/Voßkuhle, Grundgesetz Kommentar, 8. Auflage 2024, Art. 80 GG, Rn. 36 f.; *Kluckert* in: Kluckert, Das neue Infektionsschutzrecht, 2. Auflage 2021, § 2, Rn. 104.

Der Gesetzgeber stellt es in § 32 S. 1 i.V.m. § 28 Abs. 1 IfSG in das Ermessen der Landesregierungen, ob, welche und inwieweit Grundrechte beschränkt werden. In brisanten Situationen, welche ein schnelles Handeln der Exekutive erfordern, können Rechtsverordnungen der Landesregierungen als notwendiges Instrument der Staatsleitung fungieren. Je länger grundrechtliche Beschränkungen anhalten, desto dringlicher wird jedoch eine Regelung durch den parlamentarischen Gesetzgeber, da das Erfordernis einer parlamentarischen gesetzlichen Grundlage keine verzichtbare Formalität ist, was auch in der Rechtsprechung im Jahr 2020 mehrfach erwähnt wurde.[262]

Kritisiert wurde von Seiten der Literatur, dass zahlreiche Corona-Verordnungen bis zu ihrer Veröffentlichung in den ersten Monaten der Pandemie allein von der Exekutive erarbeitet wurden.[263] Demgegenüber hätte die Öffentlichkeit in einer parlamentarischen Debatte Einblicke in die Diskussionen erhalten können, was ein wesentliches Element der repräsentativen Demokratie darstellt. Dies konnte laut einer Ansicht in der Literatur auch nicht durch eine „öffentlichkeitswirksame Dauerinszenierung der Bekanntgabe von Ergebnissen der ‚Schaltkonferenzen der Bundeskanzlerin mit den Regierungschefs der Länder'"[264] ersetzt werden. Außerdem haben fortlaufende wissenschaftliche Erkenntnisse die Entwicklungen bestimmt. Auf Fachkenntnisse von Experten hätte auch das Parlament zugreifen können, nicht bloß die Landesregierungen.[265]

Außerdem plädierten Teile der Literatur dafür, bei der Beurteilung der Wesentlichkeit der Entscheidungen nicht bloß auf einzelne Regelungen abzustellen, sondern zu berücksichtigen, welche Maßnahmen insgesamt in einer Corona-Verordnung erlassen wurden, um zu beurteilen, ob ein Maßnahmenpaket hätte durch den parlamentarischen Gesetzgeber geregelt werden müssen.[266] Dieses könnte insgesamt wesentlich im Sinne der Wesentlichkeitsdoktrin sein. Das Parlament hätte demnach bereits aufgrund der Menge und Zusammenstellung von schwerwiegenden, flächendeckenden, jeden Menschen im Bundesgebiet treffenden Grundrechtseingriffen selbst entscheiden müssen, zumal § 32 S. 1 i.V.m. § 28 Abs. 1 IfSG keine ausreichende Entscheidung des Gesetzgebers enthielten, da die Wesentlichkeitstheorie gerade der relativ beliebigen Ausfüllung dieser Generalklausel durch die Exekutive Grenzen setzen solle. Auch könnten die grundrechtlichen Schutzpflichten aus Art. 2 Abs. 2 S. 1 GG nur effektiv

[262] Z.B. VerfGH Saarland, NVwZ 2020, 1513 (1518); ähnlich VGH Bayern, Beschluss vom 29.10.2020, 20 NE 20.2360, Leitsatz.

[263] *Gölzer/Fischer-Uebler/Schaub*, NVwZ 2021, 928 (928 f.); *Klafki*, NVwZ 2020, 1718 (1718 f.).

[264] *Brocker*, NVwZ 2020, 1485 (1486); ähnlich *Waldhoff*, NJW 2021, 2772.

[265] *Gärditz/Abdulsalam*, GSZ 2020, 108 (110).

[266] Vgl. *Kluckert* in: Kluckert, Das neue Infektionsschutzrecht, 2. Auflage 2021, § 2, Rn. 105 f., 108; ähnlich verallgemeinernd VGH Bayern, Beschluss vom 29.10.2020, 20 NE 20.2360 Rn. 28; i.R.v. Verhältnismäßigkeitserwägungen von einer „multipolaren Abwägungsentscheidung" sprechend, da die Corona-Maßnahmen „untrennbar miteinander verbunden" seien: *Kersten/Rixen*, Der Verfassungsstaat in der Corona-Krise, 3. Auflage 2022, Kapitel 6, S. 166.

erfüllt werden, wenn eine Abwägung der vielfältigen Belange und Rechtsgüter durch den Parlamentsgesetzgeber selbst vorgenommen würde.[267]

Laut der Rechtsprechung waren verschiedenste Pandemiebekämpfungsmaßnahmen „derzeit" oder „jedenfalls für einen Übergangszeitraum" nicht wegen eines Verstoßes gegen den Parlamentsvorbehalt aufzuheben.[268] Dies wurde in der Literatur insofern (umgehend sowie retrospektiv) kritisiert, als dass es sich dabei lediglich um Praktikabilitätserwägungen handelte.[269] Im zeitlichen Stadium des Pandemiebeginns wurde der Argumentation der Rechtsprechung jedoch vermehrt zugestimmt[270] – was überzeugt, da grundrechtsschonender in der Ausnahmesituation gerade die Rechtsetzung durch die Exekutive sein kann, indem die Rechtsverordnungen auf das jeweils aktuelle, örtliche Infektionsgeschehen zu reagieren vermochten.[271] Angesichts der betroffenen „sozialen, gesundheitlichen, sicherheits- und finanzpolitischen, ökonomischen und ökologischen"[272] Faktoren kann der Gesetzgeber nicht auf alle Risiken im Detail vorbereitet sein sowie umgehend reagieren. Die Schwerfälligkeit der Parlamentsarbeit auf der einen Seite sowie die Dynamik der Ministerkonferenzen[273] auf der anderen Seite können hier für eine Wahrung der Voraussetzungen des Vorbehalts des Gesetzes im Frühjahr und Sommer 2020 sprechen. Obgleich die getroffenen Maßnahmen zu erheblichen Grundrechtseingriffen führten, konnten diese auch unter dem Gesichtspunkt der Effektivität der Gefahrenabwehr zu Beginn der Pandemie aufgrund der atypischen Situation auf Grundlage der Generalklausel ergehen.[274] Gegen eine sofortige spezialgesetzliche Regelung durch den Gesetzgeber sprach sowohl die unsichere Tatsachengrundlage als auch die mangelnde Erfahrung mit einer sich dynamisch entwickelnden Pandemie.[275]

In der Literatur wurde allerdings vermehrt bestritten, dass daran für den gesamten Zeitraum von der Regelung der ersten Pandemiebekämpfungsmaßnahmen im März 2020 bis zum Erlass des § 28a IfSG im November 2020 festgehalten werden konnte.[276] Es wurde beispielsweise die

---

[267] Zu dieser Argumentationslinie *Kluckert* in: Kluckert, Das neue Infektionsschutzrecht, 2. Auflage 2021, § 2, Rn. 106 f.

[268] Dazu s.o. und z.B. VGH Mannheim, Beschluss vom 09.04.2020, 1 S 925/20; OVG Bremen, Beschluss vom 09.04.2020, 1 B 97/20; Beschluss vom 22.04.2020, 1 B 111/20; OVG NRW, Beschluss vom 06.04.2020, 13 B 398/20.NE, Rn. 63; OVG Sachsen-Anhalt, Beschluss vom 11.06.2020, 3 R 102/20.

[269] *Kluckert* in: Kluckert, Das neue Infektionsschutzrecht, 2. Auflage 2021, § 2, Rn. 107; vgl. *Pautsch/Haug,* NJ 2020, 281 (282).

[270] Z.B. *Brocker,* NVwZ 2020, 1485 (1486); *Marquardsen/Gerlach*, JA 2020, 801 (803); *Rixen,* NJW 2020, 1097 (1099; 1103).

[271] Allgemein dazu *Rux* in: BeckOK Grundgesetz, 58. Edition, Stand: 15.06.2024, Art. 20 GG, Rn. 180-180.2.

[272] *Kersten/Rixen*, Der Verfassungsstaat in der Corona-Krise, 3. Auflage 2022, Kapitel 3, S. 80.

[273] Trotz deren kritikwürdigen Auswirkungen auf das Bundesstaatsprinzip und den deutschen Föderalismus, siehe dazu *Waldhoff,* NJW 2021, 2772 (2774 ff.); vgl. auch *Brüning*, NVwZ 2021, 272 (273 f.).

[274] *Greve*, NVwZ 2020, 1786 (1788); *Guckelberger,* NVwZ Extra 2020, 1 (8).

[275] So auch *Wiedmann*, BRZ 2021, 87 (95).

[276] Siehe z.B. *Brüning*, NVwZ 2021, 272 (274); *Heinig/Kingreen/Lepsius/Möllers/Volkmann/Wißmann*, JZ 2020, 861 (867-870); *Kluckert* in: Kluckert, Das neue Infektionsschutzrecht, 2. Auflage 2021, § 2, Rn. 107, 110; *Martini/Thiessen/Ganter*, NJOZ 2020, 929; *Volkmann*, NJW 2020, 3153 (3154); *Wiedmann*, BRZ 2021, 87 (96).

Entscheidung des Oberverwaltungsgerichts Münster von Anfang November 2020 kritisiert, in welcher zum einen „Bedenken gegen die Generalklausel des § 28 Abs. 1 S. 1 Hs. 1 IfSG als Grundlage für allgemeine flächendeckende Betriebsverbote [...] mit Fortdauer der Pandemielage und Wiederholung der verordneten Betriebsschließungen"[277] geäußert, jedoch zum anderen daran festgehalten wurde, dass Regelungslücken aus übergeordneten Gemeinwohlgründen für einen Übergangszeitraum vor allem durch Generalklauseln geschlossen werden sollten und dass ein solcher Übergangszeitraum im November 2020 noch immer nicht offensichtlich abgelaufen sei.[278] Nach einer Ansicht in der Literatur lag darin faktisch eine Umgehung des Vorbehalts des Gesetzes, da der vermeintliche Übergangszustand zu diesem Zeitpunkt – über ein Dreivierteljahr nach Beginn der Corona-Pandemie – zu einem Dauerzustand geworden war.[279]

Der Zeitraum von Pandemiebeginn bis Ende November 2020 umspannte nicht nur die „Stunde der Exekutive"[280], sondern einige Monate, was in der Literatur überwiegend als zu lang bewertet wurde.[281] Es wurde sogar retrospektiv formuliert, dass „in der Rechtswissenschaft [...] weitgehend Einigkeit darüber [bestand], dass ein Verzicht auf eine spezialgesetzliche Regelung bis in den November 2020 hinein mit den verfassungsrechtlichen Vorgaben nicht vereinbar war"[282]. Teilweise wurde (ebenfalls retrospektiv) davon ausgegangen, dass der Gesetzgeber bereits im Sommer 2020 genügend Zeit gehabt hätte, um parlamentsgesetzlich auf die Corona-Pandemie zu reagieren, was er beispielsweise anlässlich des 2. Bevölkerungsschutzgesetzes[283] hätte tun können, und dass die Generalklausel als Ermächtigungsgrundlage für die erfolgten schwerwiegenden Grundrechtseingriffe schon seit jenem Sommer nicht mehr mit dem Parlamentsvorbehalt und Bestimmtheitsgebot vereinbar gewesen sei. Der Gesetzgeber hätte dieser Ansicht nach selbst früher erkennen können, dass die §§ 28-32 IfSG nicht auf eine globale Pandemie zugeschnitten sind und dass sie lediglich kurzfristig und übergangsweise eine taugliche Grundlage für solche Eingriffe bilden können.[284]

Ein genauer Tag oder Zeitpunkt für den Beginn der Zuständigkeit des Parlaments in der Corona-Pandemie lässt sich zwar nicht ausmachen. Allerdings hätte dies beispielsweise von

---

[277] OVG NRW, Beschluss vom 06.11.2020, 13 B 1657/20.NE, BeckRS 2020, 29787, Rn. 10.

[278] Dies bedürfe vielmehr eingehender Prüfung im Rahmen des Hauptsacheverfahrens, OVG NRW, Beschluss vom 06.11.2020, 13 B 1657/20.NE, BeckRS 2020, 29787, Rn. 13.

[279] Vgl. *Volkmann*, NJW 2020, 3153 (3160).

[280] Angelehnt an die Äußerung Schröders vom 28.09.1960, Plenarprotokoll 3/124, S. 7177; polarisierend zur Exekutive in der Ausnahmelage *Schmitt*, Politische Theologie, 9. Auflage 2009, S. 11 ff.; diesbezüglich kritisch z.B. *Mayen*, NVwZ 2020, 828 (829); *Wiedmann*, BRZ 2021, 87 (89).

[281] *Amhaouach/Huster/Kießling/Schaefer*, NVwZ 2021, 825 (825 f.); *Brüning*, NVwZ 2021, 272 (274); *Heinig/Kingreen/Lepsius/Möllers/Volkmann/Wißmann*, JZ 2020, 861 (867-870); *Kluckert* in: Kluckert, Das neue Infektionsschutzrecht, 2. Auflage 2021, § 2, Rn. 107, 110; *Martini/Thiessen/Ganter*, NJOZ 2020, 929; *Volkmann*, NJW 2020, 3153 (3154); *Wiedmann*, BRZ 2021, 87 (96).

[282] *Wiedmann*, BRZ 2021, 87 (96).

[283] Zweites Gesetz zum Schutz der Bevölkerung bei einer epidemischen Lage von nationaler Tragweite vom 19.05.2020, BGBl. I, S. 1018.

[284] Zu diesem Absatz *Gölzer/Fischer-Uebler/Schaub*, NVwZ 2021, 928 (929); *Wiedmann*, BRZ 2021, 87 (95 f.).

Seiten der Judikative in der jeweiligen Situation überprüft werden können und nicht bloß Bedenken oder Zweifel geäußert werden sollen. Im Einzelfall hätte intensiver betrachtet werden müssen, ob die Generalklausel noch ausreichte oder ob es einer spezielleren Ermächtigung, also einer parlamentarischen Entscheidung bedurft hätte[285], zumal mit „zunehmendem Erkenntnisgewinn, zeitlicher Dauer der Maßnahmen und damit verbundener steigender Intensität der (im Übrigen auch additiven) Grundrechtseingriffe“[286] der Parlamentsvorbehalt einer konkreten Maßnahme im Einzelfall entgegenstehen kann, obgleich dies jedoch keineswegs bedeutet, dass es ausschließlich an den Gerichten gewesen wäre, die Legislative zum Handeln zu bewegen – zumal das Funktionieren eines Rechtsstaats nicht davon abhängig sein darf, dass Rechtsschutz beansprucht wird und Gerichte entscheiden.[287]

III. Zwischenbilanz: Uneinheitlichkeit

Die Ansichten differierten vor allem im Jahr 2020 innerhalb der Rechtsprechung sowie in der Literatur stark: Gingen in den ersten Monaten der Corona-Pandemie noch mehr Gerichte und auch Teile der Literatur davon aus, dass die Anforderungen des Bestimmtheitsgebots aus Art. 80 Abs. 1 S. 2 GG und des Vorbehalts des Gesetzes mit § 32 S. 1 i.V.m. § 28 Abs. 1 IfSG als Delegationsgesetz gewahrt waren[288], so wurden die Zweifel und Bedenken im Laufe der Monate des Jahres 2020 immer lauter.[289] Zum Teil wurde – vermehrt von Seiten der Literatur[290], teilweise auch von Seiten der Rechtsprechung[291] – scharfe Kritik geäußert.

---

[285] Vgl. *Brocker*, NVwZ 2020, 1485 (1486); *Kluckert* in: Kluckert, Das neue Infektionsschutzrecht, 2. Auflage 2021, § 2, Rn. 108.

[286] VerfGH Thüringen, Beschluss vom 19.05.2021, VerfGH 110/20, S. 19; *Brocker*, NVwZ 2020, 1485 (1486).

[287] *Heinig/Kingreen/Lepsius/Möllers/Volkmann/Wißmann*, JZ 2020, 861 (865).

[288] OVG NRW, Beschluss vom 06.04.2020, 13 B 398/20.NE, CoVuR 2020, 423 (425 f., Rn. 30; 427, Rn. 38); OVG NRW, Beschluss vom 16.04.2020, 13 B 452/20.NE, openJur 2020, 31334, Rn. 40-50; OVG Bremen, Beschluss vom 09.04.2020, 1 B 97/20, BeckRS 2020, 5629, Rn. 18, 28; OVG Sachsen-Anhalt, Beschluss vom 11.06.2020, 3 R 102/20, Rn. 28; OVG NRW, Beschluss vom 23.6.2020, 13 B 695/20.NE, Rn. 45-48; *Martini/Thiessen/Ganter*, NJOZ 2020, 929 (930, 935); *Marquardsen/Gerlach*, JA 2020, 801 (803); *Rixen*, NJW 2020, 1097 (1099, 1102); *Siegel*, NVwZ 2020, 577 (582).

[289] VGH Bayern, Beschluss vom 29.10.2020, 20 NE 20.2360; VG Mainz, Beschluss vom 01.11.2020, 1 L 843/20.MZ; VGH Bayern, Beschluss vom 05.11.2020, 20 NE 20.2468, Rn. 11; OVG NRW, Beschluss vom 06.11.2020, 13 B 1657/20.NE, BeckRS 2020, 29787, Rn. 10; VGH Baden-Württemberg, Beschluss vom 6.11.2020, 1 S 3388/20; OVG Sachsen, Beschluss vom 11.11.2020, 3 B 357/20, Rn. 16.

[290] *Aligbe*, ARP 2020, 374 (377, 379); *Amhaouach/Huster/Kießling/Schaefer*, NVwZ 2021, 825 (825 f.)*Antweiler*, NVwZ 2020, 584 (587); *Birkner*, ZRP 2020, 157 (158); *Brüning*, NVwZ 2021, 272 (274 f.); *Brüning/Thomsen*, NVwZ 2021, 1183; *Dapprich*, COVuR 2021, 717; *Eibenstein*, COVuR 2020, 856; *Gärditz/Abdulsalam*, GSZ 2020, 108 (113); *Gölzer/Fischer-Uebler/Schaub*, NVwZ 2021, 928; *Guckelberger* NVwZ Extra 2020, 1 (8); *Heinig/Kingreen/Lepsius/Möllers/Volkmann/Volkmann*, JZ 18/2020, 861 (866); *Kingreen*, JURA 2020, 1019 (1025 f.); *Klafki*, NVwZ 2020, 1718; *Kluckert* in: Kluckert, Das neue Infektionsschutzrecht, 2. Auflage 2021, § 2, Rn. 105, 107; *Lepsius*, RuP 2020, 258 (265-279); *Michl*, JuS 2020, 507; *Leisner-Egensperger*, NJW 2021, 2415 (2417 f.); *Murswiek*, NVwZ Extra 2021, 1 (15); *Pautsch*, SächsVBl. 2021, 33 (38); *Pautsch/Haug*, NJ 2020, 281; *Sangs*, NVwZ 2020, 1780 (1784 f.); *Schmitt*, NJW 2020, 1626; *Seiler*, JZ 2021, 924; *Volkmann*, NJW 2020, 3153.

[291] VerfGH Saarland, NVwZ 2020, 1513; AG Dortmund, Urteil vom 02.11.2020, 733 OWi, 127 Js 75/20, 64/20; VG Hamburg, Beschluss vom 10.11.2020, 13 E 4550/20.

Zusammenfassend war in den ersten Monaten der Corona-Pandemie von enormer Bedeutung, dass es die Befugnis, „die notwendigen Schutzmaßnahmen zu treffen“ ermöglicht, auf neuartige Erscheinungen wie das Corona-Virus und dessen Ausbreitung zu reagieren. Der Gesetzgeber hatte zwar bei der Schaffung von § 32 S. 1 i.V.m. § 28 Abs. 1 IfSG[292] rund zwanzig Jahre vor dem Ausbruch von SARS-CoV-2 die Situation dieser weltweiten Pandemie nicht vor Augen. Doch gerade unvorhergesehene Konstellationen sollten durch solch offene Formulierungen wie „die notwendigen Schutzmaßnahmen“ geregelt werden können, um das Entstehen rechtsfreier Räume zu verhindern und um dem Gesetzgeber Zeit und Gelegenheit zu geben, Regelungslücken zu schließen.[293] Dieser Gesichtspunkt wurde ebenfalls häufig von den Gerichten im Jahr 2020 aufgegriffen.[294] Gerade weil der Gesetzgeber nicht alle eventuell notwendig werdenden „Schutzmaßnahmen“ bei Gesetzeserlass vorhersehen konnte, wurden § 32 S. 1 i.V.m. § 28 Abs. 1 S. 1 Hs. 1 IfSG wie die Vorgängerregelung des § 34 BSeuchG generalklauselartig ausgestaltet[295], wodurch einerseits ein breites Spektrum an möglichen Schutzmaßnahmen eröffnet und dieses andererseits auf das Notwendige begrenzt wird.[296]

Für erste und zeitnahe Reaktionen auf Neuartiges sind Generalklauseln bis zum spezifischeren Tätigwerden des Gesetzgebers essentiell. Werden § 32 S. 1 i.V.m. § 28 Abs. 1 IfSG dergestalt ausgelegt, dass den besonderen Gegebenheiten Rechnung getragen wird, so vermochte die Generalklausel die Ausnahmesituation der Pandemie jedenfalls in den Anfangsphasen 1 und 2 aufzufangen, ohne dass Sonderregelungen für den Ausnahmezustand aufgestellt oder außerordentliche staatliche Befugnisse begründet werden mussten.[297] Eine angemessene gesetzgeberische Reaktion ist überdies in außergewöhnlichen Situationen regelmäßig mit einem gewissen Verzug verbunden.[298]

Es konnte in der Anfangszeit der Corona-Pandemie noch nicht davon ausgegangen werden, dass ein zwingender gesetzgeberischer Handlungsbedarf bestand.[299] War zu Beginn der Pandemie ein kurzfristiges, flexibles Handeln unter Berücksichtigung der sich stetig ändernden Situation im Pandemiegeschehen notwendig und daher der Exekutive ein größerer Spielraum einzuräumen, so ist mit zunehmender zeitlicher Dauer mitunter aufgrund der erheblichen

[292] Das IfSG gilt seit dem 1.1.2001, siehe BGBl. I 2000, 1045, Gesetz vom 20.07.2000.

[293] Vgl. BVerfG, Beschluss vom 08.11.2012, 1 BvR 22/12; OVG Saarland, Urteil vom. 06.09.2013, 3 A 13/13; OVG NRW, Urteil vom 05.07.2013, 5 A 607/11.

[294] Siehe z.B. OVG Sachsen-Anhalt, Beschluss vom 11.06.2020, 3 R 102/20, Rn. 35.

[295] BT-Drs. 8/2468, S. 27 f. zur Vorgängerregelung des § 34 BSeuchG; BT-Drs. 14/2530, S. 74 f.; OVG NRW, Beschluss vom 06.04.2020, 13 B 398/20.NE, CoVuR 2020, 423 (426, Rn. 32); VGH Baden-Württemberg, Beschluss vom 09.04.2020, 1 S 925/20, Rn. 42; *Fleischfresser* in: Kluckert, Das neue Infektionsschutzrecht, 2. Auflage 2021, § 13, Rn. 28.

[296] Vgl. VerfGH Thürungen 18/20, Urteil vom 01.03.2021, S. 124.

[297] *Kersten*, ZRP 2020, 65; *Kluckert* in: Kluckert, Das neue Infektionsschutzrecht, 2. Auflage 2021, § 2, Rn. 85 f., 99.

[298] *Kluckert* in: Kluckert, Das neue Infektionsschutzrecht, 2. Auflage 2021, § 2, Rn. 87.

[299] So auch z.B. OVG NRW, Beschluss vom 16.04.2020, 13 B 452/20.NE, Rn. 62.

Grundrechtsrelevanz der Maßnahmen der Fokus auf die Beteiligung des unmittelbar demokratisch legitimierten Parlaments zu legen.[300]

Ab wann – mit der Ansicht mancher Gerichte[301] sowie großen Teilen der Literatur[302] – aufgrund der Vorgaben des Vorbehalts des Gesetzes einerseits bzw. des Bestimmtheitsgebots aus Art. 80 Abs. 1 S. 2 GG andererseits von einem gesetzgeberischen Handlungsbedarf in der Corona-Pandemie auszugehen war und warum eine Vielzahl von Gerichten dies nicht getan hat, wird nun erörtert.

IV. Reflexion

1. Warum hat sich der Großteil der Gerichte nicht früher für einen Verstoß gegen den Vorbehalt des Gesetzes und das Bestimmtheitsgebot ausgesprochen?

Für die ersten sechs Monate nach Pandemiebeginn konnte und kann in der Retrospektive davon ausgegangen werden, dass die § 32 S. 1 i.V.m. § 28 Abs. 1 IfSG hinreichend bestimmt im Sinne des Art. 80 Abs. 1 S. 2 GG waren und dass jene Generalklausel als Grundlage für die mittelbaren Eingriffe in das Grundrecht auf Datenschutz den Anforderungen des Vorbehalts des Gesetzes sowie der Wesentlichkeitstheorie grundsätzlich genügte. Dies geschieht nicht unter Annahme neuer Verfassungsmaßstäbe in der Pandemie, sondern unter Anwendung der existierenden Verfassungsvorgaben im Lichte der neuartigen Situation.[303] Denn Fragen der Wesentlichkeitstheorie bleiben auch in einer Pandemie dieselben. An dieser Stelle ist es daher nicht notwendig, die Dogmatik zu ändern.

Doch beispielsweise der Bayrische Verfassungsgerichtshof[304] führte noch Ende Oktober 2020 an, dass der Rückgriff auf die infektionsschutzrechtliche Generalklausel der § 32 S. 1 i.V.m. § 28 Abs. 1 IfSG nicht offensichtlich unzulässig war, da „bei Eintritt des Pandemiegeschehens kurzfristige Reaktionen des Verordnungsgebers auf sich ändernde Gefährdungslagen erforderlich"[305] sein könnten. Daran ist problematisch, dass die Phase des „Eintritts eines Pandemiegeschehens" überwunden war, als die Entscheidung am 21. Oktober 2020 erging, welche sich mit der zu dieser Zeit geltenden Rechtsverordnung vom 1. Oktober 2020 beschäftigte. Im Oktober 2020 – mehr als ein halbes Jahr nach Pandemiebeginn – sollte allerdings nicht mehr mit denselben Erwägungen argumentiert werden wie zu Beginn der Pandemie. Der

---

300 *Wiedmann*, BRZ 2021, 87 (89 f.).

301 VerfGH Saarland, NVwZ 2020, 1513; AG Dortmund, Urteil vom 02.11.2020, 733 OWi, 127 Js 75/20, 64/20; VG Hamburg, Beschluss vom 10.11.2020, 13 E 4550/2.

302 *Birkner*, ZRP 2020, 157; *Brocker*, NVwZ 2020, 1485; *Brüning/Thomsen*, NVwZ 2021, 1183 (1183 ff.); *Gärditz/Abdulsalam*, GSZ 2020, 108; *Heinig/Kingreen/Lepsius/Möllers/Volkmann/Wißmann*, JZ 2020, 861 (869 ff.); *Klafki*, NVwZ 2020, 1718; *Kluckert* in: Kluckert, Das neue Infektionsschutzrecht, 2. Auflage 2021, § 2, Rn. 102-111d; *Pautsch/Haug*, NJ 2020, 281; *Volkmann*, NJW 2020, 3153; *Waldhoff*, NJW 2021, 2772.

303 Vgl. *Kersten*, ZRP 2020, 65; *Wiedmann*, BRZ 2021, 87 (89).

304 VerfGH Bayern, Entscheidung vom 21.10.2020, Vf. 26-VII-20.

305 VerfGH Bayern, Entscheidung vom 21.10.2020, Vf. 26-VII-20, Rn. 18.

Bayrische Verfassungsgerichtshof verwies außerdem auf die einschlägige fachgerichtliche Rechtsprechung, welche § 32 S. 1 i.V.m. § 28 Abs. 1 IfSG als ausreichende Grundlage ansah. Dabei zitierte er jedoch Entscheidungen aus den Monaten April und Juni 2020, in denen die Pandemiesituation eine andere war als im Oktober 2020.

Der oben[306] näher beleuchteten Ansicht der Literatur ist insofern zuzustimmen, als dass der Gesetzgeber selbst hätte früher erkennen können, dass die §§ 28-32 IfSG auf eine globale Pandemie und erhebliche, flächendeckende Grundrechtseingriffe nicht zugeschnitten sind und dass sie lediglich kurzfristig und übergangsweise eine taugliche Grundlage für solche Eingriffe bilden können. Mehrere Monate nach dem Pandemieausbruch lagen bereits Erkenntnisse hinsichtlich der Infektionskurven und der Belastbarkeit des Gesundheitssystems vor und verschiedenste Pandemiebekämpfungsmaßnahmen waren erprobt, welche der Gesetzgeber früher, also nicht erst zum 18.11.2020, hätte regeln können, zumal der Parlamentsvorbehalt selbst sowie der Gestaltungsauftrag des Bundestages die Aufforderung enthalten, dass der Parlamentsgesetzgeber (bei wesentlichen Themen zeitnah) tätig wird.[307] Der demokratische Dialog im Parlament hätte nach einer ersten Phase der Anpassung an die Pandemie mehr aufleben können als er es tat; stattdessen leitete die Exekutive auch nach mehreren Monaten den Umgang mit der Pandemie „unter (Selbst-)Ausschaltung der Parlamente".[308] Überzeugend erscheint, dass es dem Gesetzgeber jedenfalls nach einem halben Jahr der Pandemie möglich gewesen wäre, die §§ 28 ff. IfSG anzupassen.

Doch der Bayrische Verfassungsgerichtshof war mit seiner soeben geschilderten Auffassung nicht allein. Beispielsweise das Bundesverfassungsgericht entschied im Wege einstweiligen Rechtsschutzes im April[309], Juni[310] und Juli[311] 2020 gegen die Anliegen der Beschwerdeführer und erließ in keinem der drei Fälle eine einstweilige Anordnung, woraus das Niedersächsische Oberverwaltungsgericht Ende November 2020 geschlossen hat, dass das Bundesverfassungsgericht die Nutzung von § 32 S. 1 i.V.m. § 28 Abs. 1 IfSG als Delegationsgesetz nicht für verfassungswidrig gehalten haben muss: für dieses Oberverwaltungsgericht – „ebenso wie offenbar für das Bundesverfassungsgericht [...] in seiner bisherigen Spruchpraxis betreffend die Corona-Pandemie" – war ein Verstoß gegen den Bestimmtheitsgrundsatz sowie den Vorbehalt des Gesetzes „jedenfalls nicht offensichtlich".[312]

---

[306] Unter C. II. 2.

[307] Zu den Erwägungen dieses Absatzes siehe *Kingreen*, JURA 2020, 1019 (1025 f.); *Volkmann*, NJW 2020, 3153 (3153-3159); *Wiedmann*, BRZ 2021, 87 (88).

[308] *Volkmann*, NJW 2020, 3153 (3159).

[309] BVerfG, Beschluss vom 28.04.2020, 1 BvR 899/20.

[310] BVerfG, Beschluss vom 09.06.2020, 1 BvR 1230/20.

[311] BVerfG, Beschluss vom 15.07.2020, 1 BvR 1630/20.

[312] Alle drei Zitate aus OVG Niedersachsen, Beschluss vom 30.11.2020, 13 MN 520/29, BeckRS 2020, 33216, Rn. 15.

Es stellt sich daher die Frage, warum diverse Gerichte nicht (früher) zu dem gleichen Schluss wie die überwiegende Literatur gekommen sind. Wenn im November 2020 von Verwaltungsgerichten ein Verstoß gegen den Parlamentsvorbehalt gesehen wurde,[313] so wurden diese Entscheidungen der Verwaltungsgerichte im Anschluss auf oberverwaltungsgerichtlicher Ebene[314] „korrigiert"[315]. Zugleich erfolgten indes zunehmend mehr oder weniger ausdrückliche „Hinweise" an den Bundesgesetzgeber, eine speziellere Rechtsgrundlage für die Corona-Verordnungen als § 32 S. 1 i.V.m. § 28 Abs. 1 IfSG zu schaffen.[316] Dass es bei diesen „Hinweisen" geblieben ist, liegt möglicherweise an der Ausnahmesituation einerseits und dem Gewaltenteilungsgrundsatz andererseits.

Dem Gesetzgeber kommt grundsätzlich ein Spielraum in der Hinsicht zu, über den Zeitpunkt für eine präzisere Ausgestaltung der infektionsschutzrechtlichen Regelungen zu entscheiden, was die Zurückhaltung der Rechtsprechung zu erklären vermag.[317] Der Grundsatz der Gewaltenteilung enthält außerdem die Forderung, dass staatliche Entscheidungen auf das Organ zurückzuführen sind, welches für diese hinsichtlich „Organisation, Zusammensetzung, Funktion und Verfahrensweise über die besten Voraussetzungen verfüg[t]"[318]. Dies könnte hier eher der Gesetzgeber (als die Gerichte) gewesen sein, was die Rechtsprechung vermutlich ebenfalls berücksichtigt hat. Um den Gewaltenteilungsgrundsatz zu wahren, war die Judikative bedacht, ihre Einschätzung der wissenschaftlichen Erkenntnisse nicht über diejenige der Exekutive und Legislative zu stellen und lediglich bei groben Versäumnissen zu intervenieren.[319]

Dass die Bedenken beispielsweise des Bayerischen Verwaltungsgerichtshofs[320] im Ungefähren blieben, hängt auch damit zusammen, dass zu dieser Zeit das Gesetzgebungsverfahren zu § 28a IfSG absehbar war. Indessen obliegt es nicht der Judikatur, diffuse Drohungen auszusprechen und Druck gegenüber dem Gesetzgeber aufzubauen. Die Gerichte wollten womöglich weder die jeweils in Frage stehenden Regelungen der Corona-Verordnungen aufheben und damit eine noch unsichere Lage herbeiführen noch dem Gesetzgeber in der Ausnahmesituation eigene Regelungen durch den Erlass einstweiliger Anordnungen

---

313 Z.B. VG Hamburg, Beschluss vom 10.11.2020, 13 E 4550/20.

314 Z.B. OVG Hamburg, Beschluss vom 18.11.2020, 5 Bs 209/20.

315 Dazu *Kersten/Rixen*, Der Verfassungsstaat in der Corona-Krise, 3. Auflage 2022, Kapitel 3, S. 88.

316 So beispielsweise in VGH Bayern, Beschluss vom 29.10.2020, 20 NE 20.2360; VGH Bayern, Beschluss vom 05.11.2020, 20 NE 20.2468; vgl. VG Mainz, Beschluss vom 1.11.2020, 1 L 843.20 Rn. 11; auch *Kersten/Rixen*, Der Verfassungsstaat in der Corona-Krise, 3. Auflage 2022, Kapitel 3, S. 88.

317 *Kersten/Rixen*, Der Verfassungsstaat in der Corona-Krise, 3. Auflage 2022, Kapitel 3, S. 87; Vgl. *Schlegel/Meßling/Bockholdt*, COVID-19, 2. Auflage 2022, § 1, Rn. 30 f.

318 BVerfGE 98, 218 (252).

319 Vgl. VGH Kassel, Beschluss vom 07.04.2020, 8 B 892/20.N, BeckRS 2020, 5242, Rn. 39; OVG Münster, Beschluss vom 30.04.2020, 13 B 539/20.NE, BeckRS 2020, 9246, Rn. 10, 19; *Kersten/Rixen*, Der Verfassungsstaat in der Corona-Krise, 3. Auflage 2022, Kapitel 4, S. 111.

320 VGH Bayern, Beschluss vom 05.11.2020, 20 NE 20.2468.

aufoktroyieren. Diese Gründe erscheinen plausibel, um das Verhalten der Rechtsprechung im Jahr 2020 zu erklären.

Es könnte ebenso am Prozessrecht gelegen haben. Dass sich die Rechtsprechung eher zurückgehalten hat als sich zu positionieren, zeigt sich an einer Betrachtung des folgenden prozessualen Aspektes: Der Verwaltungsgerichtshof Baden-Württemberg formulierte Anfang November, dass offen und daher im Hauptsacheverfahren zu beantworten sei, ob die teilweise Untersagung des Betriebs von Gastwirtschaften in § 1a Abs. 6 S. 1 Nr. 10 Corona-Verordnung[321] als Maßnahme der Exekutive noch auf § 32 S. 1 i.V.m. § 28 Abs. 1 IfSG gestützt werden konnte.[322] Tatsächlich gab es aber nie ein Hauptsacheverfahren und die Frage nach der Tauglichkeit von § 32 S. 1 i.V.m. § 28 Abs. 1 IfSG als Delegationsgesetz nach ca. acht Monaten der Corona-Pandemie wurde in dem Kontext der Entscheidung vom 6. November 2020 nicht mehr beantwortet.

Auch das Oberverwaltungsgericht Münster hielt Anfang November 2020 daran fest, dass Regelungslücken aus übergeordneten Gemeinwohlgründen für einen Übergangszeitraum vor allem durch Generalklauseln geschlossen werden sollten. Verfassungsrechtlich bedenklich ist daran, dass im November 2020 statuiert wurde, dass ein solcher Übergangszeitraum immer noch nicht offensichtlich abgelaufen sei, wobei „die grundsätzliche Notwendigkeit einer näheren (anvisierten) Regelung durch den parlamentarischen Gesetzgeber unterstellt“ wurde, sondern dass es vielmehr einer „eingehenden Prüfung in einem Hauptsacheverfahren“[323] bedürfe – ohne dass es im Folgenden zu einer solchen Überprüfung im Hauptsacheverfahren kam, denn über die Hauptsache wurde nie entschieden.

Schließlich sei auf den Beschluss des Verwaltungsgerichtshofs Mannheim vom 6. November 2020 hingewiesen, welcher formulierte, dass offen sei, ob die angefochtene Norm der in Frage stehenden Corona-Verordnung den Anforderungen des Parlamentsvorbehalts genügte.[324] „Die Beantwortung dieser offenen Fragen“, so der Verwaltungsgerichtshof, sei dem „Hauptsacheverfahren vorbehalten“[325] – welches jedoch nie stattfand.

Problematisch erscheint, dass einige Gerichte wie der Verwaltungsgerichtshof Mannheim, das Oberverwaltungsgericht Münster sowie der Verwaltungsgerichtshof Baden-Württemberg mit Argument der „Offenheit“ dieser Fragen eine Positionierung zu der Wahrung der Anforderungen des Vorbehalts des Gesetzes nach mehr als einem halben Jahr der Corona-Pandemie umgangen haben. Dabei bleibt zu berücksichtigen, dass nicht nur Legislative und Exekutive,

[321] CoronaVO vom 23.06.2020 in der seit dem 02.11.2020 geltenden Fassung.

[322] VGH Baden-Württemberg, Beschluss vom 6.11.2020, 1 S 3388/20, Rn. 25.

[323] Beide Zitate OVG NRW, Beschluss vom 06.11.2020, 13 B 1657/20.NE, BeckRS 2020, 29787, Rn. 13.

[324] VGH Baden-Württemberg, Beschluss vom 06.11.2020, 1 S 3388/20, BeckRS 2020, 29929, Rn. 16, 24 ff.

[325] Beide Zitate VGH Baden-Württemberg, Beschluss vom 06.11.2020, 1 S 3388/20, BeckRS 2020, 29929, Rn. 26.

sondern auch die Gerichte unter besonderen zeitlichen Bedingungen und ständig wechselnden Umständen handelten.

Die Rechtsprechung hat im Wege einstweiligen Rechtsschutzes im Jahr 2020 häufig darauf verwiesen, dass nur das Hauptsacheverfahren die problematischen Fragen letztlich klären könnte. Es könnte unterstellt werden, dass es den Gerichten entgegenkam, mit der Feststellung der Offenheit der Fragestellungen einer Entscheidung auszuweichen, da sie gewusst haben könnten, dass ein Hauptsacheverfahren nicht stattfinden würde. Zur Beruhigung der angespannten Lage und der Bevölkerung könnte es sich um eine Verzögerungstaktik gehandelt haben, in welcher die Betroffenen gewissermaßen „vertröstet" wurden – über ihre Anliegen wurde zwar nicht endgültig entschieden, aber dies würde ja in einem Hauptsacheverfahren geschehen. Doch fällt es schwer, wirklich von einer solchen „Rechtsvertröstung" auszugehen. Dass es häufig nicht zu einem Hauptsacheverfahren kam, könnte auch schlicht in dem Verhalten der Prozessbeteiligten begründet sein, da dessen Nichtdurchführung auch an ihnen gelegen haben könnte. Diese könnten vielfach der Ansicht gewesen sein, dass ihnen die spätere Durchführung eines Hauptsachverfahrens nicht helfen würde, weshalb sie dieses nicht weiterverfolgt haben. Daraus könnte die rechtspolitische Konsequenz gezogen werden, dass das Prozessrecht für derartige Situationen geändert werden sollte. Andererseits könnte auch die begrenzte Geltungsdauer der Corona-Verordnungen der Grund gewesen sein, dass die Entscheidung im Eilverfahren gewissermaßen zur Entscheidung in der Hauptsache wurde.[326]

Bei diesen Erwägungen handelt es sich allerdings lediglich um potentielle Anschlussfragen. Es bleibt jedenfalls bei der Feststellung, dass die Gerichte häufig auf die Offenheit der Fragen, ob die § 32 S. 1 i.V.m. § 28 Abs. 1 IfSG den Anforderungen des Vorbehalts des Gesetzes noch genügten bzw. ob der Übergangszeitraum für den Zugriff auf die Generalklausel als Ermächtigungsgesetz für die Corona-Verordnungen bereits abgelaufen war und die Notwendigkeit einer Entscheidung darüber in einem Hauptsacheverfahren verwiesen. Diese Tatsache ist bereits als Teil der rechtlichen (Nicht-)Aufarbeitung der Corona-Pandemie beachtlich.

2. Weitere Auffälligkeiten der Corona-Rechtsprechung

Bei der Entscheidung des Oberverwaltungsgerichts Münster vom 6. April 2020, der Entscheidung des Sächsischen Oberverwaltungsgerichts vom 11. November 2020 sowie derjenigen des Oberverwaltungsgerichts Berlin-Brandenburg vom 11. Februar 2021 fällt auf, dass die Begriffe „Gesetzesvorbehalt" und „Vorbehalt des Gesetzes" synonym gebraucht wurden.[327] Von enormer Bedeutung ist es jedoch, den Gesetzesvorbehalt im Kontext der Beschränkbarkeit eines Grundrechts nicht mit den Anforderungen des Vorbehalts des Gesetzes zu verwechseln: Der Gesetzesvorbehalt bestimmt, unter welchen Voraussetzungen in den

---

[326] Zu diesem letzten Aspekt *Kingreen*, JURA 2020, 1019 (1029).

[327] OVG NRW, Beschluss vom 06.04.2020, 13 B 398/20.NE, CoVuR 2020, 423 (425 f., Rn. 30); OVG Sachsen, Beschluss vom 11.11.2020, 3 B 357/20, Rn. 18; OVG Berlin-Brandenburg, Beschluss vom 11.02.2021, OVG 11 S 11/21, BeckRS 2021, 2412, Rn. 26.

Schutzbereich eines Grundrechts eingegriffen werden darf, wohingegen der Vorbehalt des Gesetzes im Demokratie- und im Rechtsstaatsprinzip[328] bzw. Art. 20 Abs. 3 GG[329] und somit nicht genuin in der Grundrechtsdogmatik wurzelt und besagt, dass belastende staatliche Maßnahmen einer (formell)gesetzlichen Grundlage bedürfen.[330]

Ferner ist mehreren Entscheidungen beispielsweise des Oberverwaltungsgerichts Münster[331] zu entnehmen, dass das Bestimmtheitsgebot des Art. 80 Abs. 1 S. 2 GG überwiegend in Kombination mit dem Vorbehalt des Gesetzes – wiederum häufig unpräzise als Gesetzesvorbehalt[332] bezeichnet – thematisiert wurde: So stellte das Oberverwaltungsgericht diesbezüglich klar, dass das Bestimmtheitsgebot des Art. 80 Abs. 1 S. 2 GG im hiesigen Kontext eine „notwendige Ergänzung und Konkretisierung des Gesetzesvorbehalts“[333] sei. Die Regelung des Art. 80 Abs. 1 Satz 2 GG führe „als Ausprägung des allgemeinen Gesetzesvorbehalts den staatlichen Eingriff durch die Exekutive nachvollziehbar auf eine parlamentarische Willensäußerung zurück“[334].

Auch das Sächsische Oberverwaltungsgericht prüfte den Vorbehalt des Gesetzes mehrfach zusammen mit dem Bestimmtheitsgebot aus Art. 80 Abs. 1 S. 2 GG.[335] Als Begründung führte es aus, dass das Bestimmtheitserfordernis aus Art. 80 Abs. 1 S. 2 „eine notwendige Ergänzung und Konkretisierung des Gesetzesvorbehalts und des Grundsatzes der Gesetzmäßigkeit der Verwaltung“ sei und – beinahe exakt wie das Oberverwaltungsgericht Münster – dass „Art. 80 Abs. 1 Satz 2 GG [...] als eine Ausprägung des allgemeinen Gesetzesvorbehalts den staatlichen Eingriff durch die Exekutive nachvollziehbar auf eine parlamentarische Willensäußerung zurück“[336] führe.

Daneben thematisierte auch das Oberverwaltungsgericht Berlin-Brandenburg das Bestimmtheitsgebot des Art. 80 Abs. 1 S. 2 GG überwiegend in Kombination mit dem Vorbehalt des Gesetzes – welchen es wiederum häufig unpräzise als „Gesetzesvorbehalt“ bezeichnete.[337]

---

[328] BVerfGE 101, 1 (34); 136, 69 (114, Rn. 102); 137, 350 (363 f., Rn. 33); *Burkiczak* in: Linien der Rechtsprechung des Bundesverfassungsgerichts, 2011, S. 131 m.w.N.; *Ohler*, AöR 2006, 336 (341) m.w.N.

[329] BVerfGE 40, 237 (248); 49, 89 (126); a.A. *Rux* in: BeckOK Grundgesetz, 58. Edition, Stand: 15.06.2024, Art. 20 GG, Rn. 173.1; *Sachs* in: Stelkens/Bonk/Sachs, Verwaltungsverfahrensgesetz, 10. Auflage 2023, § 44 VwVfG, Rn. 46 ff.

[330] *Jarass* in: Jarass/Pieroth, Grundgesetz Kommentar, 18. Auflage 2024, Art. 20, Rn. 69 f.

[331] OVG NRW, Beschluss vom 06.04.2020, 13 B 398/20.NE, CoVuR 2020, 423 (425 f., Rn. 30); OVG Münster, Beschluss vom 15.12.2020, 13 B 1731/20.NE, BeckRS 2020, 36237, Rn. 21; nicht nur Entscheidungen des OVG Münster, siehe sogleich.

[332] OVG Münster, Beschluss vom 15.12.2020, 13 B 1731/20.NE, BeckRS 2020, 36237, Rn. 21; OVG Berlin-Brandenburg, Beschluss vom 11.02.2021, OVG 11 S 11/21, BeckRS 2021, 2412, Rn. 26.

[333] OVG NRW, Beschluss vom 06.04.2020, 13 B 398/20.NE, CoVuR 2020, 423 (425 f., Rn. 30); OVG Münster, Beschluss vom 15.12.2020, 13 B 1731/20.NE, BeckRS 2020, 36237, Rn. 21, wobei „Vorbehalt des Gesetzes“ und „Gesetzesvorbehalt“ synonym gebraucht wurden.

[334] OVG NRW, Beschluss vom 06.04.2020, 13 B 398/20.NE, CoVuR 2020, 423 (425 f., Rn. 30).

[335] OVG Sachsen, Beschluss vom 11.11.2020, 3 B 357/20, Rn. 16 ff.; OVG Sachsen, Urteil vom 10.08.2022, 3 C 62/20, Rn. 23.

[336] Beide Zitate OVG Sachsen, Beschluss vom 11.11.2020, 3 B 357/20, Rn. 18.

[337] OVG Berlin-Brandenburg, Beschluss vom 11.02.2021, OVG 11 S 11/21, BeckRS 2021, 2412, Rn. 26 ff.

Schließlich sei auf das Oberverwaltungsgericht Bremen verwiesen, welches Anfang 2022 ebenfalls das Bestimmtheitsgebot des Art. 80 Abs. 1 S. 2 GG zusammen mit dem Vorbehalt des Gesetzes (aber gleichwohl nacheinander) behandelte.[338]

Das Verhältnis zwischen dem Vorbehalt des Gesetzes einerseits und dem Bestimmtheitsgebot aus Art. 80 Abs. 1 S. 2 GG andererseits wird zuweilen in der Literatur als „unklar" bezeichnet.[339] Vielfach wird – wie im Folgenden – versucht, die Meinungen in verschiedene Gruppen zusammenzufassen.[340]

Zum Teil wird das Bestimmtheitsgebot aus Art. 80 Abs. 1 S. 2 GG als lex specialis zu den Anforderungen der Wesentlichkeitsdoktrin angesehen.[341] Doch nur vereinzelt wird dabei den Voraussetzungen des Art. 80 Abs. 1 S. 2 GG ein eigenständiger, über den Vorbehalt des Gesetzes hinausgehender Bindungsgehalt beigemessen.[342]

Teilweise wird hingegen davon ausgegangen, dass die beiden Institute nebeneinanderstünden: Zunächst sei zu prüfen, ob ein Delegationsgesetz die Anforderungen des Vorbehalts des Gesetzes wahre; bejahendenfalls seien anschließend die Voraussetzungen des Art. 80 Abs. 1 S. 2 GG zu prüfen. Dabei wird wiederum dem Bestimmtheitsgebot aus Art. 80 Abs. 1 S. 2 GG nur zum Teil ein eigener Aussagegehalt beigemessen.[343] Andere nutzen bei der Beurteilung der Bestimmtheit im Sinne des Art. 80 Abs. 1 S. 2 GG dieselben Kriterien, die bereits bei der Prüfung des Vorbehalts des Gesetzes herangezogen wurden.[344]

Das verordnungsspezifische Bestimmtheitsgebot kann auch als Ausprägung der Wesentlichkeitstheorie verstanden werden[345], was letztlich überzeugt. Beispielsweise das Bundesverfassungsgericht bemisst die Bestimmtheitsanforderungen regelmäßig, wenn auch nicht einheitlich[346] am Maßstab der Wesentlichkeitstheorie: Je wesentlicher die von der Rechtsverordnung zu regelnde Materie ist, desto strengere Anforderungen sind an die Bestimmtheit des Delegationsgesetzes zu stellen.[347] Dies ist einer der Gründe, weshalb sich in

---

338 OVG Bremen, Urteil vom 23.03.2022, 1 D 349/20, juris Rn. 39-56.

339 So *Remmert* in: Dürig/Herzog/Scholz, Grundgesetz-Kommentar, 104. EL April 2024, Art. 80 GG, Rn. 62.

340 *Cremer*, AöR 1997, 248 (251 ff.); *Remmert* in: Dürig/Herzog/Scholz, Grundgesetz-Kommentar, 104. EL April 2024, Art. 80 GG, Rn. 62 m.w.N.

341 Vgl. *Brenner* in: Huber/Voßkuhle, Grundgesetz Kommentar, 8. Auflage 2024, Art. 80 GG, Rn. 38; *von Danwitz*, Die Gestaltungsfreiheit des Verordnungsgebers, 1989, S. 89 ff.

342 *von Danwitz*, Die Gestaltungsfreiheit des Verordnungsgebers, 1989, S. 95; anders *Seiler,* Der einheitliche Parlamentsvorbehalt, 2000, S. 198 f., 414 f.

343 *Eberle*, DÖV 1984, 485 (487); *Ziekow*, JZ 1999, 963 (965 f.); ähnlich *Wallrabenstein* in: von Münch/Kunig, Grundgesetz Kommentar, 7. Auflage 2021, Art. 80 GG, Rn. 44.

344 *Mann* in: Sachs, Grundgesetz Kommentar, 9. Auflage 2021, Art. 80, Rn. 29.

345 OVG NRW, Beschluss vom 06.04.2020, 13 B 398/20.NE, Rn. 44; OVG NRW, Beschluss vom 16.04.2020, 13 B 452/20.NE, Rn. 41; *Martini/Thiessen/Ganter*, NJOZ 2020, 929 (930); *Rux* in: BeckOK Grundgesetz, 58. Edition, Stand: 15.06.2024, Art. 20 GG, Rn. 179.1; *Sommermann* in: Huber/Voßkuhle, Grundgesetz Kommentar, 8. Auflage 2024, Art. 20 GG, Rn. 273.

346 BVerfGE 101, 1 (31 ff., 34); 106, 1 (19); 107, 218 (234); 113, 167 (268 ff.); 123, 39 (77).

347 Vgl. BVerfGE 58, 257 (274, 277); 83, 130 (151 f.); 91, 148 (162 ff.); 101, 1 (33); 123, 39 (78); 150, 1, Rn. 200; *Jarass* in: Jarass/Pieroth, Grundgesetz Kommentar, 18. Auflage 2024, Art. 20 GG, Rn. 85; *Kment* in:

Literatur und vor allem in der Rechtsprechung die Ansätze des Bestimmtheitsgebots und des Vorbehalts des Gesetzes oftmals vermengen. In der Vergangenheit hat das Bundesverfassungsgericht außerdem formuliert, dass der Vorbehalt des Gesetzes kein „Mehr an gesetzgeberischer Regelung“[348] verlange als das Bestimmtheitsgebot.

V. Rechtsfolgen: Vorübergehende Anwendbarkeit trotz Verfassungswidrigkeit

Die Rechtsfolgen der Annahme, dass der Übergangszeitraum für einen verfassungskonformen Rückgriff auf die Generalklausel nach einem halben Jahr der Corona-Pandemie abgelaufen war, bedürfen einer eigenen Betrachtung. Problematisch erscheint, ob alle nach sechs Monaten erlassenen Corona-Verordnungen bis zum Erlass des § 28a IfSG mangels tauglicher gesetzlicher Grundlage verfassungswidrig sind, da die Verordnungsgeber ohne Delegationsgesetz nicht hätten aktiv werden und kein Recht hätten setzen dürfen. Grundsätzlich führt die Verfassungswidrigkeit eines Gesetzes nach überwiegender Auffassung zu dessen Nichtigkeit.[349]

Das Bundesverfassungsgericht hat jedoch Alternativen zur Nichtigerklärung entwickelt. Wenn unterstellt wird, das Bundesverfassungsgericht hätte hypothetisch im Sommer oder Anfang Herbst 2020 zu dem hier behandelten Problem entscheiden müssen, so hätte es nahe gelegen, nicht von der Nichtigkeit, sondern von der bloßen Unvereinbarkeit mit dem Grundgesetz auszugehen.[350] Damit wäre es bei einer „Beanstandung der Verfassungswidrigkeit ohne den Ausspruch der Nichtigkeit“[351] verblieben. Erklärt das Bundesverfassungsgericht Normen für mit dem Grundgesetz unvereinbar, so führt dies grundsätzlich dazu, dass sie von Gerichten und Verwaltungsbehörden nicht mehr angewendet werden dürfen.[352]

Häufig ordnet das Bundesverfassungsgericht jedoch zusätzlich die vorübergehende Anwendbarkeit der mit der Verfassung unvereinbaren Normen an, wozu es zum Schutze der Verfassungsstaatlichkeit und der Integrität der Rechtsordnung nach § 35 BVerfGG[353] befugt ist.[354] Eine Unvereinbarkeitserklärung verbunden mit einer befristeten Weitergeltungsanordnung der verfassungswidrigen Regelung ist nach dem Bundesverfassungsgericht möglich, „wenn die

Jarass/Pieroth, Grundgesetz Kommentar, 18. Auflage 2024, Art. 80 GG, Rn. 13-16; *Mann* in: Sachs, Grundgesetz Kommentar, 9. Auflage 2021, Art. 80, Rn. 21 f., 29.

[348] BVerfGE 56, 1 (21).

[349] BVerfGE 141, 220 (351); 146, 71 (148, Rn. 216); *Aust/Meinel*, JuS 2014, 113 (114); *Bethge*, JURA 2009, 18 (20); *Schlaich/Korioth*, Das Bundesverfassungsgericht, 12. Auflage 2021, 5. Teil, Rn. 379; *Schomäcker* in: Linien der Rechtsprechung des Bundesverfassungsgerichts, 2022, S. 745.

[350] Vgl. BVerfGE 109, 190 (235 f.); zur Terminologie siehe *Bethge* in: Schmidt-Bleibtreu/Klein/Bethge, Bundesverfassungsgerichtsgesetz, 63. EL Juni 2023, § 35 BVerfGG, Rn. 43.

[351] BVerfG NJW 2016, 1781 (1808).

[352] BVerfGE 37, 217 (261); 55, 100 (110); 73, 40 (101); 107, 27 (58) mit Verweis auf ständige Rechtsprechung; *Aust/Meinel*, JuS 2014, 113 (116); *Bethge*, JURA 2009, 18 (21).

[353] *Bethge*, JURA 2009, 18 (22); umstritten, siehe *Schlaich/Korioth*, Das Bundesverfassungsgericht, 12. Auflage 2021, 5. Teil, Rn. 395 f.

[354] BVerfGE 61, 319 (356); 73, 40 (101 f.); 87, 153 (178).

sofortige Ungültigkeit der zu beanstandenden Norm dem Schutz überragender Güter des Gemeinwohls die Grundlage entziehen würde und eine Abwägung mit den betroffenen Grundrechten ergibt, dass der Eingriff für eine Übergangszeit hinzunehmen ist".[355]

Wenn also durch den Ausspruch der Nichtigkeit ein Zustand geschaffen würde, der dem Grundgesetz „noch ferner stünde"[356] als der zu dieser Zeit Aktuelle, so belässt es das Bundesverfassungsgericht bei der Feststellung der Unvereinbarkeit.[357] Teilweise formuliert das Bundesverfassungsgericht auch, dass die verfassungswidrigen Normen weiter anzuwenden seien, „wenn die Besonderheit der für verfassungswidrig erklärten Norm es aus verfassungsrechtlichen Gründen, insbesondere aus solchen der Rechtssicherheit, notwendig macht, die verfassungswidrige Vorschrift als Regelung für die Übergangszeit bestehen zu lassen"[358], wodurch es die Härten der Nichtigkeit abzufedern vermag.[359]

Es könnten Besonderheiten vorliegen, die es im Kontext der Corona-Pandemie ausnahmsweise aus verfassungsrechtlichen Gründen notwendig machten, die verfassungswidrigen Vorschriften vorübergehend – bis zu einer gesetzlichen Neuregelung – fortbestehen zu lassen.[360] Die Unerfahrenheit mit einer globalen Pandemie und die anhaltende Unklarheit über den medizinischen Stand waren im Jahr 2020 gewichtige Gründe für den Gesetzgeber, zu warten, bevor er eine Spezialregelung erlässt.

Aus heutiger Sicht hätte die Nichtigkeit aller Corona-Verordnungen in dem Zeitraum ab sechs Monaten nach Pandemiebeginn bis zum Erlass des § 28a IfSG im November 2020 unvertretbare Folgen gehabt. Die Regelungen der Verordnungsgeber, also alle damaligen Schutzmaßnahmen gegen das Corona-Virus, wären im Falle der Nichtigkeit bis zum Erlass der spezialgesetzlichen Grundlage als ungültig anzusehen, welcher es indes zum Schutz von Leben und Gesundheit als überragende Güter des Gemeinwohls bedurfte.[361] Der Verfassungsgerichtshof des Saarlands formulierte dazu, dass obgleich eine taugliche gesetzliche Grundlage fehlte, sich aus der Abwägung mit dem Recht auf informationelle Selbstbestimmung ergebe, dass der durch die Datenverarbeitungsregelungen zur Kontaktnachverfolgung bewirkte „mittelbare Eingriff in dieses Grundrecht von den Betroffenen für eine Übergangszeit hinzunehmen"[362] sei und beließ es bei einer Unvereinbarkeitserklärung verbunden mit einer befristeten Weitergeltungsanordnung.

[355] BVerfG NJW 2016, 1781 (1808); vgl. BVerfGE 33, 1 (13); 33, 303 (347 f.); 40, 276 (283); 41, 251 (266 f.); 51, 268 (290 ff.); 109, 190 (235 f.).

[356] BVerfGE 33, 303 (347); 87, 153 (177 f.).

[357] BVerfGE 111, 191 (224); *Eibenstein*, CoVuR 2020, 888 (890).

[358] BVerfGE 61, 319 (356); vgl. BVerfGE 37, 217 (262 f.).

[359] *Aust/Meinel*, JuS 2014, 113 (116).

[360] Vgl. BVerfGE 61, 319 (356); 93, 386 (402 f.).

[361] Vgl. *Aust/Meinel*, JuS 2014, 113 (116).

[362] VerfGH Saarland, NVwZ 2020, 1513 (1518).

Für eine Übergangszeit musste verhindert werden, dass ein rechtliches Vakuum entstand und dass sowohl bei den Bürgerinnen und Bürgern als auch bei den Behörden erhebliche Rechtsunsicherheit aufkeimte.[363] Es sprechen deshalb erhebliche Argumente dafür, dass das Bundesverfassungsgericht lediglich die Unvereinbarkeit mit der Verfassung mit einer vorübergehenden Anwendbarkeit der Corona-Verordnungen festgestellt hätte. Statistisch kommt es im Übrigen heutzutage zahlenmäßig häufiger zu Unvereinbarkeitserklärungen des Bundesverfassungsgerichts als zu Nichtigerklärungen.[364]

Das Bundesverfassungsgericht verbindet die Unvereinbarkeitsfeststellung regelmäßig mit einer Verpflichtung des Gesetzgebers, innerhalb einer angemessenen Zeit den verfassungswidrigen Zustand zu beseitigen[365], wozu es ihm regelmäßig eine Frist setzt[366], deren Dauer von den Umständen des Einzelfalls abhängt.[367] Früher hat das Bundesverfassungsgericht vielfach eine Frist bis zum Ende der laufenden Legislaturperiode gesetzt.[368] Vergleichsweise häufig ist in der jüngeren Vergangenheit der letzten circa 25 Jahre zu beobachten, dass das Bundesverfassungsgericht dem Gesetzgeber eine Frist zur Schaffung neuer Normen bis zur Mitte oder bis zum Ende des jeweiligen oder des darauffolgenden Jahres setzt.[369]

Wenn das Bundesverfassungsgericht im hiesigen Kontext hypothetisch im Sommer oder Herbst 2020 entschieden hätte, so hätte es dem Gesetzgeber eine Frist bis zum Ablauf des 31. Dezember 2020 setzen können. Dann wären bis dahin die auf die Generalklausel der § 32 S. 1 i.V.m. § 28 Abs 1 IfSG gestützten Normen der Corona-Verordnungen zwar mit dem Grundgesetz unvereinbar mangels tauglicher spezialgesetzlicher Grundlage aber trotz dessen bis zum Erlass der Neuregelung des § 28a IfSG im November 2020 vorübergehend anwendbar gewesen. Nach der hier vertretenen Ansicht ist dies auch in der Retrospektive so zu sehen, sodass eine Verfassungswidrigkeit in der vorliegend behandelten Konstellation nicht zur Nichtigkeit der Corona-Verordnungen führt.[370]

---

363 Vgl. BVerfGE 37, 217 (261); 61, 319 (356); 73, 40 (102); 111, 191 (225).

364 *Bethge* in: Schmidt-Bleibtreu/Klein/Bethge, Bundesverfassungsgerichtsgesetz, 63. EL Juni 2023, § 35 BVerfGG, Rn. 43; *Schlaich/Korioth*, Das Bundesverfassungsgericht, 12. Auflage 2021, 5. Teil, Rn. 397 m.w.N.

365 Vgl. BVerfGE 33, 303 (348); 105, 73 (134); *Aust/Meinel*, JuS 2014, 113 (116); *Schomäcker* in: Linien der Rechtsprechung des Bundesverfassungsgerichts, 2022, S. 747, 751 ff., 756 f.

366 Siehe z.B. BVerfGE 84, 239 (284); 101, 106 (132); 120, 125 (168); 125, 104 (136); 146, 71 (148, Rn. 218); *Bethge* in: Schmidt-Bleibtreu/Klein/Bethge, Bundesverfassungsgerichtsgesetz, 63. EL Juni 2023, § 35 BVerfGG, Rn. 45.

367 Vgl. BVerfGE 51, 268 (290 ff.); *Schomäcker* in: Linien der Rechtsprechung des Bundesverfassungsgerichts, 2022, S. 756.

368 BVerfGE 16, 130 (142); 25, 167 (188); 33, 1 (13); 40, 276 (284); 51, 268 (290).

369 BVerfGE 101, 106 (132); 111, 191 (225); 120, 125 (168); 125, 175 (257 ff.); 133, 277 (375 f.); 141, 220 (351 f.); 146, 71 (149); 155, 119 (236); 162, 1 (176).

370 Das Eingreifen dieser Rechtsfolgen wird hier auch an weiteren Stellen angenommen; beispielsweise wird für die Regelungen der Corona-Verordnungen aus dem Jahr 2020, die unverhältnismäßig sind (dazu E. IV. 2.), von der Unvereinbarkeit mit dem Grundgesetz und nicht der Nichtigkeit ausgegangen. Auf diesen Aspekt wird in Folgenden nicht erneut eingegangen.

D. Gesetzesvorbehalt und Normenklarheitsgrundsatz beim Recht auf informationelle Selbstbestimmung

In diesem Kapitel wird die Frage beantwortet, warum der Gesetzesvorbehalt bei Art. 2 Abs. 1 i.V.m. Art. 1 Abs. 1 GG sowie die Anforderungen an die Normenbestimmtheit und Normenklarheit beim Recht auf informationelle Selbstbestimmung ursprünglich besonders streng bemessen wurden und ob die Ausnahmesituation einer Pandemie eine andere Bewertung zulässt.

Für die Rechtfertigung von Eingriffen in das Grundrecht auf Datenschutz werden aufgrund seiner normativen Verankerung in Art. 2 Abs. 1 i.V.m. Art. 1 Abs. 1 GG im Ausgangspunkt die Schranken des Art. 2 Abs. 1 GG herangezogen.[371] Die Schrankentrias des Art. 2 Abs. 1 GG besteht aus der „verfassungsmäßige[n] Ordnung“, den „Rechte[n] anderer“ sowie dem „Sittengesetz“.[372] Die „verfassungsmäßige Ordnung“ erfasst alle formell und materiell verfassungskonformen Rechtssätze und kommt einem einfachen Gesetzesvorbehalt gleich.[373] Somit steht das Recht auf informationelle Selbstbestimmung dem Grunde und dem Wortlaut des Grundgesetzes nach unter einfachem Gesetzesvorbehalt.[374]

I. Volkszählungsurteil des Bundesverfassungsgerichts (BVerfGE 65, 1)

1. Entwicklung der Auffassung der Rechtsprechung

Eine Norm kann grundsätzlich zur verfassungsmäßigen Ordnung gehören, sie muss jedoch gegebenenfalls darüber hinaus die besonderen Anforderungen wahren, die für eine verfassungskonforme Einschränkung des Rechts auf informationelle Selbstbestimmung seit dem Jahre 1983 vom Bundesverfassungsgericht verlangt werden. Grundsteinlegend formulierte der Erste Senat im Volkszählungsurteil[375] das Erfordernis einer hinreichend bestimmten (parlaments-) gesetzlichen Grundlage für Datenerhebungen und -verarbeitungen.[376] Auf diesen Aspekt des

---

[371] BVerfGE 120, 378 (401); *Di Fabio* in: Dürig/Herzog/Scholz, Grundgesetz-Kommentar, 104. EL April 2024, Art. 2 Abs. 1 GG, Rn. 133, 179; *Jarass* in: Jarass/Pieroth, Grundgesetz Kommentar, 18. Auflage 2024, Art. 2 GG, Rn. 65; *Polenz* in: Taeger/Pohle, Computerrechts-Handbuch, 39. EL April 2024, Teil 13, Abschnitt 130, Rn. 10; *Schmidt* in: Erfurter Kommentar zum Arbeitsrecht, 24. Auflage 2024, Art. 2 GG, Rn. 54.

[372] Siehe Wortlaut des Art. 2 Abs. 1 GG.

[373] BVerfGE 6, 32 (37 f.); *Jarass*, NJW 1989, 857 (861); *Lang* in: BeckOK Grundgesetz, 58. Edition, Stand: 15.06.2024, Art. 2, Rn. 51 ff., 148; *Rixen* in: Sachs, Grundgesetz Kommentar, 9. Auflage 2021, Art. 2 GG, Rn. 89 f.

[374] *Gersdorf* in: BeckOK InfoMedienR, 44. Edition, Stand: 01.05.2021, Art. 2 GG, Rn. 42; *Jarass* in: Jarass/Pieroth, Grundgesetz Kommentar, 18. Auflage 2024, Art. 2 GG, Rn. 65; *Lang/Wilms,* Staatsrecht II, 2. Auflage 2020, Rn. 448; *Petersen*, Deutsches und Europäisches Verfassungsrecht II, 2. Auflage 2022, § 3, Rn. 164; Aufgrund der inhaltlichen Ausgestaltung des Schutzbereiches des Rechts auf informationelle Selbstbestimmung sind die Schranken eines Verstoßes gegen das Sittengesetz oder einer Verletzung der Rechte anderer eher unpassend, siehe *Rixen* in: Sachs, Grundgesetz Kommentar, 9. Auflage 2021, Art. 2 GG, Rn. 103.

[375] BVerfGE 65, 1.

[376] So auch z.B. *Gurlit*, NJW 2010, 1035 (1038); *Hufen*, Staatsrecht II, 10. Auflage 2023, § 12, Rn. 11.

J. S. Materne, *Das Recht auf informationelle Selbstbestimmung in der Corona-Pandemie*, https://doi.org/10.1007/978-3-658-50962-0_4

Volkszählungsurteils kommt es hier an, obgleich der „Grundsatzentscheidung“[377] noch viele weitere für die allgemeine Dogmatik grundlegende Gesichtspunkte zu entnehmen sind.[378]

Das Volkszählungsurteil des Bundesverfassungsgerichts erging anlässlich der Volkszählung, die im Frühjahr 1983 in Deutschland stattfinden sollte und letztlich im Jahre 1987 stattfand.[379] Geplant war, verschiedene persönliche Daten aller Bürgerinnen und Bürger mittels Fragebögen zu erheben. Doch am 13. April 1983 stoppte das Bundesverfassungsgericht die beabsichtigte Totalerhebung mit einer einstweiligen Anordnung.[380] Am 15. Dezember 1983 stellte es die teilweise Verfassungswidrigkeit des Volkszählungsgesetzes fest.[381]

Der Erste Senat formulierte in jenem Urteil, dass Gesetze, welche als Grundlage für die Verarbeitung von personenbezogenen Daten fungieren, dem „rechtsstaatlichen Gebot der Normenklarheit“ entsprechen sollen.[382] Er zeigte die Notwendigkeit auf, dass bei einem Zwang zur Angabe personenbezogener Daten der Gesetzgeber den legitimierenden Zweck, die Veranlassung und den Umfang der datenbezogenen Maßnahme „bereichsspezifisch und präzise bestimmt“[383]. Nur zu diesem Zweck und aus diesem Anlass dürften die personenbezogenen Daten grundsätzlich einer Erhebung, Verarbeitung etc. zugeführt werden.

Aufgrund der vom Bundesverfassungsgericht hinsichtlich des Rechts auf informationelle Selbstbestimmung verlangten umfassenden Regelungstiefe stellt sich hier bereits im Grundsatz die Frage, ob die Anordnung einer verpflichtenden Datenerhebung sowie -verarbeitung durch Private zur Kontaktnachverfolgung in Rechtsverordnungen verfassungskonform sein kann. Denn Regelungen wie jene der Datenerhebung durch Private zur Kontaktnachverfolgung waren vor Erlass des § 28a Abs. 1 Nr. 17 a.F. bzw. Nr. 18 n.F., Abs. 4 IfSG nicht im Delegationsgesetz durch die Legislative skizziert, sondern wurden durch die Exekutive auf Landesrechtsverordnungsebene ausgestaltet und erlassen.[384]

Die Grundsätze der Normenbestimmtheit und Normenklarheit behandeln originär die Frage des „Wie“ einer gesetzlichen Regelung. Das Gebot der Normenklarheit verlangt die Verstehbarkeit, Erfassbarkeit sowie Nachvollziehbarkeit einer gesetzlichen Regelungssubstanz.[385] Aus der Norm muss somit einerseits der Regelungs- und Verwendungszweck für die Betroffenen erkennbar werden, andererseits muss die Exekutive diesbezügliche Vorgaben einhalten und der

[377] So z.B. *Kingreen/Kühling*, JZ 2015, 213 (214).

[378] Dazu *Kühling/Sackmann*, JURA 2018, 364 (365-368).

[379] Zu dem Kontext des Volkszählungsurteils bzw. zu diesem Absatz https://pwwl.de/40-jahre-volkszaehlungs urteil-eine-gratulation-an-das-recht-auf-informationelle-selbstbestimmung/ (zuletzt abgerufen: 18.09.2024).

[380] BVerfGE 64, 67.

[381] BVerfGE 65, 1.

[382] BVerfGE 65, 1 (46); dazu auch *Roßnagel*, JURA 2023, 1363 (1371).

[383] BVerfGE 65, 1 (46); ebenso beispielsweise BVerfGE 100, 313 (360); 110, 33 (53); 113, 348 (375); 118, 168 (186 f.); 120, 378 (407 f.).

[384] Mehr zum Kontext der Corona-Pandemie sogleich unter D. III.

[385] BVerfGE 110, 33 (64); dazu *Kingreen/Kühling*, JZ 2015, 213 (215).

Judikative muss wiederum eine effektive Kontrollmöglichkeit zustehen.[386] Zwar kann der Gesetzgeber nicht jedes denkbare Szenario selbst regeln, er „muß aber dafür Sorge tragen, daß das Notwendige geschieht“[387]. Dabei ist stets ein sachgebietsbezogener, nicht verallgemeinerungsfähiger Maßstab anzulegen.[388] Auf diese im Volkszählungsurteil aufgestellten Grundsätze hat das Bundesverfassungsgericht seit 1983 mehrfach Bezug genommen.[389]

2. Reaktionen auf das Volkszählungsurteil in der Literatur

In der Literatur wird seit jeher vielfach auf das Volkszählungsurteil verwiesen, um zu begründen, dass demnach stets eine formalgesetzliche Grundlage erforderlich sei, um das Grundrecht auf Datenschutz aus Art. 2 Abs. 1 i.V.m. Art. 1 Abs. 1 GG einzuschränken.[390]

Da von Teilen der Literatur davon ausgegangen wird, dass ein Parlamentsgesetz die soeben beschriebenen Anforderungen erfüllen muss, wird infolgedessen vertreten, dass polizei- oder ordnungsrechtliche Generalklauseln sowie andere allgemeine Eingriffsermächtigungen grundsätzlich keine tauglichen Grundlagen für Eingriffe in das Recht auf informationelle Selbstbestimmung darstellen; sie könnten Eingriffe in das Grundrecht auf Datenschutz daher bereits im Grundsatz nicht rechtfertigen.[391] Selbiges gelte für bloße Verwaltungsvorschriften.[392] Ebenfalls stelle die gesetzliche Aufgabenbestimmung einer Behörde im Rahmen des Grundrechts auf Datenschutz keine taugliche Grundlage dar.[393] Außerdem genüge beispielsweise die Weitergabe von personenbezogenen Daten allein auf Grundlage der Amtshilfe im Sinne des Art. 35 Abs. 1 GG mangels Konkretheit nicht den hiesigen Anforderungen an eine taugliche gesetzliche Grundlage.[394] Ferner reiche die Berufung auf strafrechtliche Rechtfertigungsgründe wie § 32 StGB oder § 34 StGB nicht aus.[395]

---

[386] BVerfGE 65, 1 (62); 110, 33 (54).

[387] BVerfGE 65, 1 (59).

[388] So auch *Kingreen/Kühling*, JZ 2015, 213 (216).

[389] So beispielsweise in BVerfGE 100, 313 (359 f.); 110, 33 (53); 113, 348 (365). Mehr dazu in der Zwischenbilanz.

[390] *Gurlit*, NJW 2010, 1035 (1038); *Manssen*, Staatsrecht II, 19. Auflage 2022, Rn. 302; *von Münch/Mager*, Staatsrecht II, 7. Auflage 2018, 3. Teil, Rn. 244; so auch schon *Simitis*, NJW 1984, 398 (400 f.), vgl. *Kunig/Kämmerer* in: von Münch/Kunig, Grundgesetz Kommentar, 7. Auflage 2021, Art. 2 GG, Rn. 87.

[391] *Hufen*, Staatsrecht II, 10. Auflage 2023, § 12, Rn. 11; anders, wenn sie im Zusammenspiel mit anderen Normen die Bestimmtheitserfordernisse erfüllen, siehe BVerfGE 92, 191 (197); *Di Fabio* in: Dürig/Herzog/Scholz, Grundgesetz-Kommentar, 104. EL April 2024, Art. 2 Abs. 1 GG, Rn. 182.

[392] *Schmidt* in: Erfurter Kommentar zum Arbeitsrecht, 24. Auflage 2024, Art. 2 GG, Rn. 55.

[393] Vgl. *Polenz* in: Taeger/Pohle, Computerrechts-Handbuch, 39. EL April 2024, Teil 13, Abschnitt 130, Rn. 12; *Rixen* in: Sachs, Grundgesetz Kommentar, 9. Auflage 2021, Art. 2 GG, Rn. 107, welcher allerdings hinterfragt, ob es zur Einschränkung des allgemeinen Persönlichkeitsrechts stets eines förmlichen Gesetzes bedarf.

[394] *Rixen* in: Sachs, Grundgesetz Kommentar, 9. Auflage 2021, Art. 2 GG, Rn. 121; *Simitis*, NJW 1984, 398 (402 f.).

[395] *Di Fabio* in: Dürig/Herzog/Scholz, Grundgesetz-Kommentar, 104. EL April 2024, Art. 2 Abs. 1 GG, Rn. 182; vgl. *Deutsch*, Die heimliche Erhebung von Informationen und deren Aufbewahrung durch die Polizei, 1992, S. 170 ff.

Andere Teile der Literatur stehen dem Volkszählungsurteil hingegen kritisch gegenüber.[396] So geht beispielsweise der erste Bundesbeauftragte für Datenschutz davon aus, dass der Gesetzesvorbehalt überspannt sei[397] oder dass die Annahme, jede Bürgerin und jeder Bürger müsse stets wissen, wer was zu welchem Zeitpunkt und bei welcher Gelegenheit über sie oder ihn weiß, „schon bei Verkündung des Volkszählungsurteils eine unerfüllbare Wunschvorstellung"[398] gewesen sei.

Außerdem wird vertreten, dass verfassungskonforme Normen jeden Ranges von der „verfassungsmäßigen Ordnung" erfasst werden und somit auch das Recht auf informationelle Selbstbestimmung zu beschränken vermögen.[399] Auch untergesetzliche Rechtsnormen, die formell und materiell verfassungsmäßig sind und die auf einer verfassungskonformen formellgesetzlichen Grundlage beruhen, würden demnach zur Beschränkung des Grundrechts auf Datenschutz ausreichen.[400] Dies wird zum Teil damit abgeschwächt, dass etwas anderes gelte, wenn der Parlamentsvorbehalt eine formalgesetzliche Grundlage gebiete.[401]

Zusammengefasst werden *einerseits* Aspekte des Volkszählungsurteils von Seiten der Literatur gelobt – beispielsweise die Feststellung des Bundesverfassungsgerichts, dass es „kein ‚belangloses' Datum"[402] mehr gebe, sei „mit gutem Grund" unterstrichen worden.[403] *Andererseits* wird die Vorgehensweise des Bundesverfassungsgerichts hinsichtlich der Normenbestimmtheits- und Normenklarheitsanforderungen in der Literatur kritisiert.[404] Denn aus den „äußerst strengen Anforderungen ergibt sich ein entsprechender Druck auf den Gesetzgeber. Konsequenz ist die Schaffung einer Vielzahl spezifischer Regelungen in einer Vielzahl von Bereichen [...] und damit ein Verrechtlichungsschub, der durchaus auch kritisch zu sehen ist, da er die Komplexität des Datenschutzrechts deutlich steigert."[405]

---

[396] So z.B. *Bull*, Sinn und Unsinn des Datenschutzes, 2015, S. 20 ff., 55 ff.; *Bull*, NJW 2006, 1617 (1618; 1623); *Roßnagel*, JURA 2023, 1363 (1373 ff.); vgl. *Eichberger* in: Huber/Voßkuhle, Grundgesetz Kommentar, 8. Auflage 2024, Art. 2 GG, Rn. 283 m.w.N.

[397] *Bull*, Sinn und Unsinn des Datenschutzes, 2015, S. 55 ff.; vgl. *Hören*, ZD-Aktuell 2015, 04165.

[398] *Bull*, Sinn und Unsinn des Datenschutzes, 2015, S. 20 f.; vgl. *Bull*, NJW 2006, 1617 (1623).

[399] *Michael/Morlok*, Grundrechte, 8. Auflage 2022, Rn. 637 f.; *Rixen* in: Sachs, Grundgesetz Kommentar, 9. Auflage 2021, Art. 2 GG, Rn. 89 f., 101, 103.

[400] *Jarass* in: Jarass/Pieroth, Grundgesetz Kommentar, 18. Auflage 2024, Art. 2 GG, Rn. 65, *Ruschemeier* in: Hahn/Petras/Valentiner/Wienfort, Grundrechte, 2022, § 24.3, S. 539.

[401] *Rixen* in: Sachs, Grundgesetz Kommentar, 9. Auflage 2021, Art. 2 GG, Rn. 90, 107.

[402] BVerfGE 65, 1 (45).

[403] So *Kunig/Kämmerer* in: von Münch/Kunig, Grundgesetz Kommentar, 7. Auflage 2021, Art. 2 GG, Rn. 88. Dieser Aspekt wird gleichermaßen kritisiert, vgl. *Wegener/Muth*, JURA 2010, 847 (848); *Bull*, Sinn und Unsinn des Datenschutzes, 2015, S. 29.

[404] Z.B. *Kluth* in: Görres-Gesellschaft, Staatslexikon, 8. Auflage 2019, Informationelle Selbstbestimmung, 4. Kritik und Ausblick; *Kühling/Sackmann*, JURA 2018, 364 (368); *Roßnagel*, JURA 2023, 1363 (1373 ff.); vgl. *Wegener/Muth*, JURA 2010, 847 (848).

[405] *Kühling/Sackmann*, JURA 2018, 364 (368) mit Verweis auf *Kingreen/Kühling*, JZ 2015, 213.

II. Zwischenbilanz

Das Normenbestimmtheits- und Normenklarheitsgebot spielt nach Rechtsprechung und Literatur hinsichtlich des Rechts auf informationelle Selbstbestimmung eine entscheidende Rolle.[406] Ähnliches wie im Volkszählungsurteil entschied das Bundesverfassungsgericht im Jahre 2007 im Kontext der Videoüberwachung von öffentlichen Plätzen.[407] Auch darin machte der Erste Senat deutlich, dass grundsätzlich „der Anlass, der Zweck und die Grenzen des Eingriffs [...] in der Ermächtigungsgrundlage bereichsspezifisch, präzise und normenklar festgelegt werden“[408] müssen.

Aufschlussreich sowie richtungsweisend sind auch die Ausführungen des Bundesverfassungsgerichts in seinem Urteil zur automatisierten Kennzeichenerfassung aus dem Jahr 2008.[409] Darin wird erläutert, dass das Bestimmtheitsgebot in enger Beziehung zum Parlamentsvorbehalt steht und dass grundsätzlich eine gesetzliche Eingriffsgrundlage bereits erkennen lassen muss, ob sie zu schwerwiegenden Grundrechtseingriffen ermächtigt. Dies wurde sodann mit Blick auf das Recht auf informationelle Selbstbestimmung präzisiert: Sofern eine gesetzliche Regelung zu Eingriffen in dieses Recht ermächtigt, sollten gerade das Gebot der Normenbestimmtheit und Normenklarheit sicherstellen, dass der Anlass der Maßnahme begrenzt und dass der mögliche Verwendungszweck benannt werde. Denn: „Werden im Gesetz zum Verwendungszweck keine Aussagen getroffen, schließt die Ermächtigung alle denkbaren Verwendungszwecke ein. Die Weite der Zwecksetzung beruht dann auf der Unklarheit der gesetzlichen Vorgaben.“[410] Demnach könnte auch eine verfassungskonforme Auslegung die Unbestimmtheit einer Norm aufgrund unzureichend präziser oder gar fehlender Zweckangabe nicht insgesamt heilen; es sei vielmehr Aufgabe des Gesetzgebers, den auf das Recht auf informationelle Selbstbestimmung zugeschnittenen Bestimmtheitsanforderungen Rechnung zu tragen.[411]

Der Gesetzgeber habe also bei Eingriffen in das informationelle Selbstbestimmungsrecht die Verwendungszwecke sowie den Verwendungsanlass gemessen an der Schwere des Eingriffs eng zu fassen, damit es (objektiv) für die von einer Datenverarbeitung Betroffenen nicht zu einer nachteiligen Datenverwendung durch den Staat kommt und sodass (subjektiv) sich die Betroffenen in ihrer Freiheitsausübung nicht gehemmt fühlen – was in der Literatur teilweise nicht aus Bestimmtheits- und Normenklarheitsgesichtspunkten, sondern aus dem Verhältnismäßigkeitsgrundsatz hergeleitet wird.[412] Dies spricht gegen die Erwägung, dass der Zweck

[406] *Kühling/Sackmann*, JURA 2018, 364 (368).

[407] Dazu BVerfG, NVwZ 2007, 688.

[408] BVerfG, NVwZ 2007, 688 (690) mit Verweis auf BVerfGE 65, 1 (44 f.); 100, 313 (359 f., 372); 110, 33 (52); 113, 348 (375).

[409] BVerfGE 120, 378.

[410] BVerfGE 120, 378 (409).

[411] Zu diesem Absatz insgesamt BVerfGE 120, 378 (408 f., 423 f.).

[412] *Britz*, JA 2011, 81 (83 f.); *Ruschemeier* in: Hahn/Petras/Valentiner/Wienfort, Grundrechte, 2022, § 24.3, S. 540.

nicht bereits im formellen Ermächtigungsgesetz, sondern erst in der darauf gestützten materiellen Norm formuliert werden dürfte.

Auf einer höheren Abstraktionsebene ist dem Urteil zur automatisierten Kennzeichenerfassung zugleich zu entnehmen, dass sich die Normenklarheit und Normenbestimmtheit auch aus einer Kombination von Regelungen ergeben kann.[413] Es lässt sich die allgemeine These formulieren, dass hinreichende Bestimmtheit regelmäßig angenommen werden kann, wenn sich der Zweck und Umfang einer datenbezogenen Maßnahme deutlich aus der Norm oder aus einem Zusammenspiel mit anderen Normen ergeben. Letzteres ist indes restriktiv zu handhaben; je intensiver der Grundrechtseingriff, desto strengere Anforderungen sind an die Bestimmtheit mit Blick auf den Zweck, verschiedene Verarbeitungsphasen, eine manuelle oder automatisierte Verarbeitung, die Benennung der verantwortlichen Personen oder Stellen sowie das Vorhandensein und die Ausgestaltung verfahrensrechtlicher Sicherungen zu stellen.[414]

III. Hat sich der Kontext zu Zeiten der Corona-Pandemie wesentlich geändert?

Zu beurteilen ist nun, ob an den im Jahre 1983 im Volkszählungsurteil[415] aufgestellten Voraussetzungen in einer Situation wie der Corona-Pandemie festgehalten werden sollte.[416] Problematisch erscheint dabei, wie in der Konstellation der Datenverarbeitungsregelungen zur Kontaktnachverfolgung damit umzugehen ist, dass laut der Rechtsprechung ein (formelles) Gesetz vorliegen muss, welches „Voraussetzungen und Umfang der Beschränkung hinreichend klar umschreibt und überdies dem Grundsatz der Verhältnismäßigkeit genügt“[417]. Die vorstehenden Erwägungen aus dem Volkszählungsurteil legen den Schluss nahe, dass dabei mit „Gesetz“ ausschließlich Parlamentsgesetze gemeint sind[418] – also, dass allein § 32 S. 1 i.V.m. § 28 Abs. 1 IfSG die bereits genannten Anforderungen der Normenbestimmtheit und Normenklarheit erfüllen müssten.

Ob trotz dessen auch ein materielles Gesetz, hier also eine Corona-Rechtsverordnung, in verfassungskonformer Weise diese Anforderungen erfüllen könnte, soll erörtert werden. Mit anderen Worten soll untersucht werden, ob mit Blick auf die Pandemiesituation der Schwerpunkt der Ausführungen des Bundesverfassungsgerichts im Volkszählungsurteil zu den Normenbestimmtheitsanforderungen gleichwohl nicht in der ausnahmslosen Forderung nach einer normenklaren parlamentsgesetzlichen Grundlage liegen könnte, sondern generell in der

---

[413] Vgl. BVerfGE 120, 378 (409-427); ähnliche Vorgehensweise in BVerfGE 92, 191 (197 f.).

[414] Zu dieser These auch *Di Fabio* in: Dürig/Herzog/Scholz, Grundgesetz-Kommentar, 104. EL April 2024, Art. 2 Abs. 1 GG, Rn. 182; *Polenz* in: Taeger/Pohle, Computerrechts-Handbuch, 39. EL April 2024, Teil 13, Abschnitt 130, Rn. 11; *Rademacher/Perkowksi*, JuS 2020, 713 (719); *Rixen* in: Sachs, Grundgesetz Kommentar, 9. Auflage 2021, Art. 2 GG, Rn. 121.

[415] Erneut: BVerfGE 65, 1.

[416] Dazu, dass die Grundsätze noch heute gelten, beispielsweise: https://www.datenschutz-praxis.de/grundlagen/volkszaehlungsurteil/ (zuletzt abgerufen: 18.09.2024).

[417] BVerfGE 92, 191 (197); vgl. BVerfGE 65, 1 (43 f., 46).

[418] Vgl. BVerfGE 65, 1 (46); *Roßnagel*, JURA 2023, 1363 (1371).

für eine verfassungskonforme Einschränkung des Grundrechts auf Datenschutz notwendigen Voraussetzung, dass die genannten Anforderungen erfüllt werden – bestenfalls durch den Gesetzgeber, ggf. jedoch auch im Wege exekutiver Rechtsetzung.

In diese Richtung weist eine Entscheidung des Verfassungsgerichtshofs Bayern[419], welcher sich im Oktober 2020 unter anderem zu der hier relevanten Problematik äußerte. Er legte dar, dass § 32 S. 1 i.V.m. § 28 Abs. 1 S. 1 IfSG nicht von vornherein als Ermächtigungsgrundlage ausscheiden würden, wenn es um eine darauf basierende Regelung einer verpflichtenden Datenverarbeitung ginge. Dem könnte zu entnehmen sein, dass die Anordnung der Kontaktdatenerhebung zur Nachverfolgung von Infektionsketten also auch durch die auf § 32 S. 1 i.V.m. § 28 Abs. 1 S. 1 IfSG gestützten Corona-Rechtsverordnungen erfolgen könnte, sofern Letztere die zuvor benannten Anforderungen erfüllen, also den Anlass, Zweck und die Grenzen der Maßnahme präzise benennen. Der Verfassungsgerichtshof Bayern ging davon aus, dass die in Frage stehende Kundenkontaktdatenerhebungsnorm der Rechtsverordnung – § 4 der Siebten BayIfSMV vom 1. Oktober 2020 – in Abs. 3 in zulässiger Weise den Verwendungszweck und „die Anforderung der erhobenen Daten durch die Gesundheitsbehörden" regele und dass die Ansicht, „eine derartige Regelung dürfe nur durch den parlamentarischen Gesetzgeber erfolgen, [...] nicht zwingend" sei.[420]

Diametral verschieden sah es der Verfassungsgerichtshof des Saarlandes, als er im August 2020 darlegte, dass es für einen Eingriff in das Recht auf informationelle Selbstbestimmung einer „in der Regel förmlichen, parlamentarischen [...] Ermächtigung, die die zu erhebenden personenbezogenen Daten als solche, den Anlass und den spezifischen Zweck der Erhebung, die Art und Dauer der Aufbewahrung sowie ihre Löschung normenklar und bestimmt regelt und den Grundsatz der Verhältnismäßigkeit wahrt"[421], bedürfe. Er formulierte unmissverständlich, dass seiner Ansicht nach eine solche Ermächtigung dem Infektionsschutzgesetz nicht entnommen werden könne. Die Generalklausel (§ 32 S. 1 i.V.m. § 28 Abs. 1 S. 1 IfSG) sei für einen abstrakt-generellen Eingriff in das Grundrecht auf Datenschutz zu unbestimmt. Sodann stellte der Verfassungsgerichtshof klar, dass die die Kontaktnachverfolgung anordnende Norm der Corona-Verordnung (Art. 2 § 3 VO-CP) einerseits die genannten Anforderungen an den Zweck der Datenerhebung und die Datenverarbeitung nur partiell erfülle und dass sie – und darauf kommt es an dieser Stelle an – andererseits bloß exekutives Recht sei. Demnach zieht der Verfassungsgerichtshof des Saarlandes eine Grenze für den verfassungskonformen Rückgriff auf die Generalklausel im Bereich des Datenschutzrechts. Er stellte klar, dass es nicht darauf ankomme, ob die entwickelten Bestimmtheitsanforderungen durch die Corona-Rechtsverordnungen erfüllt würden. Vielmehr könne ein (mittelbarer) Eingriff nur bei Vorliegen einer hinreichend bestimmten, normenklaren formalgesetzlichen Grundlage gerechtfertigt sein.[422]

---

[419] VerfGH Bayern, Entscheidung vom 21.10.2020, Vf. 26-VII-20.

[420] Zu beiden Zitaten und insgesamt zu diesem Absatz siehe VerfGH Bayern, Entscheidung vom 21.10.2020, Vf. 26-VII-20, Rn. 19.

[421] VerfGH Saarland, NVwZ 2020, 1513 (1518).

[422] Zu diesem Absatz siehe VerfGH Saarland, NVwZ 2020, 1513 (1518 f.).

Die Konsequenz dieser Rechtsprechung wäre somit, im Feld des Datenschutzrechts stets den Parlamentsgesetzgeber in die Verantwortung zu nehmen.[423]

Selbst wenn mit den Argumenten von Gerichten wie dem Bundesverfassungsgericht im Volkszählungsurteil oder dem Verfassungsgerichtshof des Saarlandes sowie einigen Stimmen in der Literatur davon ausgegangen wird, dass parlamentsgesetzliche Generalklauseln wie § 32 S. 1 i.V.m. § 28 Abs. 1 IfSG generell nicht tauglich sind, den genannten besonderen Anforderungen Rechnung zu tragen, stellt sich die Frage, ob die Ausnahmesituation der Pandemie eine andere Beurteilung zulässt.

Hinter der Voraussetzung, dass ein Parlamentsgesetz den Anlass, den Zweck und die Grenzen einer Datenerhebung und Datenverarbeitung bereichsspezifisch, präzise und normenklar festlegen muss, stehen folgende Erwägungen: Die Eingriffsintensität prägt die Bestimmtheitsanforderungen; letztere lassen sich am Maßstab der Wesentlichkeitstheorie bemessen. Je wesentlicher die in Frage stehende Materie ist, desto eher bedarf es einer Regelung durch den parlamentarischen Gesetzgeber, welche den Umständen entsprechend bestimmt sein muss. Denn in der parlamentarischen Debatte erlangt die Öffentlichkeit Einblicke, anders als bei internen Beratungen der Exekutive. Es lässt sich jedoch anzweifeln, ob diese dahinterstehenden Erwägungen (Eingriffsintensität, öffentliche Debatte, etc.), die grundsätzlich für die Notwendigkeit eines Parlamentsgesetzes sprechen, den Schutz des Rechts auf informationelle Selbstbestimmung im Rahmen der Corona-Pandemie überhaupt optimiert hätten.

Mit anderen Worten erscheint problematisch, ob nur ein Parlamentsgesetz das Grundrecht auf Datenschutz ausreichend schützt oder ob hier nicht auch im Wege exekutiver Rechtsetzung den besonderen Schutzanforderungen des Rechts auf informationelle Selbstbestimmung Rechnung getragen werden könnte. Die Exekutive stand dem Pandemiegeschehen nämlich mit Blick auf die Kontaktdatenerhebung in Gaststätten und den weiteren betroffenen Einrichtungen und damit der Nachverfolgbarkeit des örtlichen Infektionsgeschehens näher als der parlamentarische Gesetzgeber. Dass eine effektive Pandemiebekämpfung ausschließlich durch eine Einschaltung der Legislative möglich gewesen wäre, lässt sich jedenfalls nicht bejahen. Auch wenn die hier untersuchten Datenverarbeitungsregelungen zur Infektionskettennachverfolgung im Parlament diskutiert worden wären, ändert die öffentliche Debatte die Intensität des mittelbaren Eingriffs in das Recht auf informationelle Selbstbestimmung nicht – obgleich die aufgestellten Voraussetzungen nicht nur dazu dienen, zu schwere Eingriffe zu verhindern, sondern ebenfalls derartige Eingriffe bei Erfüllung der Vorgaben zu legitimieren.

Wenn im Rahmen der Pandemie keine pauschale Grenze exekutiver Rechtsetzungsbefugnisse beim Datenschutz gezogen wird, so könnte ausnahmsweise genügen, dass die Corona-Rechtsverordnungen den Anlass, Zweck und die Grenzen der Kontaktdatenerhebung, Datenverarbeitung etc. bereichsspezifisch, präzise und normenklar regelten. Spezialregelungen

---

[423] Vgl. *Gurlit*, NJW 2010, 1035 (1041).

bleiben demnach notwendig für Einschränkungen des Grundrechts auf Datenschutz – hier wird jedoch davon ausgegangen, dass diese im Kontext der Pandemie im Wege exekutiver Rechtsetzung getroffen werden durften.[424]

Denn die Situation des Volkszählungsurteils war eine andere als diejenige im Jahr 2020 in der Corona-Pandemie.[425] Beide (das Volkszählungsurteil einerseits und die Corona-Pandemie andererseits) liegen fast 40 Jahre auseinander. Wird die technische Entwicklung und deren Fortschritt betrachtet, so ist die Welt heutzutage eine andere. 1983 sollten verschiedene im Volkszählungsgesetz näher bestimmte Daten noch analog – per Stift und Papier – zur Volkszählung erhoben werden; 2020 wurden hingegen massiv flächendeckend digital und analog personenbezogene Daten durch verschiedene private Einrichtungsbetreiberinnen und Einrichtungsbetreiber für den Staat ausgewertet. Im direkten Vergleich ist die Situation in der Corona-Pandemie deutlich drastischer. Sie wurde nicht grundlos als „Stresstest für die Grundrechte und die Verfassung“[426] bezeichnet.

Das Bundesverfassungsgericht und alle, die an dessen Dogmatik anknüpfen, hatten beim Volkszählungsurteil im Jahre 1983 eine Situation wie die Corona-Pandemie nicht vor Augen. Der Kontext hat sich – die damalige Situation mit der heutigen verglichen – wesentlich geändert, denn die technischen Möglichkeiten haben sich umfangreich weiterentwickelt.[427] Zusammenfassend kann dazu formuliert werden: „Von Zettel und Bleistift zu Künstlicher Intelligenz – die technologische Entwicklung der letzten 40 Jahre könnte man kaum plastischer beschreiben.“[428] Die Grundsätze, die dem Volkszählungsurteil entnommen und dekontextualisiert wurden, passen nicht zu der Realität der Corona-Pandemie. In einer derartigen Situation sollte mithin nicht an der bestehenden Dogmatik festgehalten werden.

Das Bestimmtheits- sowie Normenklarheitsgebot fordern im hiesigen Kontext als Mindestvoraussetzung, dass das Gesetz die staatliche Stelle festlegt, welche die personenbezogenen Daten zur Erfüllung welcher öffentlichen Aufgaben und zu welchen Zwecken erheben darf.[429] In Umsetzung dieser Vorgaben ist eine Masse an detaillierten Spezialregelungen entstanden.[430] In § 32 S. 1 i.V.m. § 28 Abs. 1 IfSG wird „die zuständige Behörde“ genannt, welche die notwendigen Schutzmaßnahmen zu treffen habe. In den auf Grundlage der

[424] So klingt es auch an in OVG NRW Beschluss vom 23.06.2020, 13 B 695/20.NE, Rn. 48.

[425] Dazu auch *Roßnagel*, JURA 2023, 1363 (1374 f.).

[426] So beispielsweise *S. Leutheusser-Schnarrenberger* 2020 im Handelsblatt, abrufbar unter https://www.handelsblatt.com/meinung/gastbeitraege/gastkommentar-die-coronakrise-ist-ein-stresstest-fuer-die-grundrechte-und-die-verfassung/25699392.html?ticket=ST-2704475-lOG4Fm6KgeF4J6KoKCcd-ap1 und *S. Harbarth*, Präsident des Bundesverfassungsgerichts, siehe https://www.phoenix.de/stresstest-corona-a-4456582.html (beide zuletzt abgerufen: 18.09.2024).

[427] Wissenschaftliche Dienste des Deutschen Bundestages, Sachstand WD 3, 3000, 196/20, S. 15.

[428] https://pwwl.de/40-jahre-volkszaehlungsurteil-eine-gratulation-an-das-recht-auf-informationelle-selbstbestimmung/ (zuletzt abgerufen: 18.09.2024).

[429] BVerfGE 118, 168 (188); vgl. *Jarass*, NJW 1989, 857 (861).

[430] *Franzius*, ZJS 2015, 259 (264); *Kingreen/Kühling*, JZ 2015, 213 (214-218); *Rademacher/Perkowksi*, JuS 2020, 713 (719).

§ 32 S. 1 i.V.m. § 28 Abs. 1 IfSG erlassenen Corona-Verordnungen wurde dies sodann regelmäßig aufgegriffen: Im Hinblick auf die Datenverarbeitungsregelungen zur Kontaktnachverfolgung wurde – wie bereits ausgeführt – überwiegend angeordnet, dass den zuständigen Behörden im Bedarfsfall auf Verlangen die jeweils erhobenen Kontaktdaten zur Verfügung zu stellen seien.[431] Die Verwendung der Daten zu keinem anderen Zweck als der Aushändigung an die Gesundheitsämter war demnach aus Normenklarheitserwägungen zu benennen, was gemeinhin in den Corona-Rechtsverordnungen geschehen ist.[432] Hingegen wurde der Anlass und der Zweck, die Daten zur Nachverfolgbarkeit von Infektionsketten zu erheben und zu speichern, nicht in allen Rechtsverordnungen ausdrücklich benannt.[433]

Eine Vorratsdatenspeicherung von individualisierten Daten zu einem nicht gesetzlich normierten Zweck ist mit dem Gebot der Normenklarheit nicht zu vereinbaren.[434] Anders ist es bei anonymisierten Daten: Zur Erstellung von Statistiken bedarf es des Rückgriffs auf Daten, die zuvor – zumeist ohne enge Zweckbindung – angelegt worden sind; dem steht das Normenklarheits- bzw. Normenbestimmtheitsgebot nicht per se entgegen.[435] Dabei ist jedoch zu beachten, dass Daten, die zwar zu statistischen Zwecken erhoben wurden aber noch aus individualisierbaren Einzelheiten bestehen, nicht an Behörden zur Verwendung für andere als statistische Zwecke weitergegeben werden dürfen; eine solche Vermischung von unterschiedlichen Zwecken in einer Norm ist regelmäßig nicht mit dem Bestimmtheitsgebot vereinbar, sofern sie „tendenziell Unvereinbares miteinander verbindet [...] und daher in ihrer Tragweite für den Bürger unverständlich ist".[436] Im Kontext der Kontaktdatenerhebung ist jedenfalls davon auszugehen, dass – wenn beispielsweise die Gesundheitsämter de facto nicht mehr auf die Listen mit Kundendaten zugreifen oder das Infektionsgeschehen die Datenerhebung nicht mehr gebietet – eine bloße Sammlung der Daten „auf Vorrat" nicht mehr als verfassungskonform anzusehen ist.[437]

Angelehnt an die oben beschriebene Vorgehensweise des Bundesverfassungsgerichts in seiner Rechtsprechung zur Verweigerung der Personalienangabe und zur automatisierten

---

[431] Z.B. § 2a Abs. 3 CoronaSchVO NRW sowohl in der Fassung vom 15.06.2020 als auch vom 12.08.2020.

[432] So geschehen z.B. in § 6 CoronaSchVO in der Fassung vom 23.06.2020 (Baden-Württemberg); § 2 Abs. 3 CoronaVO Gaststätten vom 16.05.2020 in der ab 02.06.2020 geltenden Fassung (Baden-Württemberg); § 3 Abs. 2 SARS-CoV-2-Infektionsschutzverordnung vom 23.06.2020 (Berlin); § 8 Zwölfte Coronaverordnung vom 01.08.2020 (Bremen); § 7 Abs. 1 HmbSARS-CoV-2-EindämmungsVO vom 30.06.2020 (Hamburg); § 4 Abs. 1 Niedersächsische Corona-Verordnung vom 10.07.2020 (Niedersachsen); § 1 Abs. 8 der 9. CoBeVO vom 04.06.2020 (Rheinland-Pfalz); Art. 2 § 3 Abs. 3 VO-CP in der Fassung vom 21.08.2020 (Saarland).

[433] Nicht benannt z.B. in Art. 2 § 3 Abs. 3 VO-CP vom 21.08.2020 (Saarland), was auch der Verfassungsgerichtshof des Saarlandes bemängelte, siehe VerfGH Saarland, NVwZ 2020, 1513 (1518); ebenfalls nicht benannt in § 2a CoronaSchVO in der ab 15.06.2020 geltenden Fassung (Nordrhein-Westfalen).

[434] BVerfGE 65, 1 (46); *Di Fabio* in: Dürig/Herzog/Scholz, Grundgesetz-Kommentar, 104. EL April 2024, Art. 2 Abs. 1 GG, Rn. 184.

[435] BVerfGE 65, 1 (47).

[436] BVerfGE 65, 1 (64); vgl. *Di Fabio* in: Dürig/Herzog/Scholz, Grundgesetz-Kommentar, 104. EL April 2024, Art. 2 Abs. 1 GG, Rn. 186; *Poppenhäger*, NVwZ 1992, 149 (150 f.).

[437] Ähnlich *Kühling/Schildbach* in: Huster/Kingreen, Handbuch Infektionsschutzrecht, 2. Auflage 2022, Kapitel 6, Rn. 143.

Kennzeichenerfassung, in der es bei einer Kombination von Regelungen von hinreichender Bestimmtheit ausging[438], können sich hier aus § 32 S. 1 i.V.m. § 28 Abs. 1 IfSG i.V.m. den jeweiligen Normen der Corona-Rechtsverordnungen in hinreichend normenklarer Weise Anlass, Zweck und Ausmaß der Datenverarbeitung ergeben.

Ein diesbezügliches Negativbeispiel liegt in der auf § 32 S. 1 i.V.m. § 28 Abs. 1 IfSG gestützten Sechsten Bayrischen Infektionsschutzmaßnahmenverordnung[439], in welcher die Kontaktnachverfolgungspflicht per Datenerhebungen durch Einrichtungsbetreibende nicht ausdrücklich statuiert, sondern für die Gastronomie in § 13 Abs. 4 S. 3 der 6. BayIfSMV lediglich auf ein nicht näher beschriebenes Rahmenkonzept verwiesen wurde, welches von den Staatsministerien für Wirtschaft, Landesentwicklung und Energie und für Gesundheit und Pflege bekannt gemacht wurde.[440] Erst dieses enthielt das Erfordernis eines Schutz- und Hygienekonzepts sowie der Kontaktdatenerhebung und Datenverarbeitung von Gästen. Eine solche Verweisung stellt indes kein Zusammenspiel mehr dar, welches Zweck und Umfang der Norm deutlich werden lässt, worin sich ein Verstoß sowohl gegen das Normenbestimmtheits- bzw. Normenklarheitsgebot als auch gegen die Anforderungen des Parlamentsvorbehaltes zeigt.[441]

Zusammenfassend greift der Gesetzesvorbehalt des Rechts auf informationelle Selbstbestimmung, wenn personenbezogene Daten durch den Staat erhoben, gespeichert, gesammelt, verwendet, weitergegeben oder veröffentlicht werden.[442] Zwar findet sich in Art. 2 Abs. 1 GG nicht die folgende Terminologie, doch mit den Worten anderer Schrankenbestimmungen (beispielsweise aus Art. 8 Abs. 2, Art. 11 Abs. 2, Art. 12 Abs. 1 S. 2 GG) wird hier im Kontext der Corona-Pandemie davon ausgegangen, dass das Recht auf informationelle Selbstbestimmung nicht nur „durch“, sondern auch „aufgrund eines Gesetzes“ beschränkt werden kann. Demnach ist es nicht ausschließlich dem parlamentarischen Gesetzgeber vorbehalten, einschränkende Regelungen hinsichtlich des Rechts auf informationelle Selbstbestimmung zu treffen. Auch exekutive Regelungen auf Grundlage einer verfassungsgemäßen parlamentsgesetzlichen Ermächtigung vermögen das Grundrecht auf Datenschutz zu beschränken. § 32 S. 1 i.V.m. § 28 Abs. 1 IfSG in Verbindung mit den die Kundenkontaktdatenverarbeitung anordnenden Normen der Corona-Rechtsverordnungen bildeten demnach eine taugliche Schranke für das Grundrecht auf Datenschutz.

---

438 BVerfGE 92, 191 (197 f.); 120, 378 (409-427).

439 6. BayIfSMV vom 19.06.2020, BayMBl. 2020 Nr. 348.

440 Abrufbar auf der Verkündungsplattform der Bayerischen Staatsregierung: https://www.verkuendung-bayern.de/baymbl/2020-270/ (zuletzt abgerufen: 18.09.2024). Auf die Website wurde in der Rechtsverordnung nicht verwiesen.

441 Zu diesem Beispiel auch *Kühling/Schildbach* in: Huster/Kingreen, Handbuch Infektionsschutzrecht, 2. Auflage 2022, Kapitel 6, Rn. 139, 144.

442 *Polenz* in: Taeger/Pohle, Computerrechts-Handbuch, 39. EL April 2024, Teil 13, Abschnitt 130, Rn. 10 f.; *Rademacher/Perkowksi*, JuS 2020, 713 (719); *Ruschemeier* in: Hahn/Petras/Valentiner/Wienfort, Grundrechte, 2022, § 24.3, S. 539 f.

E. Regelungen der verpflichtenden Kontaktdatenverarbeitung durch private Einrichtungsbetreibende als unangemessener mittelbarer Grundrechtseingriff

Nachfolgend werden die Kontaktdatenverarbeitungsregelungen zur Infektionskettennachverfolgung in den Corona-Verordnungen insbesondere aus dem Jahr 2020 – vor allem aus der Zeit vor dem Erlass des § 28a IfSG – näher untersucht. Im Fokus steht dabei die Problematik, in welcher Ausgestaltung derartige Regelungen als verhältnismäßig bzw. unverhältnismäßig angesehen werden können.

I. Anwendung der Eingriffsdogmatik auf Datenverarbeitungsregelungen

Nicht jede staatliche Maßnahme mit Bezug zum Schutzbereich eines Grundrechts stellt einen Eingriff in dieses dar.[443] Zu thematisieren ist zunächst der rechtshistorische Blick auf die Beantwortung der Frage, ob in den Regelungen einer verpflichtenden Kundenkontaktdatenverarbeitung zur Infektionskettennachverfolgung in der Corona-Pandemie ein mittelbarer Grundrechtseingriff zu sehen ist.

Die durch die Corona-Verordnungen normierte Pflicht zur Gewährleistung der Kontaktnachverfolgung richtete sich regelmäßig an Private als Verantwortliche – dem oben[444] bereits genannten Beispiel gemäß an die Gaststätten-, Hotel-, Friseur- sowie Fitnessstudiobetreiberinnen und -betreiber. Die jeweils in den Corona-Eindämmungsverordnungen als Verantwortliche[445] bestimmten Personen fungierten als „Werkzeuge" der Verordnungsgeber: Sie hatten die Daten ihrer Gäste zu erheben, aufzubewahren und ggf. dem Gesundheitsamt zur Verfügung zu stellen, um – so die Mehrheit der Corona-Eindämmungsverordnungen – einer bußgeldlichen oder gewerberechtlichen Sanktion zu entgehen.[446] Die unmittelbare grundrechtsbeeinträchtigende Handlung nahmen somit Private aufgrund der Verpflichtung dazu in der jeweiligen Corona-Verordnung für den Staat vor. Dies wurde auch final und vorhersehbar durch den Staat bezweckt.

Potentielle Gäste konnten dadurch auf der einen Seite davon abgehalten werden, die Einrichtungen oder Veranstaltungen aufzusuchen, um einer Erhebung und Verarbeitung ihrer personenbezogenen Daten zu entgehen.[447] Derartige Regelungen erzeugen einen

---

[443] *Hufen*, Staatsrecht II, 10. Auflage 2023, § 8, Rn. 1 ff.; *Jarass* in: Jarass/Pieroth, Grundgesetz Kommentar, 18. Auflage 2024, Vorbemerkungen vor Art. 1 GG, Rn. 24 f.; *Sauer* in: Dreier, Grundgesetz-Kommentar, 4. Auflage 2023, Vorbemerkungen vor Art. 1 GG, Rn. 146.

[444] Unter B.

[445] Zu dem Begriff des Verantwortlichen auch Art. 4 Nr. 7 DSGVO; *Albrecht/Jotzo*, Das neue Datenschutzrecht der EU, Teil 3, Rn. 7, Teil 5.

[446] Mehr dazu s.u. unter E. IV. 2. b.; vgl. VerfGH Saarland, NVwZ 2020, 1513 (1517); *Bremert/Hansen/Körffer/Polenz*, DuD 2020, 791 (793 f.).

[447] Dass die Grundrechtsträger auf einen Besuch der jeweiligen Einrichtungen verzichten können, wurde vom VGH Baden-Württemberg in einem Beschluss vom 25.6.2020 (1 S 1739/20, Rn. 83) als abschließende Bemerkung *für* die Angemessenheit einer Kontaktnachverfolgungsregelung vorgebracht. Dass dies jedoch

J. S. Materne, *Das Recht auf informationelle Selbstbestimmung in der Corona-Pandemie*, https://doi.org/10.1007/978-3-658-50962-0_5

Einschüchterungseffekt und vermögen Grundrechtsträger von ihrer Grundrechtsausübung abzuhalten.[448] Auf der anderen Seite bestand ein Risiko, dass anhand der angegebenen Daten Bewegungs- und Persönlichkeitsprofile erstellt werden konnten.[449] Die Regelungen zur Kontaktnachverfolgung geboten die Erhebung und Speicherung der personenbezogenen Daten, aus welchen – sowohl von den Verantwortlichen, welche die Daten zu erheben und aufzubewahren hatten als auch von Dritten, vor allem im vielfach aufgetretenen Fall offen ausliegender Anwesenheitslisten sowie von staatlicher Seite – ggf. abgeleitet werden konnte, wer sich wann, wo, wie lange und wie häufig aufgehalten hat und wie er oder sie postalisch oder telefonisch erreichbar ist.

Das Recht auf informationelle Selbstbestimmung schützt vor jeder staatlichen Erhebung, Speicherung, Sammlung, Kenntnisnahme, Verwendung, Weitergabe oder Veröffentlichung von personenbezogenen Daten. Alle dieser Formen der Datenerfassung bzw. -verarbeitung können grundsätzlich jeweils einen Eingriff in den Schutzbereich darstellen.[450] Bei diesen Datenerhebungen, -speicherungen, etc. liegen die Merkmale des klassischen Eingriffsbegriffs häufig nicht allesamt vor, womit es sich regelmäßig um Eingriffe im „erweiterten"[451] Sinne handelt.[452] Nicht nur faktische grundrechtsverkürzende Maßnahmen[453] stellen Anwendungsfälle des erweiterten Eingriffsbegriffs dar, sondern ebenfalls mittelbare Beeinträchtigungen sowie in manchen Fällen eine Kombination der beiden Elemente.[454]

Es bedarf der Figur des mittelbaren Eingriffs, da die Grundrechte Privaten gegenüber grundsätzlich keine unmittelbare Bindungswirkung entfalten, sondern generell nur der Staat an die Grundrechte gebunden ist. Wenn die unmittelbare grundrechtsbeeinträchtigende Handlung jedoch von einem Privaten vorgenommen wird, kann darin ein mittelbarer Eingriff liegen, soweit diese Handlung dem Staat zugerechnet werden kann.[455] Mit den Worten des

sowohl datenschutzrechtlich als auch unter verfassungsrechtlichen Gesichtspunkten nicht überzeugt, wird im Folgenden erläutert.

[448] *Fährmann/Arzt*, DuD 2020, 801 (804); dazu allgemeiner schon *Britz*, JA 2011, 81 (82).

[449] VerfGH Saarland, NVwZ 2020, 1513 (1518); *Niedernhuber*, KriPoZ 2020, 318 (319); Vgl. *Manssen*, Staatsrecht II, 19. Auflage 2022, Rn. 288.

[450] BVerfGE 65, 1 (43); 67, 100 (143); 84, 239 (279); *Jarass* in: Jarass/Pieroth, Grundgesetz Kommentar, 18. Auflage 2024, Art. 2 GG, Rn. 59; *Kunig/Kämmerer* in: von Münch/Kunig, Grundgesetz Kommentar, 7. Auflage 2021, Art. 2 GG, Rn. 76; *Michael/Morlok*, Grundrechte, 8. Auflage 2022, Rn. 426.

[451] Der vorliegend bevorzugt als „erweitert" bezeichnete Eingriffsbegriff orientiert sich im Ausgangspunkt an den Kriterien des klassischen Eingriffs, wobei jedoch die Erfüllung eines der vier Merkmale des klassischen Eingriffsbegriffs zur Bejahung eines erweiterten Eingriffs ausreicht. Dazu *Epping*, Grundrechte, 9. Auflage 2021, Rn. 393; *Lang/Wilms*, Staatsrecht II, 2. Auflage 2020, Rn. 212; *Michael/Morlok*, Grundrechte, 8. Auflage 2022, Rn. 493, 500 ff.; *Voßkuhle/Kaiser*, JuS 2009, 313.

[452] *Hufen*, Staatsrecht II, 10. Auflage 2023, § 12, Rn. 8 ff.

[453] Faktische Eingriffe können hinsichtlich des Rechts auf informationelle Selbstbestimmung beispielsweise in der Beobachtung oder Behinderung des Zugangs zu den eigenen personenbezogenen Daten liegen. Dazu *Hufen*, Staatsrecht II, 10. Auflage 2023, § 12, Rn. 10.

[454] *Sauer* in: Dreier, Grundgesetz-Kommentar, 4. Auflage 2023, Vorbemerkungen vor Art. 1 GG, Rn. 145; *Marauhn/Merhof* in: Dörr/Grote/Marauhn, EMRK/GG, Konkordanzkommentar, 3. Auflage 2022, Kapitel 7, Rn. 12, 14; *Voßkuhle/Kaiser*, JuS 2009, 313.

[455] *Voßkuhle/Kaiser*, JuS 2009, 313 (313 f.).

Bundesverfassungsgerichts kann „der Abwehrgehalt der Grundrechte auch bei faktischen und mittelbaren Beeinträchtigungen betroffen sein", allerdings nur, „wenn diese in der Zielsetzung und in ihren Wirkungen Eingriffen gleichkommen".[456]

Hinsichtlich mittelbarer Beeinträchtigungen besteht allgemein Uneinigkeit mit Blick auf die Zurechnungsgrenze.[457] Es ist davon auszugehen, dass diese dem Staat jedenfalls zuzurechnen sind, wenn sie von diesem i.S.v. Finalität intendiert wurden[458] – wie hier, sodass darauf für die hiesige Konstellation nicht ankommt.

Für die Beurteilung, ob eine Maßnahme Eingriffsqualität habe oder nicht, hat das Bundesverfassungsgericht in Bezug auf die Rasterfahndung ausgeführt, dass es maßgeblich darauf ankomme, „ob sich in einer Gesamtbetrachtung mit Blick auf den durch den Überwachungs- und Verwendungszweck bestimmten Zusammenhang das behördliche Interesse an den betroffenen Daten derart verdichtet [habe], dass ein Betroffensein in einer einen Grundrechtseingriff auslösenden Qualität zu bejahen"[459] sei. Dies lässt sich insofern verallgemeinern, als dass es gerade keine allgemeinen Kriterien zur Bejahung oder Verneinung des Vorliegens eines Eingriffs in das Recht auf informationelle Selbstbestimmung gibt, sondern dass es stets auf die Umstände des Einzelfalles und den Zusammenhang der Datenerfassung oder Datenverarbeitung ankommt. Die staatliche Erhebung personenbezogener Daten soll beispielsweise keinen Eingriff darstellen, sofern die Informationen einer öffentlichen Quelle entnommen werden.[460] Sollten derartige Informationen indes zielgerichtet zusammengestellt, gespeichert oder ausgewertet werden, kann sich die Maßnahme zu einem Eingriff verdichten, wenn eine „besondere Gefahrenlage für die Persönlichkeit"[461] des Grundrechtsinhabers vorliegt.[462]

Hinsichtlich der automatisierten Datenauswertung ging das Bundesverfassungsgericht im Jahr 2008 im Kontext von elektronischen Kennzeichenerfassungen noch davon aus, dass kein Eingriff in das Recht auf informationelle Selbstbestimmung vorläge, wenn in einem sog. Nichttrefferfall „rechtlich und technisch gesichert [sei], dass die Daten anonym bleiben und sofort spurenlos und ohne die Möglichkeit, einen Personenbezug herzustellen, gelöscht werden".[463] Anders sah es das Bundesverfassungsgericht im Jahr 2018 ebenfalls im Kontext von automatisierten Kraftfahrzeugkennzeichenkontrollen, als es auch bezüglich der Nichttreffer einen Eingriff annahm. Dies lässt sich wiederum insofern verallgemeinern, als dass Eingriff in das Recht auf informationelle Selbstbestimmung gegeben ist, sobald eine

[456] Beide Zitate BVerfGE 116, 202 (222); siehe auch BVerfGE 105, 279 (303); 110, 177 (191); 113, 63 (76).

[457] *Petersen*, Deutsches und Europäisches Verfassungsrecht II, 2. Auflage 2022, § 2, Rn. 25.

[458] *Sauer* in: Dreier, Grundgesetz-Kommentar, 4. Auflage 2023, Vorbemerkungen vor Art. 1 GG, Rn. 146; *Voßkuhle/Kaiser*, JuS 2009, 313 (313).

[459] BVerfGE 115, 320 (343).

[460] *Di Fabio* in: Dürig/Herzog/Scholz, Grundgesetz-Kommentar, 104. EL April 2024, Art. 2 Abs. 1 GG, Rn. 176.

[461] BVerfGE 120, 274 (345).

[462] *Jarass* in: Jarass/Pieroth, Grundgesetz Kommentar, 18. Auflage 2024, Art. 2 GG, Rn. 60; *Rixen* in: Sachs, Grundgesetz Kommentar, 9. Auflage 2021, Art. 2 GG, Rn. 88.

[463] BVerfGE 120, 378 (399).

automatisierte Datenauswertung erfolgt – unabhängig davon, ob sie zu einem Treffer führt oder nicht, obgleich „den Betroffenen im Nichttrefferfall wegen der sofortigen Löschung aller Daten weder Unannehmlichkeiten noch Konsequenzen erwachsen".[464]

In das Recht auf informationelle Selbstbestimmung wird bereits durch das staatliche Verlangen nach einer Bekanntgabe personenbezogener Informationen eingegriffen, welche einer Datenverarbeitung zugeführt oder an Dritte übermittelt werden.[465] Ein Eingriff kann gerade bei der Verbreitung von wahren personenbezogenen Daten vorliegen, da das Grundrecht auf Datenschutz seinen Schutz unabhängig davon entfaltet, ob die in Frage stehenden Informationen wahr oder unwahr sind.[466] Mittelbare Grundrechtseingriffe können in der von staatlicher Seite ermöglichten Datenerhebung durch Dritte bzw. der Verpflichtung von Dritten zur Datenerhebung liegen – diese sind dem Staat zurechenbar, wenn er die Erhebung hoheitlich angeordnet und der unmittelbar verpflichtete Private sie ohne Handlungsspielraum umzusetzen hat.[467]

Die zuvor beschriebenen verpflichtenden Regelungen zur Kontaktdatenerhebung in den Corona-Verordnungen richteten sich nicht direkt an die Gäste selbst und griffen nicht unmittelbar in deren Grundrecht auf Datenschutz ein. Darin ist vielmehr ein mittelbarer Eingriff in das Recht auf informationelle Selbstbestimmung aus Art. 2 Abs. 1 i.V.m. Art. 1 Abs. 1 GG zu sehen.[468]

Eingriffe in das Grundrecht auf Datenschutz dürfen von staatlicher Seite nur erfolgen, wenn entweder die Betroffenen zustimmen oder jene Beeinträchtigung von einer tauglichen gesetzlichen Grundlage gedeckt ist.[469] Kein Grundrechtseingriff läge vor, wenn die Betroffenen wirksam eingewilligt hätten.[470]

Bei den untersuchten Datenverarbeitungsregelungen zur Kontaktnachverfolgung verhielt es sich so, dass die Betroffenen ihre personenbezogenen Daten angaben, um die jeweiligen

[464] BVerfGE 150, 244 (268); dazu auch *Lang/Wilms*, Staatsrecht II, 2. Auflage 2020, Rn. 424 f.; *Rademacher/Perkowksi*, Jus 2020, 713 (718).

[465] Zu diesem Absatz siehe *Di Fabio* in: Dürig/Herzog/Scholz, Grundgesetz-Kommentar, 104. EL April 2024, Art. 2 Abs. 1 GG, Rn. 176 m.w.N.

[466] BVerfGE 97, 391 (404 f.); vgl. *Michael/Morlok*, Grundrechte, 8. Auflage 2022, Rn. 433.

[467] BVerwGE 121, 115 (128); 119, 123 (126); *Jarass* in: Jarass/Pieroth, Grundgesetz Kommentar, 18. Auflage 2024, Art. 2 GG, Rn. 58, 64.

[468] *Kühling/Schildbach* in: Huster/Kingreen, Handbuch Infektionsschutzrecht, 2. Auflage 2022, Kapitel 6, Rn. 143 m.w.N.

[469] *Di Fabio* in: Dürig/Herzog/Scholz, Grundgesetz-Kommentar, 104. EL April 2024, Art. 2 Abs. 1 GG, Rn. 177.

[470] Die Rechtsfolgen der Einwilligung sind umstritten. Teile der Literatur ordnen den Grundrechtsverzicht auf Rechtfertigungsebene ein, z.B. *Bleckmann*, JZ 1988, 57 (60 ff.); *Hufen*, Staatsrecht II, 10. Auflage 2023, § 6, Rn. 42 f.; Überwiegend wird indes angenommen, dass im Falle eines wirksamen Verzichts kein Grundrechtseingriff vorliege. Siehe *Dochow*, GuP 2020, 129 (145); *Epping*, Grundrechte, 9. Auflage 2021, Rn. 111; *Lang/Wilms*, Staatsrecht II, 2. Auflage 2020, Rn. 226; *Manssen*, Staatsrecht II, 19. Auflage 2022, Rn. 162; *Petersen*, Deutsches und Europäisches Verfassungsrecht II, 2. Auflage 2022, § 2, Rn. 38; Präziser formuliert wird durch die Verzichtsentscheidung der Zurechnungszusammenhang unterbrochen. Dazu *Jarass* in: Jarass/Pieroth, Grundgesetz Kommentar, 18. Auflage 2024, Vorbemerkungen vor Art. 1 GG, Rn. 35; *Michael/Morlok*, Grundrechte, 8. Auflage 2022, Rn. 539.

Einrichtungen besuchen zu dürfen. Andernfalls hätten sie sich aus dem öffentlichen Leben weitgehend zurückziehen müssen. Der „Grundrechtsverzicht“ – hier indes gerade *kein* wirksamer Verzicht – war somit eine notwendige Voraussetzung für die Erlangung eines Vorteils. Die Alternative ist aufgrund der sodann entstehenden sozialen Isolation der Menschen weitaus weniger vorzugswürdig als die Datenangabe.

Doch selbst wenn davon auszugehen wäre, dass die Betroffenen mit jener Datenangabe formal einverstanden waren, so ist trotz dessen nicht von einer wirksamen Einwilligung auszugehen, da „sie gerade nicht aufgrund eines freien Entschlusses erfolgt, sondern nur unter dem ‚Druck‘, ansonsten die Räumlichkeit nicht aufsuchen zu dürfen.“[471] Außerdem hatten die Betroffenen keinerlei Einfluss mehr darauf, ob und wann ihre Daten an das Gesundheitsamt weitergeleitet wurden; sie konnten somit nicht mehr frei über die weitergehende Verwendung ihrer personenbezogenen Daten bestimmen. In der hiesigen Konstellation kann somit insgesamt nicht von einem freiwilligen Grundrechtsverzicht ausgegangen werden; es bleibt bei dem mittelbaren Grundrechtseingriff.

II. Rolle der Corona-Apps zur Kontaktnachverfolgung

Zum Zwecke der Infektionskettennachverfolgbarkeit wurden im Verlauf der Corona-Pandemie häufig nicht bloß handschriftliche Gästelisten erstellt, sondern zusätzlich EDV-gestützte Applikationen[472] herangezogen. Dabei ist grundlegend zwischen zwei Arten bzw. Funktionsweisen von Apps zu differenzieren. Apps wie die Ende 2020 entwickelte Luca-App der Culture4life GmbH[473] erforderten die Angabe personenbezogener Daten, die pseudonymisiert und doppelt verschlüsselt werden, zur digitalen Kontaktnachverfolgung.[474]

Davon zu unterscheiden sind Apps, die mit einer anonymen Clustererkennung arbeiten.[475] Bei solchen Apps werden keine personenbezogenen Daten angegeben oder gesammelt, weshalb sie für die hier behandelte Thematik von untergeordneter Bedeutung sind.

Zur Warnung der Bevölkerung reicht die anonyme Clustererkennung aus; wenn jedoch im Falle des Kontakts mit einer infizierten Person Quarantäneanordnungen aufgrund des jeweiligen Stands des Infektionsgeschehens notwendig werden, so benötigen die Gesundheitsämter die personenbezogenen Daten der beteiligten Personen.[476] Aus diesem Grunde sahen einige Corona-Verordnungen der Bundesländer die Möglichkeit der zusätzlichen digitalen

---

[471] VerfGH Thüringen, Urteil vom 01.03.2021, VerfGH 18/20, S. 127; zu diesem Absatz kurz *Kühling/Schildbach* in: Huster/Kingreen, Handbuch Infektionsschutzrecht, 2. Auflage 2022, Kapitel 6, Rn. 142.

[472] https://praxistipps.chip.de/was-ist-eine-app-definition-bedeutung_41316 (zuletzt abgerufen: 18.09.2024).

[473] Die Luca-App ist eine von vielen Apps, die zur Kontaktnachverfolgung während der Corona-Pandemie genutzt wurden; sie wird hier exemplarisch für die auf diesem Wege funktionierenden Apps herangezogen.

[474] Details zur Funktionsweise von Apps wie der Luca-App *Stroscher/Schomberg*, ZD-Aktuell 2021, 05138.

[475] Vgl. *Ritgen* in: Kluckert, Das neue Infektionsschutzrecht, 2. Auflage 2021, § 12, Rn. 31 f.

[476] *Stroscher/Schomberg*, ZD-Aktuell 2021, 05138.

Datenerhebung[477] und teilweise sogar die Pflicht zur landeseinheitlichen Nutzung der Luca-App[478] vor.

Bei der Luca-App hinterlegen die App-Nutzenden zunächst ihre Kontaktdaten und erhalten eine UserID. Sodann scannen die Einrichtungsbetreibenden als sog. Venue Owner bzw. deren Personal als sog. Scanner Operator den QR-Code der die App nutzenden Gäste zu Beginn des Besuchs in der jeweiligen Einrichtung. Dabei werden die bereits verschlüsselten personenbezogenen Daten wiederum mit einem tagesaktuellen Schlüssel der Gesundheitsämter und einem Schlüssel der Einrichtungsbetreibenden verschlüsselt. Bei Verlassen der Einrichtung checken sich die Gäste auf einem der verschiedenen dafür vorgesehenen Wege wieder aus. Wurde ein App-Nutzender positiv auf das Coronavirus getestet, konnte die persönliche Historie von Restaurant- bzw. Veranstaltungsbesuchen der letzten maximal 14 Tage dem Gesundheitsamt gegenüber freigegeben werden, welches anschließend wiederum über das Luca-System die Daten der Gäste, die mit der infizierten Person in Kontakt gekommen waren, bei den Einrichtungsbetreibenden anfordern konnte. Die sog. Venue Owner können dem über das Webinterface des Luca-Systems nachkommen. Wenn das hier verkürzt dargestellte Verfahren durchlaufen ist, erhalten die Gesundheitsämter Einsicht in die entschlüsselten Kontaktdaten.[479]

Apps wie die Luca-App speichern die Daten der Nutzenden auf einem eigenen Server, was datenschutzrechtliche Risiken birgt.[480] Sollte es zu einem Datenleck kommen, so werden weitaus mehr Daten preisgegeben als im Falle einer nicht datenschutzkonformen Aufbewahrung von Zetteln in einzelnen Betrieben.[481]

Die Luca-App sammelt aufgrund des Auslaufens der Verträge mehrerer Bundesländer mit der Culture4life GmbH seit Ende März bzw. Anfang April 2022 keine Daten mehr.[482] Auch die Corona Warn-App ist seit dem 1. Juni 2023 in einem sog. Ruhemodus; sie ist seitdem nicht mehr in den verschiedenen Softwarebibliotheken wie dem App Store von Apple oder dem Play Store von Google verfügbar.[483]

---

477 Z.B. § 4a Abs. 1 S. 2 CoronaSchVO vom 05.03.2021 in der ab 29.05.2021 gültigen Fassung (Nordrhein-Westfalen).

478 Siehe z.B. § 13a Abs. 1 S. 9, Abs. 3 S. 6 Corona-LVO vom 28.11.2020 in der Fassung vom 29.03.2021 (Mecklenburg-Vorpommern); Art. 1 Nr. 1 lit. b der 2. Änderungsverordnung der 2. Schul-Corona-Verordnung vom 31.03.2021 (Mecklenburg-Vorpommern).

479 Dazu ausführlich: https://luca-app.de/app-privacy-policy/ (zuletzt abgerufen: 18.09.2024).

480 Zu den Risiken: Orientierungshilfe der DSK vom 29.04.2021, S. 10.

481 *Bremert/Hansen/Körffer/Polenz*, DuD 2020, 791 (794); *Stroscher/Schomberg*, ZD-Aktuell 2021, 05138; *Kühling/Schildbach* in: Huster/Kingreen, Handbuch Infektionsschutzrecht, 2. Auflage 2022, Kapitel 6, Rn. 142.

482 https://www.basicthinking.de/blog/2022/04/14/luca-app-beendet-kontaktdatenerfassung/; https://www.n-tv.de/panorama/Luca-App-setzt-Erfassung-von-Kontaktdaten-aus-article23261926.html (zuletzt abgerufen: 18.09.2024).

483 https://www.bundesregierung.de/breg-de/aktuelles/corona-warn-app-ruhemodus-2182638#:~:text=Die%20-App%20ist%20ab%201,als%20auch%20für%20Android%2DGeräte (zuletzt abgerufen: 18.09.2024).

Bei der digitalen Kontaktnachverfolgung bleibt es dabei, dass die Einrichtungsbetreibenden die Kontaktdaten der Gäste zu erheben hatten. Die Daten wurden aufgrund der Pflicht zur Datenerhebung und -verarbeitung zur Kontaktnachverfolgung in den Corona-Verordnungen, zunächst gestützt auf § 32 S. 1 i.V.m. § 28 Abs. 1 IfSG, ab Ende November 2020 gestützt auf § 32 S. 1 i.V.m. §§ 28 Abs. 1, 28a Abs. 1 Nr. 17 a.F. bzw. Nr. 18 n.F., Abs. 4 IfSG vielerorts mittels elektronischer Programmapplikationen (über Apps und nicht analog) erhoben und gespeichert. Es ändert sich dabei lediglich die Art und Weise, wie die Daten erhoben werden; die unmittelbare grundrechtsbeeinträchtigende Handlung nahmen weiterhin Private aufgrund der Verpflichtung in den Corona-Verordnungen dazu für den Staat vor.

Im grundrechtlichen Kontext bleibt es bei einem mittelbaren Eingriff in das Recht auf informationelle Selbstbestimmung derjenigen, die die betroffenen Einrichtungen aufsuchen wollten und als Zugangsvoraussetzung ihre personenbezogenen Daten preiszugeben hatten.[484] Die den Datenschutz betreffenden einfachrechtlichen Regelungen, die bei der Verwendung von Corona-Apps zu beachten sind, werden hier nicht näher beleuchtet.

III. Unanwendbarkeit der Unionsgrundrechte

Für die Beantwortung der Frage, warum im hiesigen Kontext die nationalen Grundrechte des Grundgesetzes und nicht diejenigen der Grundrechte Charta maßgeblich sind, ist zunächst die „Recht auf Vergessen"-Rechtsprechung des Ersten Senats des Bundesverfassungsgerichts vom 06.11.2019 zu betrachten. Er ging im „Recht auf Vergessen I"-Beschluss[485] davon aus, dass im Bereich der Durchführung von Unionsrecht im Sinne des Art. 51 Abs. 1 S. 1 GRCh in nicht vollständig unionsrechtlich determinierten Fällen für die Überprüfung innerstaatlichen Rechts die nationalen und unionalen Grundrechte zwar parallel, jedoch primär die Grundrechte des Grundgesetzes Anwendung finden.[486]

Zur Begründung führte der Erste Senat an, dass das Unionsrecht grundsätzlich nicht auf eine Einheitlichkeit des Grundrechtsschutzes ziele, wenn es den Mitgliedstaaten Gestaltungsspielräume gewähre, und dass die Vermutung bestünde, dass das „grundrechtliche[...] Schutzniveau des Unionsrechts durch die Anwendung der Grundrechte des Grundgesetzes mitgewährleistet ist".[487] Der Umfang dieser Spielräume richte sich nach dem maßgeblichen unionsrechtlichen Fachrecht. Ob das einschlägige Fachrecht als vollständig durch Unionsrecht determiniert anzusehen ist, sei im Einzelfall zu überprüfen. Wenn das im Einzelfall maßgebliche Fachrecht gestaltungsoffene Umsetzungsspielräume der Mitgliedstaaten vorsieht, so sei die Ausgestaltung des Grundrechtsschutzes in der Regel auf Vielfalt ausgerichtet, nicht auf

[484] Vgl. *Dochow*, GuP 2020, 129 (141 f.).

[485] BVerfGE 152, 152.

[486] BVerfGE 152, 152 (169 f., Rn. 43-46; 171 f., 49 ff.; 179 f., 63 ff.); *Kühling*, NJW 2020, 275 (276); *Neumann/Eichberger*, JuS 2020, 502 (504); andere Konstellation im „Recht auf Vergessen II"-Beschluss, dazu sogleich.

[487] BVerfGE 152, 152 (171, Rn. 49).

gleichförmige Rechtsanwendung, und in dem Zusammenhang erlangten die mitgliedstaatlichen Grundrechtsstandards Geltung.[488] Die Mitgewährleistungsvermutung sei widerlegbar, wenn konkrete Anhaltspunkte erwiesen, dass eine Prüfung am Maßstab der nationalen Grundrechte nicht ausreiche.[489] Hingewiesen sei an dieser Stelle auf den „Recht auf Vergessen II"-Beschluss[490], der sich – anders als der „Recht auf Vergessen I"-Beschluss – mit der Handhabung einer durch Unionsrecht vollständig determinierten Materie befasste.

Gemäß den Maßstäben, die der Erste Senat in seiner „Recht auf Vergessen"[491]-Rechtsprechung formuliert hat, ist zu erörtern, ob sich die hiesige Konstellation in einem vollständig unionsrechtlich determinierten Bereich befindet oder ob nicht vielmehr den Mitgliedstaaten gestaltungsoffene Umsetzungsspielräume gewährt werden, sodass primär die Grundrechte des Grundgesetzes Anwendung finden.

Im infektionsdatenschutzrechtlichen Kontext bleibt es auf mitgliedstaatlicher Ebene weitgehend bei der parallelen Anwendbarkeit der nationalen Grundrechte.[492] Hinsichtlich der Datenerhebungsregelungen zur Kontaktnachverfolgung in den Corona-Verordnungen sind die Öffnungsklauseln des Art. 6 Abs. 1 UAbs. 1 lit. c i.V.m. Art. 6 Abs. 2, 3 DSGVO sowie des Art. 9 Abs. 2 lit. i DSGVO von maßgebender Bedeutung.

Handelt es sich nicht um eine Kategorie besonderer Daten i.S.d. Art. 9 Abs. 1 DSGVO, so findet grundsätzlich bei der Verarbeitung personenbezogener Daten der allgemeinere Art. 6 Abs. 1 UAbs. 1 DSGVO Anwendung. Die Einordnung der Daten ist somit regelungstechnisch insofern relevant, als dass entweder die Zulässigkeitstatbestände des Art. 6 DSGVO oder des Art. 9 DSGVO heranzuziehen sind.[493] Selbst wenn die Erhebung der Kontaktdaten in den jeweils durch die Corona-Verordnungen benannten Einrichtungen handschriftlich erfolgt, so handelt es sich regelmäßig bei diesen chronologisch gesammelten Informationen um ein Dateisystem, was allerdings nicht unumstritten ist.[494] Bezweifelt werden kann bereits, ob die DSGVO vorliegend überhaupt anwendbar ist.

Bejahendenfalls gilt: Art. 6 Abs. 1 UAbs. 1 lit. c DSGVO ist einschlägig, wenn eine Datenverarbeitung zur Erfüllung einer rechtlichen Verpflichtung durch den Verantwortlichen erforderlich ist. Dies wird präzisiert durch Art. 6 Abs. 3 DSGVO: Im Gegensatz zu Art. 6 Abs. 1 Uabs. 1 lit. b DSGVO folgt eine rechtliche Verpflichtung im Sinne des

[488] BVerfGE 152, 152 (172-174, Rn. 50-54); *Makoski*, EuZW 2020, 1012 (1013).

[489] Zur Widerlegbarkeit der Mitgewährleistungsvermutung und Ausnahmekonstellationen siehe BVerfGE 152, 152 (179-183, Rn. 63-72).

[490] BVerfGE 152, 216.

[491] BVerfGE 152, 152 (Recht auf Vergessen I); 152, 216 (Recht auf Vergessen II).

[492] *Kühling/Schildbach* in: Huster/Kingreen, Handbuch Infektionsschutzrecht, 2. Auflage 2022, Kapitel 6, Rn. 6.

[493] Dazu *Kühling/Schildbach* in: Huster/Kingreen, Handbuch Infektionsschutzrecht, 2. Auflage 2022, Kapitel 6, Rn. 51, 58; *Sobotta* in: Das Recht der Europäischen Union, Werkstand: 80. EL August 2023, Art. 16 AEUV, Rn. 34 f.

[494] Vgl. *Albrecht/Jotzo*, Das neue Datenschutzrecht der EU, Teil 3, Rn. 4, 22; *Kühling/Schildbach* in: Huster/Kingreen, Handbuch Infektionsschutzrecht, 2. Auflage 2022, Kapitel 6, Rn. 27, 140.

Art. 6 Abs. 1 Uabs. 1 lit. c DSGVO nicht aus schuldrechtlicher Verpflichtung, sondern aus einer unions- oder mitgliedstaatlichen Rechtsgrundlage.[495]

Hier traf die verantwortlichen Gaststätten-, Hotel-, Friseur- oder Fitnessstudiobetreiber und -betreiberinnen eine Pflicht zur Kontaktdatenerhebung und -verarbeitung, welche eine „rechtliche Verpflichtung" im Sinne der Datenschutzgrundverordnung darstellt.[496] Sowohl die Regelungen einer verpflichtenden Datenerhebung zur Kontaktnachverfolgung einer Landesrechtsverordnung, welche auf § 32 S. 1 i.V.m. § 28 Abs. 1 IfSG beruhte, als auch § 28a Abs. 1 Nr. 17 a.F. bzw. Nr. 18 n.F., Abs. 4 IfSG füllen den Spielraum der Öffnungsklausel des Art. 6 Abs. 1 Uabs. 1 lit. c DSGVO aus (soweit es sich bei den Daten nicht um Gesundheitsdaten handelt).[497] Ob eine Regelung darüber hinaus die Anforderungen des Art. 6 Abs. 2, Abs. 3 DSGVO wahrte, war für die jeweilige Regelung gesondert zu prüfen und kann nicht allgemein beantwortet werden.

Aus Sicht der Einrichtungsbetreibenden handelte es sich regelmäßig nicht um Gesundheitsdaten. Anders kann dies zu beurteilen sein, wenn die Einrichtungsbetreibenden über eine mögliche Infektion eines Gastes oder Kunden informiert wurden oder wenn der Zutritt nur geimpften, genesenen oder getesteten Personen gestattet wurde.[498] Letztere Möglichkeit ist seit April 2021 mit der Verordnungsermächtigung des § 28c IfSG normiert. Hierbei ist erneut zu differenzieren: Die bloße Sichtkontrolle des Impf- oder Genesungsstatus bzw. eines Antigen-Schnelltests ohne eine Speicherung dessen stellt keine Datenverarbeitung im Sinne der Datenschutz-Grundverordnung dar.[499] War jedoch zusätzlich aufgrund einer dies anordnenden Landesrechtsverordnung die Kontaktdatenerhebung der Gäste notwendig, so konnte aus der Kombination der Kontaktdatenverarbeitung und der Kontrolle des Impf- oder Genesungsstatus bzw. des Antigen-Schnelltests ein Gesundheitsbezug hergestellt werden: Denn die Gäste, deren Kontaktdaten erhoben wurden, waren wahrscheinlich[500] nicht mit COVID-19 infiziert – da sie geimpft, getestet oder genesen waren – was trotz der Vagheit dieser Information ein Gesundheitsdatum darstellte.[501]

Aus Sicht des Gesundheitsamtes konnten die in den Restaurants und anderen betroffenen Einrichtungen angegebenen Daten Gesundheitsdaten darstellen, wenn das Gesundheitsamt über die Infektion eines Gastes informiert ist und dadurch Rückschlüsse auf das Infektionsrisiko anderer Gäste möglich sind. Sollte aufgrund der Herstellung eines Gesundheitsbezugs ein Gesundheitsdatum vorliegen, so richtet sich die Zulässigkeit der Datenverarbeitung nach

[495] *Albrecht/Jotzo*, Das neue Datenschutzrecht der EU, Teil 3, Rn. 45.

[496] Vgl. VerfGH Thüringen, Urteil vom 01.03.2021, VerfGH 18/20, S. 131 f.

[497] *Kühling/Schildbach* in: Huster/Kingreen, Handbuch Infektionsschutzrecht, 2. Auflage 2022, Kapitel 6, Rn. 59 f., 67, 90, 140.

[498] Siehe dazu auch die Orientierungshilfe der DSK vom 29.3.2021.

[499] *Golland*, DSB 2021, 158 (159).

[500] Aufgrund der (geringen) Fehleranfälligkeit der Corona-Tests.

[501] Zu diesem Absatz *Kühling/Schildbach* in: Huster/Kingreen, Handbuch Infektionsschutzrecht, 2. Auflage 2022, Kapitel 6, Rn. 59, 140a.

Art. 9 Abs. 2 DSGVO (in Verbindung mit den nationalen, die Öffnungsklausel ausfüllenden Regelungen). Anknüpfungspunkt für das Infektionsschutzgesetz ist Art. 9 Abs. 2 lit. i DSGVO, wenn es wie im hiesigen Kontext eine Datenverarbeitung zum Zwecke des Infektionsschutzes ermöglicht.

Mit Blick auf die Datenerhebungsregelungen zur Kontaktnachverfolgung ergeben sich Abgrenzungsfragen mit Blick auf Art. 9 Abs. 2 lit. h DSGVO.[502] Eine Heranziehung des Art. 9 Abs. 2 lit. i DSGVO erscheint allerdings vorzugswürdig, da dieser den „Public Health"-Bereich auch im Rahmen einer Pandemie regelt, wohingegen sich Art. 9 Abs. 2 lit. h DSGVO eher auf die individuelle Gesundheitsversorgung bezieht.[503] Da es möglich ist, dass sich eine mitgliedstaatliche Regelung auf mehrere Öffnungsklauseln stützt, muss an dieser Stelle die Abgrenzung von Art. 9 Abs. 2 lit. i DSGVO und Art. 9 Abs. 2 lit. h DSGVO nicht vertieft werden.[504]

Voraussetzung für das Ausfüllen der Öffnungsklausel des Art. 9 Abs. 2 lit. i DSGVO ist zum einen die Erforderlichkeit der Datenverarbeitung, zum anderen, dass „angemessene und spezifische Maßnahmen zur Wahrung der Rechte und Freiheiten der betroffenen Person" getroffen werden. Dies gewährt den nationalen Gesetzgebern einen Gestaltungsspielraum und verpflichtet sie zugleich zum Erlass von Schutzvorschriften.[505]

Sowohl Art. 6 Abs. 1 UAbs. 1 lit. c i.V.m. Abs. 2, 3 DSGVO als auch Art. 9 Abs. 2 lit. i DSGVO gewähren den Mitgliedstaaten Spielräume, sodass die Regelungen einer verpflichtenden Datenerhebung und -verarbeitung zur Kontaktnachverfolgung nicht in einem vollständig unionsrechtlich determinierten Bereich erlassen wurden, was eine Kontrolle am Maßstab des Rechts auf informationelle Selbstbestimmung aus Art. 2 Abs. 1 i.V.m. Art. 1 Abs. 1 GG ermöglicht.[506]

Im hiesigen Kontext besteht mithin die nicht widerlegte Vermutung, dass das Schutzniveau der Unionsgrundrechte durch die Anwendung der nationalen Bundesgrundrechte mitgewährleistet wird. Im Folgenden wird daher nicht mehr auf die Unionsgrundrechte eingegangen.

---

502 Vgl. VGH Baden-Württemberg, Beschluss vom 25.6.2020 - 1 S 1739/20, Rn. 91.

503 Vgl. Leitlinien 04/2020 für die Verwendung von Standortdaten und Tools zur Kontaktnachverfolgung im Zusammenhang mit dem Ausbruch von COVID-19 des Europäischen Datenschutzausschusses vom 21.4.2020, Rn. 33.

504 Zu diesem Absatz insgesamt *Kühling/Schildbach* in: Huster/Kingreen, Handbuch Infektionsschutzrecht, 2. Auflage 2022, Kapitel 6, Rn. 67, 70, 82, 84, 140 b f.

505 *Kühling/Schildbach* in: Huster/Kingreen, Handbuch Infektionsschutzrecht, 2. Auflage 2022, Kapitel 6, Rn. 83.

506 Vgl. VerfGH Thüringen, Urteil vom 01.03.2021, VerfGH 18/20, S. 114 f.

IV. Verhältnismäßigkeit (insbesondere: Angemessenheit) der Datenverarbeitungsregelungen aus dem Jahr 2020

Bei Beeinträchtigungen des Rechts auf informationelle Selbstbestimmung sind strenge Anforderungen an die Verhältnismäßigkeit zu stellen.[507] In Anlehnung an die Sphärentheorie ist dabei danach zu differenzieren, inwieweit die betroffenen Daten den Dunstkreis der Persönlichkeit des Betroffenen berühren.[508] Je weiter sie in diesen eindringen und je näher sie der Intimsphäre kommen, desto höhere Anforderungen sind an den legitimen Zweck, die Geeignetheit, Erforderlichkeit und Angemessenheit der Datenerhebung oder -verarbeitung zu stellen.[509] Mit den Worten des Bundesverfassungsgerichts darf „die Einschränkung [...] nicht weiter gehen, als es zum Schutze öffentlicher Interessen unerläßlich ist“[510].

Bei den durch die Verantwortlichen zu erhebenden und zu speichernden Angaben handelte es sich zumeist um den Namen der Einrichtungsbesucherinnen und -besucher, deren Telefonnummer sowie Post- oder Mailanschrift, das Datum und die Uhrzeit des Aufenthaltes in der jeweiligen Einrichtung. Die Regelungen über Kundenkontaktdatenerhebung dienten der Rückverfolgbarkeit von Infektionsketten und dem Unterbrechen derselben. Dies diente wiederum dem Ziel der Verhinderung oder jedenfalls der Verlangsamung der exponentiellen Ausbreitung des SARS-CoV-2-Virus, wessen Gefahren für die Gesundheit der Bevölkerung in der hier betrachteten Zeit durchweg als sehr ernstzunehmend eingeschätzt wurden.[511] Die daraus resultierenden Gefahren für Leib und Leben der Bevölkerung aktivierten die Schutzpflicht des Staates aus Art. 2 Abs. 2 S. 1 GG[512], welcher er unter anderem mit den Datenverarbeitungsregelungen zur Kontaktnachverfolgung nachkam.[513] Insgesamt bestand somit ein gewichtiges Allgemeininteresse an der Datenerhebung und -verarbeitung.[514]

Einerseits dienten die Regelungen also dem Schutz von Leib und Leben[515], andererseits sollte durch die Verhinderung von Infektionen eine Überlastung des Gesundheitssystems verhindert werden: Diese *Zwecke* stellen legitime Gemeinwohlbelange dar. Indes ist in der Abwägung Vorsicht insofern geboten, als dass nicht jeder einzelnen (quasi konkret-individuellen oder

[507] BVerfGE 67, 100 (143 ff.); 78, 77 (85 ff.); 84, 239 (279 ff.); 85, 219 (224); BVerfG NJW 2001, 879 (880 f.); *Di Fabio* in: Dürig/Herzog/Scholz, Grundgesetz-Kommentar, 104. EL April 2024, Art. 2 Abs. 1 GG, Rn. 181.

[508] *Gurlit*, NJW 2010, 1035 (1038); *Polenz* in: Taeger/Pohle, Computerrechts-Handbuch, 39. EL April 2024, Teil 13, Abschnitt 130, Rn. 17.

[509] BVerfGE 78, 77 (85); 89, 69 (82 f.); *Hufen*, Staatsrecht II, 10. Auflage 2023, § 12, Rn. 12; *von Münch/Mager*, Staatsrecht II, 7. Auflage 2018, Rn. 244.

[510] BVerfGE 67, 100 (143); nahezu identische Formulierung in BVerfGE 84, 239 (280).

[511] VGH Baden-Württemberg, Beschluss vom 25.6.2020, 1 S 1739/20, Rn. 77 m.w.N.

[512] Dazu z.B. BVerfGE 77, 170 (214); 85, 191 (212); *Kersten/Rixen*, Der Verfassungsstaat in der Corona-Krise, 3. Auflage 2022, Kapitel 6, S. 153 ff.

[513] OVG NRW, Beschluss vom 23.06.2020, 13 B 695/20.NE, Rn. 72.

[514] VerfGH Thüringen, Urteil vom 01.03.2021, VerfGH 18/20, S. 127.

[515] So z.B. VGH Mannheim, Beschluss vom 18.12.2020, 1 S 4028/20, Rn. 46.

abstrakt-individuellen) pandemiebezogenen Maßnahme stets der Schutz dieser Güter für die gesamte Bevölkerung (quasi generell) als überwiegend entgegengehalten werden sollte.[516]

Die Anordnung einer verpflichtenden Datenerhebung und -verarbeitung durch Private in den Corona-Rechtsverordnungen musste *geeignet* gewesen sein. Eine Regelung ist geeignet, wenn sie den Zweck zumindest fördert, wobei grundsätzlich eine Teileignung genügt.

Auch für die Beurteilung der Geeignetheit ist zunächst festzuhalten, dass die Infektionszahlen je nach Ort und Stadium der Pandemie divergierten. Verallgemeinert verhielt es sich im Jahr 2020 so, dass die Datenerhebungsregelungen zur Kontaktnachverfolgung getroffen wurden, um ansteigende Infektionszahlen bei einer „Öffnung des Alltagslebens"[517] zu verhindern. Insbesondere zu Pandemiebeginn ergingen die Regelungen in Anbetracht zahlreicher Unsicherheiten.[518] Die ersten Regelungen über die verpflichtende Kundenkontaktdatenerhebung wurden von den Bundesländern für die Zeit nach dem ersten Lockdown getroffen und sie wurden größtenteils in Änderungs-Verordnungen erneuert oder übernommen bis zur erneuten Schließung vieler Bereiche des öffentlichen Lebens.[519] Den Verordnungsgebern kam (hinsichtlich Geeignetheit und Erforderlichkeit) ein Einschätzungsspielraum zu, welchen sie unter anderem durch die Datenverarbeitungsregelungen zur Infektionskettennachverfolgung ausgefüllt haben.[520] Vom Zeitpunkt des Erlasses der ersten Datenverarbeitungsregelungen zur Kontaktnachverfolgung größtenteils im Mai und Juni 2020[521] bis Herbst bzw. Winter 2020 wird hier von der Geeignetheit der Datenverarbeitungsregelungen zur Kontaktnachverfolgung ausgegangen.

Anders ist dies rückblickend für die Zeit im Jahr 2021 zu beurteilen, als die meisten Bundesländer bekannt gaben, dass sie gar keine Kapazitäten hätten, um die Daten auszuwerten und Personen, die mit einer anderen infizierten Person in Kontakt gekommen waren, zu kontaktieren. Zwar ging es dabei um den Vollzug der Regelungen in der Praxis, sodass anzunehmen sein könnte, dass daraus keine Schlüsse für die Geeignetheit einer die Datenerhebung zur Kontaktnachverfolgung anordnenden Normen selbst zu ziehen wären.[522] Allerdings wurde auf die geführten Gästelisten effektiv nicht mehr zugegriffen, obgleich die Daten weiterhin (nun

---

[516] *Murswiek*, NVwZ Extra 2021, 1 (6).

[517] OVG NRW, Beschluss vom 23.06.2020, 13 B 695/20.NE, Rn. 96.

[518] *Kersten/Rixen*, Der Verfassungsstaat in der Corona-Krise, 3. Auflage 2022, Kapitel 6, S. 160 ff.

[519] Z.B. § 6 CoronaVO vom 23.06.2020 (Baden-Württemberg) galt in mehrfach geänderter Form bis zum 30.11.2020; Die Rückverfolgbarkeit war in § 2a CoronaSchVO NRW in der ab 15.06.2020 geltenden Fassung bis Oktober 2020 geregelt; Siehe auch Art. 1 § 3 Abs. 4 ThürSARS-CoV-2-IfS-GrundVO vom 09.06.2020 und Art. 1 § 3 Abs. 4 der 2. ThürSARS-CoV-2-IfS-GrundVO vom 07.07.2020, diese Regelung wurde (in geänderter Form) mehrfach verlängert bis zum Ablauf des 31.10.2020 (Schließung von verschiedenen Einrichtungen wie Gaststätten in der ThürSARS-CoV-2-SonderEindmaßnVO vom 31.10.2020).

[520] Vgl. BVerfG, NVwZ 2020, 876 (878, Rn. 10); OVG NRW, Beschluss vom 23.06.2020, 13 B 695/20.NE, Rn. 86 ff.; *Kersten/Rixen*, Der Verfassungsstaat in der Corona-Krise, 3. Auflage 2022, Kapitel 4, S. 110 f.

[521] Anders in Bayern, wo solche Regelungen bezüglich Gaststätten erstmalig in der 7. BayIfSMV vom 01.10.2020 normiert wurden, da sie zuvor im Hygienekonzept Gastronomie vom 14.05.2020 geregelt waren.

[522] Vgl. VerfGH Bayern, Entscheidung vom 21.10.2020, Vf. 26-VII-20, Rn. 22.

basierend auf einer anderen Rechtsgrundlage, was an dieser Stelle indes nicht maßgebend ist) erhoben wurden. Dabei handelte es sich somit um eine Vorratsdatenspeicherung, für welche strengere Maßstäbe gelten. Mangels staatlichen Zugriffs auf die Daten zur Unterbrechung von Infektionsketten können die Regelungen einer Datenerhebungs- und Datenverarbeitungspflicht für private Einrichtungsbetreibende retrospektiv als zu dieser Zeit ungeeignet zur Zweckerreichung eingeordnet werden.[523]

Die Kontaktdatenverarbeitungsregelungen waren auch *erforderlich*. Eine Vielzahl von Alternativen kann hier angedacht werden: Beispielsweise eine anonymisierte Datenerhebung oder -speicherung[524]; die freiwillige Datenangabe durch die Gäste oder die freiwillige Datenerhebung durch die Einrichtungsbetreiberinnen und -betreiber; die öffentliche Bekanntmachung von Ausgangsorten und dem Zeitpunkt von neuen Infektionen (verbunden mit der Aufforderung, sich zu melden und in Selbstquarantäne zu begeben)[525]; die nachträgliche Befragung einer infizierten Person anstelle der präventiven Datenerhebung durch private Verantwortliche[526]; die Anordnung, dass nur solchen Kunden und Gästen, welche die Corona-Warn-App verwendeten, der Zutritt zu der jeweiligen Einrichtung zu gewähren sei, was die Einrichtungsbetreibenden zu kontrollieren gehabt hätten[527]; die Anordnung des Zugriffs auf ohnehin von den Mobilfunkanbietern gespeicherte Personen- und Standortdaten, um zu ermitteln, wer sich zu welcher Zeit an welchem Ort mit einer infizierten Person aufgehalten hat und um die Betroffenen sodann zu kontaktieren oder die Einführung einer Gaststättenbesuchsmeldung bei öffentlichen Stellen, sodass nicht die Privaten als Verantwortliche die Daten zu verarbeiten und zu speichern gehabt hätten.[528] Jene Maßnahmen wären zwar gegebenenfalls milder, jedoch nicht gleich geeignet gewesen.

Der Schwerpunkt soll auf der Betrachtung der *Angemessenheit* bzw. Verhältnismäßigkeit im engeren Sinne liegen. Eine Maßnahme ist angemessen, wenn der verfolgte Zweck nicht außer Verhältnis zu der Schwere des Eingriffs steht.

---

[523] Vgl. *Kühling/Schildbach* in: Huster/Kingreen, Handbuch Infektionsschutzrecht, 2. Auflage 2022, Kapitel 6, Rn. 143; die Kundenkontaktdatenerhebung und -verarbeitung an sich als neue Form der Vorratsdatenspeicherung einordnend *Fährmann/Arzt*, DuD 2020, 801 (804).

[524] Im hiesigen Kontext kommt es jedoch gerade auf eine individualisierte Datenverarbeitung an, um von Seiten des Gesundheitsamtes Kontakt zu Personen aufnehmen zu können, welche sich möglicherweise mit dem Corona-Virus angesteckt haben.

[525] Einerseits ist der potentielle Ausgangspunkt und Verlauf einer Infektionskette ohne eine Datenerhebung und -auswertung nicht vollständig ermittelbar, andererseits wäre nicht gewährleistet, dass die Information alle Betroffenen erreicht. Dazu VerfGH Thüringen, Urteil vom 01.03.2021, VerfGH 18/20, S. 128 f.

[526] Vgl. VerfGH Bayern, Entscheidung vom 21.10.2020, Vf. 26-VII-20, Rn. 21; ähnliche Erwägungen hinsichtlich des Vorgehens gegen „Störer" in OVG NRW, Beschluss vom 23.06.2020, 13 B 695/20.NE, Rn. 104. Allerdings ist nicht davon auszugehen, dass die befragten Personen eine vollständige Auskunft darüber geben könnten, mit welchen anderen Personen sie beispielsweise in einem Restaurant oder Fitnessstudio in Kontakt gekommen sind und wie jene postalisch oder telefonisch zu erreichen sind.

[527] Unabhängig davon, dass die App zur Nutzung auf freiwilliger Basis konzipiert wurde, verfügen nicht alle Personen, die eine der betroffenen Einrichtungen aufsuchen wollten, über ein technisches, mit der App kompatibles Endgerät, sodass diese Alternative nicht milder wäre.

[528] VGH Baden-Württemberg, Beschluss vom 25.6.2020, 1 S 1739/20, Rn. 5, 81.

Hier sind strenge Maßstäbe anzulegen: Die Prüfung der Angemessenheit erfolgt im Sinne einer Abwägung zwischen dem Benefit einer Pandemieeindämmungsmaßnahme einerseits und dem Gewicht und Ausmaß der ihr entspringenden freiheitsbeschränkenden Wirkungen andererseits.[529]

Im Zuge der Corona-Pandemie standen sich regelmäßig Belange des öffentlichen Gesundheitsinteresses und Privatsphäreninteressen gegenüber. Bei der Beurteilung der Verhältnismäßigkeit im engeren Sinne ist eine zeitliche Komponente überaus relevant: Wurde zu Beginn der Pandemie zumeist das öffentliche Interesse als überwiegend angesehen, so war dies nach mehreren Monaten des Pandemiegeschehens, dem Gewinn an Erfahrungen und empirischen Grundlagen sowie der Verfügbarkeit von Impfstoffen Ende 2020 und steigenden Impfquoten im Jahr 2021 differenzierter zu beurteilen.[530]

1. Abstrakte und konkrete Abwägungskriterien

Abstrakt betrachtet steht der grundrechtlich verbürgte Datenschutz bzw. das Recht auf informationelle Selbstbestimmung aus Art. 2 Abs. 1 i.V.m. Art. 1 Abs. 1 GG auf der einen und der Gesundheitsschutz, also der Schutz von Leben und körperlicher Unversehrtheit aus Art. 2 Abs. 2 S. 1 GG sowie die Erhaltung der Funktionsfähigkeit des Gesundheitssystems auf der anderen Seite.[531] Aus der abstrakten Hochrangigkeit insbesondere des Lebensschutzes soll indes kein absoluter Vorrang vor anderen Grundrechtspositionen hergeleitet werden. Der Fokus sollte konkret darauf gelegt werden, welche Beeinträchtigungen grundrechtlich geschützter Güter die Maßnahmen auf der einen Seite verursachen und auf der anderen Seite verhindern sollen.[532]

Hier werden *nicht* eine einzelne Regelung zur verpflichtenden Kundenkontaktdatenerhebung und der Schutz vor einer Überlastung des Gesundheitssystems insgesamt oder der Schutz von Leben und Gesundheit einer Vielzahl von Menschen einander gegenübergestellt. Die Datenverarbeitungsregelungen zur Kontaktnachverfolgung hatten Auswirkungen auf ein Kollektiv von Adressaten, sodass auch die kollektiven Freiheitsbeeinträchtigungen an Stelle von einer einzelnen Beeinträchtigung in die Abwägung eingestellt werden müssen, wenn auf der anderen Seite ebenfalls der kollektive Schutz von Leib, Leben sowie der Funktionsfähigkeit des Gesundheitssystems stehen. Für die Datenverarbeitungsregelungen als solche kommt es auf den

---

[529] Vgl. *Murswiek*, NVwZ Extra 2021, 1 (6 ff.).

[530] Vgl. dazu *Kersten/Rixen*, Der Verfassungsstaat in der Corona-Krise, 3. Auflage 2022, Kapitel 6, S. 158; *Murswiek*, NVwZ Extra 2021, 1; *Schwarz*, JA 2020, 321 (323 f., 326).

[531] *Kingreen*, JURA 2020, 1019 (1026 ff.); *Kühling/Schildbach* in: Huster/Kingreen, Handbuch Infektionsschutzrecht, 2. Auflage 2022, Kapitel 1, Rn. 64 ff.; Kapitel 6, Rn. 21-24; *Marquardsen/Gerlach*, JA 2020, 801 (807).

[532] *Heinig/Kingreen/Lepsius/Möllers/Volkmann/Wißmann*, JZ 2020, 861 (863 f., 866); *Murswiek*, NVwZ Extra 2021, 1 (6); vgl. *Lepsius*, RuP 2021, 40 (59).

Beitrag an, den sie leisten, die genannten Ziele zu erreichen und um dem Pandemiegeschehen Einhalt zu gebieten.[533]

Im Rahmen der konkreten Betrachtung sind vor allem das Gewicht des Eingriffs sowie der Grad der Zweckerreichung von Bedeutung.[534] Alle Pandemiebekämpfungsmaßnahmen zielten vor allem auf Risikoverminderung: Die Zwecke, Infektionsketten zu unterbrechen und dadurch die Gesundheit und das Leben zu schützen sowie eine Überlastung des Gesundheitssystems zu verhindern, dienen eben dieser Verkleinerung des Risikos. Der Erfolg einer Pandemiebekämpfungsmaßnahme ist also – zugespitzt formuliert – nicht in der Lebensrettung von Millionen von Menschen zu sehen, sowie andersherum das schlechteste oder ungünstigste Szenario nicht durch eine einzige Maßnahme wie eine Datenverarbeitungsregelungen zur Infektionskettennachverfolgung abgewehrt werden kann. Vielmehr ist der jeweilige Beitrag, welchen die Datenverarbeitungsregelungen zur Risikominimierung leisten, dem Gewicht der Beeinträchtigung des Grundrechts auf Datenschutz gegenüberzustellen.[535]

Ohne die verpflichtende Datenerhebung und -speicherung in den jeweiligen Einrichtungen hätte nach dem Bekanntwerden einer Infektion keine Möglichkeit bestanden, alle Personen zu benachrichtigen, welche sich mit der infizierten Person in einem geschlossenen Raum aufgehalten haben und daher dem Corona-Virus ausgesetzt waren, da sich regelmäßig nicht alle Besucher einer der genannten Einrichtung namentlich bekannt sind und sich somit nicht alle untereinander hätten kontaktieren und informieren können.[536] Insofern trugen die Datenverarbeitungsregelungen zur Kontaktnachverfolgung maßgeblich dazu bei, die Risiken für Leib und Leben sowie für eine Überlastung des Gesundheitssystems, welche von dem Zusammentreffen von mehreren Menschen in der Corona-Pandemie ausgingen, zu vermindern.

Dadurch, dass Personen, die sich womöglich mit dem Virus infiziert hatten, identifiziert werden konnten, fällt der Gewinn der Datenverarbeitungsregelungen für den Gesundheitsschutz und für die Aufrechterhaltung der Funktionsfähigkeit des Gesundheitswesens enorm ins Gewicht. Der Grad der Zweckerreichung ist hinsichtlich der Risikominimierung als hoch einzuordnen.

Ebenfalls von Bedeutung für die Abwägung beim Recht auf informationelle Selbstbestimmung ist generell, ob die Betroffenen Anlass für die Datenerhebung oder Datenverarbeitung gegeben haben und ob ihnen Nachteile drohen, wenn sie ihre Daten angeben oder nicht angeben. Den Corona-Maßnahmen ist gemein, dass sie überwiegend an Personen gerichtet sind, die in der polizeirechtlichen Terminologie als Nichtstörer bezeichnet würden.[537] Menschen wurden für Gefahren und Risiken in die Pflicht genommen, für welche sie nicht verantwortlich waren.

---

[533] Vgl. *Kersten/Rixen*, Der Verfassungsstaat in der Corona-Krise, 3. Auflage 2022, Kapitel 6, S. 155 f., 166; *Murswiek*, NVwZ Extra 2021, 1 (6 f.).

[534] *Jarass* in: Jarass/Pieroth, Grundgesetz Kommentar, 18. Auflage 2024, Art. 2 GG, Rn. 69, 72.

[535] Vgl. *Murswiek*, NVwZ Extra 2021, 1 (7 f.).

[536] Ähnlich OVG NRW, Beschluss vom 23.06.2020, 13 B 695/20.NE, Rn. 104.

[537] *Schwarz*, JA 2020, 321 (323, 326).

Beispielsweise wurden die Daten anlässlich eines Restaurant- oder Fitnessstudiobesuches als Zugangsvoraussetzung zu der Einrichtung erhoben; die Datenerhebungen hatten bei jeder Person, die die Einrichtung besuchen oder nutzen wollte, zu erfolgen – unabhängig davon, ob von der jeweiligen Person ein Gesundheitsrisiko ausging oder ob sie gesund und nicht infektiös waren. Die Menschen konnten ihre Freiheiten nicht ohne die Einhaltung der Vorgaben in den Corona-Verordnungen ausüben, denn jede und jeder wurde als potenzieller Virenverbreiter angesehen.[538] Diese Inanspruchnahme von Nichtstörern spricht für eine hohe Eingriffsintensität, obgleich sie grundsätzlich im Infektionsschutzrecht wichtig zur Vorbeugung und Eindämmung einer Pandemie ist.[539]

Das Gewicht des Eingriffs ist jedoch durch den Umstand vermindert, dass die Grundrechtsträger der Beeinträchtigung des Rechts auf informationelle Selbstbestimmung hätten entgehen könnten, indem sie die betroffenen Einrichtungen nicht aufgesucht hätten.[540] Die Intensität eines Grundrechtseingriffs hängt stets davon ab, ob er unausweichlich ist. Hier muss berücksichtigt werden, dass beispielsweise der Besuch von Gaststätten „nicht der Deckung elementarer Grundbedürfnisse dient, sondern den Betroffenen [...] auch die Inanspruchnahme von Liefermöglichkeiten als Alternative zur Verfügung stand“[541]. Wenn der Fokus der Argumentation nicht darauf liegt, dass die Grundrechtsträger schlicht auf ihre Grundrechtsausübung verzichten könnten, sondern darauf, dass ihnen jedenfalls eine echte Alternative zur Verfügung stand, kann das Vorhandensein dieser Alternative grundsätzlich für die Angemessenheit einer Regelung sprechen. Hinsichtlich der Alternative – der Inanspruchnahme von Liefermöglichkeiten ohne Datenverarbeitung durch die Betreiber und Betreiberinnen – wurde hinsichtlich des sozialen Miteinanders als Beweggrund für einen Restaurantbesuch in der Judikatur zuweilen davon ausgegangen, dass „ein geselliges Beisammensein [...] bei einem gemeinsamen Essen etwa auch in häuslicher Umgebung erfolgen“[542] könne.

Im Sinne einiger Gerichtsentscheidungen sprach für die Angemessenheit der Datenverarbeitungsregelungen, dass die personenbezogenen Daten nur für einen eng begrenzten Zeitraum zu speichern und anschließend zu löschen waren.[543] Wie oben ausgeführt bestand dieser Zeitraum überwiegend aus vier Wochen, vereinzelt aus drei Wochen. Diese Zeitspanne war notwendig aufgrund der Inkubationszeit und des zeitlichen Aufwands einer Nachverfolgung von Infektionsketten. Ebenfalls wurde überdies die fast ausnahmslos in den Corona-Rechtsverordnungen zu findende Beschränkung des Zwecks auf die Auskunftserteilung gegenüber

[538] Dazu insgesamt *Murswiek*, NVwZ Extra 2021, 1 (11).

[539] Vgl. *Kersten/Rixen*, Der Verfassungsstaat in der Corona-Krise, 3. Auflage 2022, Kapitel 3, S. 83 f.

[540] Siehe VGH Baden-Württemberg, Beschluss vom 25.6.2020, 1 S 1739/20, Rn. 83, wobei dort auch gewürdigt wird, dass die Beeinträchtigung des Rechts auf informationelle Selbstbestimmung „von einigem Gewicht“ sei.

[541] VerfGH Thüringen, Urteil vom 01.03.2021, VerfGH 18/20, S. 129 f.

[542] OVG NRW, Beschluss vom 23.06.2020, 13 B 695/20.NE, Rn. 106.

[543] Siehe z.B. VGH Baden-Württemberg, Beschluss vom 25.6.2020, 1 S 1739/20, Rn. 83; VerfGH Bayern, Entscheidung vom 21.10.2020, Vf. 26-VII-20, Rn. 21; VerfGH Thüringen, Urteil vom 01.03.2021, VerfGH 18/20, S. 130.

den Gesundheitsbehörden im Bedarfsfalle genannt, um die Verhältnismäßigkeit im engeren Sinne zu belegen.[544]

Auch zur Zeit des Sommerplateaus 2020 wurde die drohende Überlastung des Gesundheitssystems als gewichtiges Gegenargument herangezogen, da trotz niedriger Infektionszahlen unentdeckte Ausbrüche zu einem erneuten rapiden Anstieg der Zahlen hätten führen können, sodass die Gefahr für die Überlastung des Gesundheitssystems fortbestanden hätte.[545] Diese Gefahr sollte teilweise ausreichen, um die Angemessenheit von Pandemiebekämpfungsmaßnahmen zu begründen. Zu berücksichtigen ist aber, dass freiheitsbeschränkende Maßnahmen, welche ursprünglich verhältnismäßig waren, mit der Zeit und dem Gewinn neuer Erkenntnisse unverhältnismäßig werden können. Dies kann auch darin bestehen, dass sich das Infektionsgeschehen verändert, die Regelungen aber gleichbleiben. Auch eine Entspannung der Pandemielage führt gegebenenfalls zu einer anderen Gewichtung der Risiken.[546]

Jedoch muss in diese Gewichtung auch einbezogen werden, dass die „Abwägungsentscheidung des Verordnungsgebers von zahlreichen Unbekannten gekennzeichnet war“[547]. Da die Verordnungsgeber die Rechtsverordnungen nicht begründen mussten und daher insbesondere zu Beginn der Pandemie nicht immer begründet haben, wurden jene Abwägungsentscheidungen nicht stets transparent.[548] Zwar ist keine solche Begründung verfassungsrechtlich zu verlangen. Auch dadurch wurden die Verordnungsgeber entlastet. Doch die Corona-Pandemie zeigt, dass wegen der Komplexität der Entscheidungen Transparenz wertvoll gewesen wäre.

Dass die Verhältnismäßigkeitsprüfungen der Gerichte insbesondere zu Beginn der Pandemie häufig knapp ausgefallen sind, lässt sich mit einem Mangel an wissenschaftlichen und empirischen Erkenntnissen über die Gefährlichkeit von SARS-CoV-2 und über die Wirksamkeit von verschiedenen Pandemiebekämpfungsmaßnahmen sowie mit der zeitlichen Brisanz von Eilverfahren begründen.[549] Dass jedoch auch noch im Herbst 2020 mit wenigen Argumenten davon ausgegangen wurde, dass die über Monate andauernden Grundrechtsbeeinträchtigungen hinter der „Gefahr für Leib und Leben einer Vielzahl von Menschen zurücktreten“[550] müssten, wird den grundsätzlichen Ansprüchen an eine ordnungsgemäße Abwägung nicht gerecht. So verwies der Bayrische Verfassungsgerichtshof im Oktober 2020 auf Entscheidungen aus Mai, Juni, Juli und August 2020 und hielt explizit an seinen bisherigen

---

[544] Z.B. VGH Baden-Württemberg, Beschluss vom 25.6.2020, 1 S 1739/20, Rn. 83.

[545] VGH Baden-Württemberg, Beschluss vom 25.6.2020, 1 S 1739/20, Rn. 83; OVG NRW, Beschluss vom 29.06.2020, 13 B 911/20.NE, Rn. 103.

[546] Vgl. VerfGH Saarland, NVwZ-RR 2020, 514 (517, Rn. 30); *Kersten/Rixen*, Der Verfassungsstaat in der Corona-Krise, 3. Auflage 2022, Kapitel 6, S. 158; *Murswiek*, NVwZ Extra 2021, 1 (14).

[547] VerfGH Thüringen, Urteil vom 01.03.2021, VerfGH 18/20, S. 130; ähnlich OVG Münster, Beschluss vom 08.07.2020, 13 B 870/20.NE, BeckRS 2020, 15727, Rn. 28, 31.

[548] *Kersten/Rixen*, Der Verfassungsstaat in der Corona-Krise, 3. Auflage 2022, Kapitel 6, S. 169.

[549] *Murswiek*, NVwZ Extra 2021, 1 (15).

[550] VerfGH Bayern, Entscheidung vom 21.10.2020, Vf. 26-VII-20, Rn. 26.

Wertungen fest, ohne die zwischenzeitlich eingetretenen, unterschiedlichen Entwicklungen des Pandemiegeschehens umfassend zu würdigen.[551]

Zu erkennen ist, dass nicht nur für die Wahrung der Anforderungen des Vorbehalts des Gesetzes und der Wesentlichkeitstheorie die zeitliche Komponente als mitentscheidend eingeordnet wurde, sondern auch von einer „derzeitigen" Verhältnismäßigkeit wurde in Rechtsprechung[552] und Literatur häufig ausgegangen.[553] Dieser zeitliche Faktor führte dazu, dass im Wege einstweiligen Rechtsschutzes, welcher zu Beginn der Pandemie vorwiegend begehrt wurde, die Abwägung zumeist zulasten der beeinträchtigten Grundrechte ausging. Die kurzen Geltungszeiträume der Corona-Rechtsverordnungen wurden jedoch realiter durch die mehrfache Verlängerung der Regelungen in Änderungs-Verordnungen sowie neu erlassenen Rechtsverordnungen mit ähnlichen Inhalten ausgehebelt.

Zwar begrenzt eine zeitliche Befristung von Maßnahmen deren Gewicht[554], doch die Regelungen zur Kundenkontaktdatenerhebung wurden zum Teil Monate lang aufrechterhalten. Die (wiederholte) Verlängerung der beeinträchtigenden Maßnahmen erhöht somit ihr Gewicht, was in nur wenigen Judikaten problematisiert wurde. Es wurde in einigen Gerichtsentscheidungen lediglich davon ausgegangen, dass ein Verstoß gegen das Übermaßverbot jedenfalls „derzeit" nicht ersichtlich sei.[555]

Seltener zeigte sich hingegen die zunehmende Bedeutung der zeitlichen Komponente des Verhältnismäßigkeitsgrundsatzes deutlich. Beispielsweise entschied das Oberverwaltungsgericht Münster im Juli 2020[556], eine Corona-Verordnung einen Tag vor deren zeitlichen Auslaufen der Verordnung außer Vollzug zu setzen (wobei eine Verlängerung der Verordnung nicht geplant war). Das Oberverwaltungsgericht Münster würdigte, dass Grundrechtseingriffe immer eingriffsintensiver werden, je länger sie anhalten, und es wollte daher das zeitliche Auslaufen der Corona-Verordnung nicht abwarten.[557] Derartige Entscheidungen waren im Jahr 2020 nicht die Regel.

Für die Wahrung der Verhältnismäßigkeit im engeren Sinne könnte schließlich sprechen, dass die Verantwortlichen „zur Einhaltung datenschutzrechtlicher Vorschriften verpflichtet"[558]

---

[551] VerfGH Bayern, Entscheidung vom 21.10.2020, Vf. 26-VII-20, Rn. 25-28.

[552] Z.B. OVG Bremen, Beschluss vom 09.04.2020, 1 B 97/20; VGH Mannheim, Beschluss vom 09.04.2020, 1 S 925/20; OVG Bautzen, Beschluss vom 15.04.2020, 3 B 113/20, Rn. 13.

[553] Zu diesem Absatz bezüglich der zeitlichen Komponente *Kingreen*, JURA 2020, 1019 (1028 f.); *Lepsius*, RuP 2021, 40 (56 ff.); *Schmitt*, NJW 2020, 1626 (1627 f.).

[554] Siehe z.B. BVerfG, Beschluss vom 29.04.2020, 1 BvQ 47/20, Rn. 18; *Kersten/Rixen*, Der Verfassungsstaat in der Corona-Krise, 3. Auflage 2022, Kapitel 6, S. 167; *Marquardsen/Gerlach*, JA 2020, 801 (808).

[555] So beispielsweise OVG NRW, Beschluss vom 06.04.2020, 13 B 398/20.NE, CoVuR 2020, 423 (428 f.); VGH Mannheim, Beschluss vom 09.04.2020, 1 S 925/20; OVG Bautzen, Beschluss vom 15.04.2020, 3 B 113/20, Rn. 13.

[556] OVG Münster, Beschluss vom 06.07.2020, 13 B 940/20.NE.

[557] *Kingreen*, JURA 2020, 1019 (1029).

[558] VGH Baden-Württemberg, Beschluss vom 25.6.2020, 1 S 1739/20, Rn. 83.

wurden, also dass sich in einigen Normen zur Kontaktdatenerfassung in den Corona-Rechtsverordnungen der Satz befand, dass die allgemeinen Bestimmungen über den Datenschutz unberührt blieben.[559] Diese Regelungen könnten jedoch auch als Klarstellung in der Hinsicht gewertet werden, dass selbstredend neben den neuen, speziellen Regelungen die generell geltenden datenschutzrechtlichen Bestimmungen zu beachten waren, wenn es um Datenerhebungen und -verarbeitungen ging, die in einer Corona-Eindämmungsverordnung verpflichtend angeordnet wurden. Interessant ist vielmehr, ob es über diese klarstellende Anordnung hinausgehende Regelungen gebraucht hätte, um den Besonderheiten des Datenschutzes Rechnung zu tragen.

2. Organisatorische Absicherung des Datenschutzes

Die verpflichtenden Datenerhebungs- und Datenverarbeitungsregelungen mussten den Anforderungen des Grundrechtsschutzes durch Verfahren gerecht werden: Denn bei Eingriffen in das Recht auf informationelle Selbstbestimmung fordert das Bundesverfassungsgericht generell, dass prozedurale und organisatorische Vorkehrungen getroffen werden, um einen Datenmissbrauch zu verhindern.[560] Es hängt von der Transparenz bzw. Intransparenz einer Datenverarbeitung ab, wie strenge Anforderungen an das Verfahren regelnde Vorschriften zu stellen sind. Hier soll es bei Organisation und Verfahren um deren materiell-rechtlichen Auswirkungen gehen. Verfahrensrechtliche Vorgaben können grundsätzlich Kompensationswirkung entfalten und somit potentiell die Intensität der Beeinträchtigung des informationellen Selbstbestimmungsrechts abmildern.[561]

a. Ausgangspunkt

Verfahrensbezogene Anforderungen zum Schutz der Daten, deren Normierung grundsätzlich verlangt wird, waren häufig nicht in den Corona-Verordnungen geregelt.[562] An dieser Stelle soll erörtert werden, ob das Fehlen einer organisatorischen Absicherung zum Schutz der Daten dazu führt, dass die verpflichtende Anordnung einer Kundendatenerhebung und -verarbeitung in den Corona-Rechtsverordnungen retrospektiv als unangemessen angesehen werden kann. Hierfür werden verschiedene Datenverarbeitungsregelungen der Bundesländer aus dem

---

559 Siehe z.B. § 2 Abs. 3 S. 4 CoronaVO Gaststätten vom 16.05.2020 in der ab 02.06.2020 geltenden Fassung (Baden-Württemberg); § 2a Abs. 3 CoronaSchVO in der ab 15.06.2020 geltenden Fassung (Nordrhein-Westfalen); § 1 Abs. 8 S. 2, 3 der 9. CoBeVO vom 04.06.2020 (Rheinland-Pfalz); § 3 Abs. 4 S. 6 ThürSARS-CoV-2-IfS-GrundVO vom 09.06.2020 (Thüringen).

560 BVerfGE 65, 1 (45 ff.); dazu auch *Di Fabio* in: Dürig/Herzog/Scholz, Grundgesetz-Kommentar, 104. EL April 2024, Art. 2 Abs. 1 GG, Rn. 177 f.; 184 f.; *Gurlit*, NJW 2010, 1035 (1039); *Ruschemeier* in: Hahn/Petras/Valentiner/Wienfort, Grundrechte, 2022, § 24.3, S. 540.

561 Vgl. *Ipsen*, Staatsrecht II, 24. Auflage 2021, Rn. 320 f.; *Kunig/Kämmerer* in: von Münch/Kunig, Grundgesetz Kommentar, 7. Auflage 2021, Art. 2 GG, Rn. 75 ff.; *Michael* in: Stern/Sodan/Möstl, Staatsrecht, 2. Auflage 2022, § 70, Rn. 4, 51 f.

562 Dadurch kam den Datenverarbeitungsregelungen zur Kontaktnachverfolgung als mittelbaren Eingriffen in das Grundrecht auf Datenschutz ein erhebliches Gewicht zu. Dazu auch VerfGH Saarland, NVwZ 2020, 1513 (1517); *Bloß/Kühhorn*, JA 2020, 1036 (1037, 1043); *Führmann/Arzt*, DuD 2020, 801 (804).

Jahr 2020 im hier betrachteten Zeitraum ausgewertet und anschließend in Regelungsmodelle bzw. Gruppen unterteilt.

Dabei spielen die Regelungen betreffend Ordnungswidrigkeiten eine wichtige Rolle, welche sich üblicherweise gen Schluss der Corona-Rechtsverordnungen befanden. Als grundsätzliche Gemeinsamkeit der Corona-Verordnungen ist festzustellen: Wenn in der jeweiligen Rechtsverordnung eine Pflicht zur Erhebung von personenbezogenen Daten im Dienste der Nachverfolgbarkeit von Kontakten sowie Infektionsketten enthalten war, war größtenteils das Nichterfüllen dieser Pflicht durch die Verantwortlichen bußgeldbewehrt.[563] Hatte beispielsweise ein Gastwirt oder eine Hotelbetreiberin gemäß der jeweils geltenden Corona-Verordnung verpflichtend eine analoge Anwesenheitsliste zu führen, aufzubewahren und ggf. an die zuständige Behörde herauszugeben oder auf digitalem Wege die Datenerhebung zur Infektionskettennachverfolgbarkeit sicherzustellen, so handelten sie regelmäßig ordnungswidrig – überwiegend unter Verweis auf § 73 Abs. 1a Nr. 24 IfSG[564] –, sollten sie dieser Pflicht nicht nachkommen.

Dies war nur vereinzelt anders, beispielsweise bezüglich Gaststätten in Bremen im Juni 2020: § 11a der 6. Coronaverordnung vom 03.06.2020 regelte Voraussetzungen für die Führung einer Namensliste zur Kontaktnachverfolgung, für Gaststätten wurde in § 9a Abs. 2 Nr. 5 CoronaVO (für die Bewirtung in geschlossenen Räumen) verpflichtend darauf verwiesen, diese Norm war jedoch wiederum nicht im Ordnungswidrigkeitenkatalog des § 19 Abs. 1 CoronaVO genannt. Doch dies wurde schon mit der 7. Coronaverordnung vom 15.06.2020 geändert und in § 19 Abs. 1 Nr. 9a CoronaVO als ordnungswidrig i.S.d. § 73 Abs. 1a Nr. 24 IfSG bezeichnet, wenn entgegen § 9a Abs. 2 Nr. 5 CoronaVO eine Namensliste nach § 11a CoronaVO nicht geführt wurde. Durch den notwendigen[565] Verweis für einen bestimmten Tatbestand auf § 73 Abs. 1a Nr. 24 IfSG wird erkennbar, dass der Verordnungsgeber jenen Bußgeldtatbestand ausfüllen wollte.[566]

Ein Großteil der Corona-Rechtsverordnungen regelte, dass ausschließlich ordnungswidrig war, wenn die Verantwortlichen entgegen einer Anordnung in der jeweiligen Rechtsverordnung gar

---

563 Siehe z.B. § 3 Abs. 1 Nr. 5 und § 13 Abs. 1 Nr. 3 SARS-CoV-2-UmgV vom 12.06.2020 (Brandenburg); § 3 Abs. 1, 2 und § 11 Abs. 3 Nr. 4 SARS-CoV-2-Infektionsschutzverordnung vom 23.06.2020 (Berlin); § 39 Abs. 1 Nr. 49 HmbSARS-CoV-2-EindämmungsVO vom 30.06.2020 (Hamburg); § 8 Nr. 4 Corona-Kontakt- und Betriebsbeschränkungsverordnung vom 15.05.2020 (Hessen); §§ 2a, 18 Abs. 2 Nr. 7, 8, 9, 12, 15, 16, 19, 24, 32 CoronaSchVO in der ab 15.06.2020 gültigen Fassung (Nordrhein-Westfalen); §§ 4 Abs. 1, 29 Abs. 1 Niedersächsische Corona-Verordnung vom 10.07.2020 (Niedersachsen); § 1 Abs. 7 S. 2 und § 22 Nr. 4, 7, 15, 20, 34, 50, 29, 65 der 8. CoBeLVO vom 25.05.2020 (Rheinland-Pfalz); Art. 2 §§ 3, 11 Abs. 1 VO-CP vom 13.07.2020 (Saarland); § 2 Abs. 4 und § 14 Abs. 1 Nr. 3, 4, 7, 8 der 7. SARS-CoV2-EindV vom 30.06.2020 (Sachsen-Anhalt); §§ 4 Abs. 2, 21 Nr. 9, 10 Corona-BekämpfVO vom 16.05.2020 (Schleswig-Holstein); §§ 3 Abs. 4, 14 Abs. 3 Nr. 3 ThürSARS-CoV-2-IfS-GrundVO vom 09.06.2020 (Thüringen).

564 Anders z.B. in Art. 1 § 11 Abs. 2 Corona-Lockerungs-LVO MV vom 07.07.2020 (Mecklenburg-Vorpommern).

565 Notwendig, da es sich bei § 73 Abs. 1a Nr. 24 IfSG um ein sog. unechtes Blankett mit Rückverweisungsklausel handelt.

566 Vgl. OLG Brandenburg, Beschluss vom 31.03.2021, 2 OLG 53 Ss-OWi 84/21, Rn. 14 f.; *Lorenz/Oğlakcıoğlu* in: Kießling, IfSG, 3. Auflage 2022, § 73 IfSG, Rn. 12.

keine Gästeliste oder Anwesenheitsliste führten. Andere Rechtsverordnungen gingen insoweit darüber hinaus, als dass sie Regelungen zum Schutz der durch die benannten Verantwortlichen zu erhebenden Daten enthielten. In einem Teil der Rechtsverordnungen befand sich zunächst eine Regelung, welche (verallgemeinert) anordnete, dass die Daten vor dem Zugriff unbefugter Dritter zu schützen seien.[567]

Nun ist erneut zu differenzieren, da wiederum nur ein kleiner Teil derjenigen Rechtsverordnungen diese Regelung zum Schutz der Daten im Rahmen des Ordnungswidrigkeitenkatalogs aufgriff. Dies geschah *zum einen* dadurch, dass allgemein das Nichterfüllen der Pflicht aus der Norm, welche die Kontaktnachverfolgung und zugleich den Schutz der Daten vor unbefugten Dritten anordnete, mit einem Bußgeld sanktioniert wurde. Es handelte sich dabei beispielsweise um eine Bezugnahme innerhalb der Ordnungswidrigkeitennorm auf die Kontaktnachverfolgungsnorm insgesamt.[568]

Zum anderen fand sich (vergleichsweise selten) eine konkrete bußgeldbewehrte Pflicht hinsichtlich des Schutzes der Daten. Heraus sticht zunächst eine Regelung der Thüringer Verordnung zur Neuordnung der erforderlichen Maßnahmen zur Eindämmung der Ausbreitung des Coronavirus SARS-CoV-2 sowie zur Verbesserung der infektionsschutzrechtlichen Handlungsmöglichkeiten vom 9. Juni 2020[569]. In § 3 Abs. 4 S. 3 Nr. 2 ThürSARS-CoV-2-IfS-GrundVO wurde normiert, dass die nach § 5 Abs. 2 ThürSARS-CoV-2-IfS-GrundVO verantwortliche Person, welche die Kontaktdaten gemäß der Verordnung zu erheben hatte, diese Daten „vor unberechtigter Kenntnisnahme und dem Zugriff Dritter zu schützen [hatte], insbesondere auch durch andere Gäste oder Besucher", was in § 14 Abs. 3 Nr. 3 ThürSARS-CoV-2-IfS-GrundVO aufgegriffen wurde: Demnach handelte ordnungswidrig im Sinne des § 73 Abs. 1a Nr. 24 i.V.m. §§ 32, 28 Abs. 1 S. 1, 2 IfSG, wer vorsätzlich oder fahrlässig „als verantwortliche Person nach § 5 Abs. 2 [...] Kontaktdaten vor unberechtigter Kenntnisnahme und dem Zugriff Dritter nicht schützt [...]".

In die 2. ThürSARS-CoV-2-IfS-GrundVO vom 7. Juli 2020 wurden diese Regelungen in nahezu identischer Form übernommen, wobei sich die Nummer innerhalb des Ordnungswidrigkeitenkatalogs änderte.[570] Verlängert und nur teilweise geändert wurden diese Regelungen am

[567] Nach § 2 Abs. 6 S. 3 der Achten SARS-CoV-2-Eindämmungsverordnung vom 15.09.2020 (Sachsen-Anhalt) seien die Daten „vertraulich aufzubewahren"; § 6 Abs. 2 S. 2 CoronaVO vom 23.06.2020 (Baden-Württemberg); § 3 Abs. 2 S. 2 SARS-CoV-2-UmgV vom 12.06.2020 (Brandenburg); § 3 Abs. 2 S. 2 SARS-CoV-2-Infektionsschutzverordnung vom 23.06.2020 (Berlin); § 11a Siebente CoronaVO vom 15.06.2020, § 8 Zwölfte CoronaVO vom 01.08.2020 (Bremen); § 1 Abs. 2 Nr. 4d, 4 Abs. 2 Nr. 3 Corona-Kontakt- und Betriebsbeschränkungsverordnung vom 07.05.2020 in der ab 15.05.2020 geltenden Fassung (Hessen); § 2a Abs. 3 S. 1 CoronaSchVO in der ab 15.06.2020 gültigen Fassung (Nordrhein-Westfalen); § 7 Abs. 1 S. 4 SächsCoronaSchVO vom 03.06.2020 (Sachsen); § 4 Abs. 2 S. 3 Corona-BekämpfVO vom 16.05.2020 (Schleswig-Holstein). Die genannten Verordnungen enthielten zwar eine Regelung zum Schutz der Daten, diese wurde aber jeweils nicht aufgegriffen bei den Ordnungswidrigkeiten.

[568] Z.B. § 4 Abs. 1 S. 4, 29 Abs. 1 Niedersächsische Corona-Verordnung vom 10.07.2020.

[569] Abgekürzt als ThürSARS-CoV-2-IfS-GrundVO.

[570] Siehe § 14 Abs. 3 Nr. 4 der 2. ThürSARS-CoV-2-IfS-GrundVO.

18.08.2020, 21.09.2020 und 20.10.2020, sie galten also ungefähr fünf Monate lang (von Anfang Juni bis Ende Oktober im Jahr 2020).

Eine ähnliche Regelung befand sich in der Hamburgischen SARS-CoV-2-Eindämmungsverordnung[571] vom 30. Juni 2020[572]. § 7 HmbSARS-CoV-2-EindämmungsVO regelte als Hauptnorm die Kontaktdatenerhebung zur Nachverfolgbarkeit von Infektionsketten. § 7 Abs. 1 Nr. 2 a.E. normierte, dass sicherzustellen sei, dass unbefugte Dritte keine Kenntnis von den Kontaktdaten erlangen könnten und in Nr. 5 wurde unter anderem angeordnet, dass die Weitergabe der Daten an unbefugte Dritte untersagt sei. Diese Hauptnorm wurde im Rahmen der Verordnung mehrfach aufgegriffen und nach § 39 Abs. 1 Nr. 49 HmbSARS-CoV-2-EindämmungsVO war in Kombination mit § 73 Abs. 1a Nr. 24 IfSG bußgeldbewehrt, wenn entgegen den in Nr. 49 genannten, eine Kontaktdatenerhebung vorsehenden Normen der Eindämmungsverordnung[573] die Daten nicht erfasst, zweckfremd genutzt oder unbefugten Dritten überlassen wurden. Auch diese Regelungen wurden verlängert[574] und galten bis November 2020.[575]

In der Siebten Bayrischen Infektionsschutzmaßnahmenverordnung[576] vom 1. Oktober 2020 wurde eine bußgeldbewehrte Pflicht zur Erfassung von Kontaktdaten für Gastwirtschaftsbetreibende, Hotelbetreibende sowie Veranstalter und Veranstalterinnen von Tagungen, Messen, Kongressen oder Ausstellungen eingeführt. § 4 Abs. 1 S. 2 der 7. BayIfSMV ordnete an, dass die Dokumentation der Kontaktdaten so zu verwahren war, „dass Dritte sie nicht unbefugt einsehen [konnten] und die Daten vor unrechtmäßiger Verarbeitung und vor unbeabsichtigtem Verlust oder unbeabsichtigter Veränderung geschützt" waren. In §§ 13 Abs. 4 S. 1 Nr. 6, 14 Abs. 1 S. 1 Nr. 5, 15 Abs. 2 S. 1 Nr. 5 und Abs. 1 S. 1 i.V.m. § 5 Abs. 3 Nr. 5 der 7. BayIfSMV wurde auf die Pflicht zur Kontaktdatenerhebung nach Maßgabe von § 4 Abs. 1 der 7. BayIfSMV und somit auch auf die Vorkehrungen zum Schutz der Daten aus § 4 Abs. 1 S. 2 der 7. BayIfSMV verwiesen. In § 24 BayIfSMV wurde sodann normiert, dass ordnungswidrig im Sinne des § 73 Abs. 1a Nr. 24 IfSG handelte, wer entgegen § 13 BayIfSMV einen Gastronomiebetrieb öffnete oder entgegen § 14 eine Unterkunft zur Verfügung stellte, „ohne den dort genannten Pflichten nachzukommen" (also u.a. ohne der Pflicht aus § 4 Abs. 1 der 7. BayIfSMV nachzukommen) oder entgegen § 15 Tagungen, Kongresse, Messen oder Ausstellungen durchführte (also auch entgegen der Voraussetzungen

[571] Kurz HmbSARS-CoV-2-EindämmungsVO.

[572] HmbGVLBl. Nr. 35, S. 365.

[573] §§ 9 Abs. 2 S. 1 Nr. 3, 10 Abs. 6 S. 3, 12 S. 8, 14 S. 1, 15 Abs. 1 S. 1 Nr. 2, 16 Abs. 1 Nr. 2, 17 S. 1, 18 Abs. 1 S. 1, 19 Abs. 1 Nr. 2, 20 Abs. 2 Nr. 2, Abs. 4 S. 4, 21 Abs. 1 S. 2 HmbSARS-CoV-2-EindämmungsVO.

[574] In der Zwölften Verordnung zur Änderung der Hamburgischen SARS-CoV-2-Eindämmungsverordnung vom 25.08.2020, HmbGVBl. Nr. 42, S. 417.

[575] Zu beachten sind jedoch die Schließungen von Restaurants und vielen weiteren Einrichtungen, was sich auf die Kontaktdatenerhebungsregelungen auswirkte, welche weiterhin in § 7 allgemein geregelt waren in der Neunzehnten Verordnung zur Änderung der Hamburgischen SARS-CoV-2-Eindämmungsverordnung vom 30.10.2020, HmbGVBl. Nr. 58, S. 547.

[576] Kurz: 7. BayIfSMV.

des § 15 Abs. 2 S. 1 Nr. 5 und § 15 Abs. 1 S. 1 i.V.m. § 5 Abs. 3 Nr. 5 der 7. BayIfSMV, welche auf § 4 Abs. 1 der 7. BayIfSMV verwiesen). Dabei handelt es sich um eine im Vergleich zu den soeben beschriebenen Rechtsverordnungen aus Hamburg und Thüringen weniger direkte Formulierung, welche jedoch zum selben Ergebnis führte.

b. Wahrung des Bestimmtheitsgebots aus Art. 103 Abs. 2 GG?

Problematisch erscheint, ob derartige Bußgeldregelungen überhaupt in den Corona-Rechtsverordnungen unter Verweis auf § 73 Abs. 1a Nr. 24 IfSG in verfassungskonformer Weise getroffen werden konnten. Zum Teil wurde darin ein Verstoß gegen das Bestimmtheitsgebot aus Art. 103 Abs. 2 GG gesehen.[577] Dieses findet nicht nur auf Strafgesetze Anwendung, sondern gilt ebenfalls bei der Ahndung von Ordnungswidrigkeiten.[578] Außerdem gelten als Gesetz im Sinne des Art. 103 Abs. 2 GG auch Rechtsverordnungen, die auf einem Delegationsgesetz basieren, welches die Voraussetzungen des Art. 80 Abs. 1 GG wahrt.[579] Sanktioniert eine Rechtsverordnung eine Ordnungswidrigkeit, so müssen die Voraussetzungen und die Art der Ahndung schon im formellen Gesetz und nicht erst in der Rechtsverordnung erkennbar sein oder sich durch die üblichen Auslegungsmethoden ermitteln lassen.[580] Auch hier gilt, dass der Gesetzgeber nicht jeden Straftatbestand und jede Ordnungswidrigkeit bis ins letzte Detail zu regeln vermag, sondern dass er die wesentlichen Voraussetzungen zu normieren hat.[581]

Bei § 73 Abs. 1a Nr. 24 IfSG handelt es sich um eine sog. qualifizierte Blankettvorschrift.[582] Bei solchen Blankettnormen wird die Umschreibung des Straf- oder Ordnungswidrigkeitentatbestandes ersetzt durch die Verweisung im selben Gesetz oder anderen, ggf. zukünftigen Gesetzen oder Rechtsverordnungen, was in verfassungskonformer Weise möglich ist, sofern hinreichend bestimmt ist, worauf sich jene Verweisung bezieht.[583] Dafür muss die Blankettnorm den Inhalt und Gegenstand der Regelungen, die sie ermöglicht, so deutlich wie möglich bezeichnen.[584] Auch die eine Blankettstrafnorm bzw. Blankettordnungswidrigkeitennorm ausfüllenden Regelungen müssen die Voraussetzungen des Art. 103 Abs. 2 GG wahren.[585] Dem Verordnungsgeber darf nur die Entscheidung über die Konkretisierung des jeweiligen

---

[577] Vgl. VerfGH Thüringen, Urteil vom 01.03.2021, VerfGH 18/20, S. 140-147; VerfGH Thüringen, Beschluss vom 19.05.2021, VerfGH 110/20, S. 34-40.

[578] BVerfGE 42, 261 (262 f.); 81, 132 (135); 87, 399 (411); *Degenhart* in: Sachs, Grundgesetz Kommentar, 9. Auflage 2021, Art. 103 GG, Rn. 59; *Kment* in: Jarass/Pieroth, Grundgesetz Kommentar, 18. Auflage 2024, Art. 103 GG, Rn. 62;

[579] BVerfGE 143, 38 (52) mit Verweis auf die ständige Rechtsprechung.

[580] BVerfGE 143, 38 (54, 57 f.); 153, 310 (340) in Bezug auf Straftatbestände unter Verweis auf die ständige Rechtsprechung; mehr zu Blankettvorschriften sogleich.

[581] *Freund* in: Münchener Kommentar zum StGB, 4. Auflage 2022, Vorbemerkung vor § 95, Rn. 59.

[582] Hinsichtlich der Verfassungsmäßigkeit solcher Normen sehr kritisch *Freund* in: Münchener Kommentar zum StGB, 4. Auflage 2022, Vorbemerkung vor § 95, Rn. 53 ff.

[583] Vgl. BVerfGE 14, 245 (252 f.); 48, 48 (55); 51, 60 (74); 87, 399 (407).

[584] Vgl. BVerfGE 23, 265 (269); 143, 38 (56).

[585] BVerfGE 23, 265 (270); 37, 201 (209); 75, 329 (342, 344 ff.).

Tatbestandes verbleiben, nicht aber die Entscheidung, ob ein Verhalten geahndet werden soll, um den Gewaltenteilungsgrundsatz einzuhalten.[586]

Dem Bestimmtheitsgebot aus Art. 103 Abs. 2 GG wird hier insofern Rechnung getragen, als dass die Verhängung einer Geldbuße als Art der Ahndung sowie das Höchstmaß der Geldbuße bereits in § 73 Abs. 1a Nr. 24, Abs. 2 IfSG benannt werden. Auch die subjektive Komponente des Tatbestandes ist ausdrücklich formell-gesetzlich geregelt („vorsätzlich oder fahrlässig“). Hinsichtlich der objektiven Tatbestandselemente verweist § 73 Abs. 1a Nr. 24 IfSG unter anderem auf die Verordnungsermächtigung des § 32 S. 1 IfSG, welche wiederum auf §§ 28 ff. IfSG (aktuell: §§ 28-28b, 29-31 IfSG) verwies. Nach § 28 Abs. 1 IfSG besteht lediglich eine Pflicht, die notwendigen Schutzmaßnahmen zu ergreifen, doch keine Pflicht, eine Zuwiderhandlung als Ordnungswidrigkeit zu ahnden. Letzteres ist nur möglich, wenn sich die ge- oder verbotenen Verhaltensweisen zur Bekämpfung übertragbarer Krankheiten in hinreichend bestimmter Weise aus dem Zusammenspiel von § 73 Abs. 1a Nr. 24 IfSG und § 32 S. 1, 28 ff. IfSG ergeben. Auch wenn es Fälle geben mag, in denen sich aus dem formellen Gesetz nicht eindeutig ergibt, welche Verhaltensweisen vom Verordnungsgeber über § 73 Abs. 1a Nr. 24 IfSG mit einem Bußgeld bewehrt werden können, macht dies nicht die Blankettnorm insgesamt ungültig.[587] Etwaige Ungenauigkeiten vermag der Verordnungsgeber zu berücksichtigen bei der Entscheidung, auf Grundlage von § 32 S. 1 i.V.m. §§ 28 ff. IfSG getroffene Maßnahmen mit einem Bußgeldtatbestand zu bewehren.[588]

Nach einer Ansicht konnten die Normadressaten (auf deren Sicht es für die Bestimmtheitsbeurteilung von Bußgeldtatbeständen ankommt[589]) hinsichtlich der hier beleuchteten Pandemiebekämpfungsmaßnahme in Form einer bußgeldbewehrten Erhebungs- und Aufbewahrungspflicht von Kundenkontaktdaten nicht bereits aus dem formellen Gesetz die Voraussetzungen einer Bußgeldbewehrung in hinreichend bestimmter Weise erkennen, was demnach zu einem Verstoß gegen Art. 103 Abs. 2 GG führt. Hinsichtlich der Bußgeldbewehrung könnte wegen Art. 103 Abs. 2 GG ein strengerer Maßstab anzulegen sein als bei der infektionsschutzrechtlichen Maßnahme selbst, da es nicht um Gefahrenabwehr ginge, sondern um eine Sanktionierung.[590] Der Bundesgesetzgeber selbst habe nicht ausdrücklich angeordnet, Private zu einer solchen Datenerhebung und -verarbeitung in die Pflicht zu nehmen und das Nichterfüllen der Pflicht mit einem Bußgeld zu ahnden. Die Regelungen richteten sich zudem nicht an einen fachlich versierten Adressatenkreis, sondern an eine Vielzahl von

[586] Vgl. BVerfGE 14, 174 (187); 14, 245 (251, 254); 22, 21 (25); 23, 265 (270); 37, 201 (209); 75, 329 (342); 78, 374 (383); 153, 310 (340, 344); *Tsambikakis* in: Kluckert, Das neue Infektionsschutzrecht, 2. Auflage 2021, § 17, Rn. 3.

[587] Zu diesem Absatz siehe auch VerfGH Thüringen, Urteil vom 01.03.2021, VerfGH 18/20, S. 142 ff.; VerfGH Thüringen, Beschluss vom 19.05.2021, VerfGH 110/20, S. 36 ff.

[588] Vgl. OLG Oldenburg, COVuR 2021, 119 (121 f.) m.Anm; OLG Hamburg, Beschluss vom 17.02.2021, 2 RB 69/20, Rn. 29 ff.; OLG Stuttgart, Beschluss vom 21.04.2021, 4 Rb 24 Ss 7/21, Rn. 24; OLG Karlsruhe, Beschluss vom 27.04.2021, 2 Rb 34 Ss 198/21, Rn. 21.

[589] BVerfG NJW 2008, 3627; OLG Celle, Beschluss vom 24.11.2021, 2 Ss (OWi) 261/21, BeckRS 2021, 36820, Rn. 21.

[590] VerfGH Thüringen, Beschluss vom 19.05.2021, VerfGH 110/20, S. 38.

unterschiedlichen Einrichtungsbetreiberinnen und -betreibern, weshalb besonders streng zu beurteilen sein könnte, ob das bußgeldbewehrte Verhalten anhand der gesetzlichen Regelung hinreichend erkennbar war. Obgleich die datenbezogene Maßnahme selbst auf § 32 S. 1 i.V.m. § 28 Abs. 1 IfSG gestützt werden durfte, da dem Verordnungsgeber insbesondere im Gefahrenabwehrrecht ein Beurteilungsspielraum bei der Regelung der notwendigen Schutzmaßnahmen zukommt, könnte dies dieser Ansicht nach nicht ausreichen, um die verfassungsrechtlichen Bestimmtheitsanforderungen an die Bußgeldbewehrung zu erfüllen.[591]

Eine andere Ansicht verneint hingegen, dass bei der Regelung einer Bußgeldbewehrung strengere Anforderungen zu stellen sind als bei der infektionsschutzrechtlichen Maßnahme selbst.[592] Es sollte allerdings erneut differenziert werden zwischen dem Maßstab für Straftatbestände und dem Maßstab für Bußgeldtatbestände. Je schwerer die angedrohte Strafe, desto präziser muss der Gesetzgeber die Voraussetzungen für die Strafbarkeit bestimmen.[593] Die „weniger einschneidenden Unrechtsfolgen als im Strafrecht“[594] sprechen für reduzierte Anforderungen an die Bestimmtheit von Bußgeldtatbeständen. Anders als bei einer Strafe ist mit einer Ordnungswidrigkeit kein ethischer Schuldvorwurf verbunden, sondern mit deren Sanktion eine „nachdrückliche Pflichtenmahnung [...], der der Ernst der staatlichen Strafe fehlt.“[595]

Bei Beurteilung des Bestimmtheitsgrades sind außerdem praktische Gesichtspunkte, Besonderheiten des jeweiligen Tatbestandes sowie die Einzelfallumstände, die zu der jeweiligen Regelung führten, zu berücksichtigen.[596] Es ist also auch im hiesigen Kontext in die Maßstabsbildung einzustellen, dass die Regelungen im Rahmen einer neuartigen Pandemie ergangen sind und aufgrund der Dynamik des Infektionsgeschehens unter erheblichem Zeitdruck entwickelt wurden. Nach dem Willen des Gesetzgebers[597] sollten umfassende Regelungen zur Infektionsbekämpfung ermöglicht werden – was auch für die Möglichkeit der Ahndung von Verstößen gegen die datenbezogenen Maßnahmen der Verordnungsgeber als Ordnungswidrigkeit einschloss. Dies spricht für eine weitere Abschwächung der Bestimmtheitsanforderungen.[598]

Abschließend ist auf die bereits erörterte, unterschiedliche Regelungstechnik zurückzukommen. In der Mehrzahl der Verordnungen wurde in der Bußgeldvorschrift enumerativ aufgezählt, welche Verhaltensweisen unter Verweis auf die dazugehörigen Normen derselben

---

[591] Zu dieser Ansicht bzw. diesem Absatz siehe VerfGH Thüringen, Urteil vom 01.03.2021, VerfGH 18/20, S. 140, 143, 145-148.

[592] Vgl. LVerfG Sachsen-Anhalt, Urteil vom 26.03.2021, LVG 4/21, Rn. 132; zur Heranziehbarkeit dieser anderen Auffassung im hiesigen Kontext siehe VerfGH Thüringen, Beschluss vom 19.05.2021, VerfGH 110/20, S. 41.

[593] BVerfGE 75, 329 (342); 126, 170 (196).

[594] OLG Celle, Beschluss vom 24.11.2021, 2 Ss (OWi) 261/21, BeckRS 2021, 36820, Rn. 29.

[595] BVerfGE 45, 272 (288 f.); OLG Karlsruhe, Beschluss vom 27.04.2021, 2 Rb 34 Ss 198/21, Rn. 18.

[596] BVerfGE 28, 175 (183); 126, 170 (196).

[597] Der Wille zeigte sich schon zu Beginn der Pandemie z.B. bei der Überarbeitung des Infektionsschutzgesetzes durch das Bevölkerungsschutzgesetz vom 27.03.2020, BGBl. I 2020, 587.

[598] OLG Karlsruhe, Beschluss vom 27.04.2021, 2 Rb 34 Ss 198/21, Rn. 22 f., 25.; OLG Celle, Beschluss vom 24.11.2021, 2 Ss (OWi) 261/21, BeckRS 2021, 36820, Rn. 32.

Rechtsverordnung bußgeldbewehrt waren. Diese Auflistung dient vor allem der Verständlichkeit, indem den Normadressaten vor Augen geführt wurde, welche Handlungen oder Unterlassungen bußgeldbewehrt waren. Es wurde bei der Lektüre des Wortlautes derart ausgestalteter Normen erkennbar, dass die in der jeweiligen Ordnungswidrigkeitennorm der auf § 32 S. 1 i.V.m. § 28 Abs. 1 IfSG gestützten Corona-Rechtsverordnung genannten Tatbestände Bußgeldtatbestände im Sinne des § 73 Abs. 1a Nr. 24 IfSG darstellten.

In anderen Coronaverordnungen wurde dagegen allgemeiner auf die vorstehenden Normen verwiesen und vergleichsweise knapp geregelt, dass Verstöße gegen die in der Verordnung enthaltenen Gebote und Verbote Ordnungswidrigkeiten darstellten und mit einer Geldbuße geahndet werden konnten. Diese Regelungsmodelle haben in einem weiten Sinne gemeinsam, dass den Normadressaten ein Blick in die Normen, auf welche verwiesen wird – sei es in der Auflistung, sei es pauschal – nicht erspart blieb, wenn sie im Einzelnen beurteilen wollten, inwiefern eine Handlung als Ordnungswidrigkeit durch die Rechtsverordnung eingeordnet wurde. Dabei ist jedoch das Wort „pauschal" hervorzuheben, da Pauschalverweisungen grundsätzlich darauf deuten, dass der Normgeber es versäumt hat, die ahndungswürdigen Tatbestände auszuwählen und hinreichend zu bestimmen – bei solchen Regelungen ist für die Normadressaten regelmäßig nicht genügend erkennbar, welche konkreten Verstöße bußgeldbewehrt sind; sie müssten die gesamte Rechtsverordnung durchdringen und überprüfen, ob ein Verhalten ge- oder verboten ist und ob eventuell Ausnahmetatbestände greifen.[599]

Daher wird vorliegend differenziert zwischen solchen Ordnungswidrigkeitennormen der Corona-Rechtsverordnungen, welche per se auf sämtliche vorstehende Normen verwiesen und Verstöße mit einem Bußgeld bedroht haben[600] und solchen, die nicht sämtliche Normen der Verordnung in Bezug nahmen, sondern bei denen erkennbar wurde, dass der Normgeber eine Auswahl getroffen hat, indem er beispielsweise auf einige Normen verwies, jedoch eben nicht auf alle.[601] Lediglich für Normen, die nicht pauschal auf sämtliche Normen der jeweiligen Verordnung Bezug nahmen, sondern die bußgeldbedrohten Verhaltensweisen enumerativ auflisteten oder bei der Verweisung auf konkrete Normen der Verordnung Differenzierungen vornahmen, wird hier davon ausgegangen, dass sie den Anforderungen des Art. 103 Abs. 2 GG gerecht wurden.[602]

[599] OLG Brandenburg, Beschluss vom 31.03.2021, 2 OLG 53 Ss-OWi 84/21, Rn. 11.

[600] Z.B. § 13 SARS-CoV-2-EindV vom 17.04.2020, geändert durch Verordnung vom 24.04.2020 (Brandenburg); § 16 SARS-CoV-2-EindV vom 08.05.2020 (Brandenburg); § 29 Abs. 1 Niedersächsische Corona-Verordnung vom 10.07.2020 (Niedersachsen).

[601] So z.B. in § 19 Abs. 1 Niedersächsische Corona-Verordnung vom 30. Oktober 2020 (Niedersachsen), differenzierter ausgestaltet als zuvor; OLG Celle, Beschluss vom 24.11.2021, 2 Ss (OWi) 261/21, BeckRS 2021, 36820, Rn. 26.

[602] OLG Celle, Beschluss vom 24.11.2021, 2 Ss (OWi) 261/21, BeckRS 2021, 36820, Rn. 20 ff.; in einem anderen Kontext OLG Bremen, Beschluss vom 06.08.2021, 1 SsRs 9/21, BeckRS 2021, 24987, Rn. 21 ff.

c. These: Regelungen zum Schutz der Daten als maßgebendes Abwägungskriterium

Regelungen zum Schutz der Daten waren keine einmaligen Erscheinungen, sondern es gab sie in verschiedenen, aber vergleichbaren Ausgestaltungen in mehreren Bundesländern. Unter anderem aus den herausstechenden, genannten Beispielen lässt sich auf einer höheren Abstraktionsebene eine Typisierung herleiten. Es lassen sich zwei Gruppen anhand der verschiedenen Ausgestaltungen der Datenverarbeitungsregelungen zur Kontaktnachverfolgung bilden bzw. Regelungsmodelle unterscheiden, wovon hier eine Gruppe als regelmäßig verfassungskonform und eine als verfassungswidrig eingeordnet wird.

Bei organisatorischer Absicherung des Datenschutzes konnte und kann im Rahmen einer Pandemie eine Kontaktdatenerhebungsregelung zur Nachverfolgbarkeit von Infektionsketten (unter Berücksichtigung der weiteren, bereits problematisierten Faktoren) grundsätzlich angemessen und der mittelbare Eingriff gerechtfertigt sein. Diese Gruppe betrifft die Regelungen, welche hinsichtlich der Kundendatenerhebungen in den jeweils betroffenen Einrichtungen anordneten, dass die Daten vor dem Zugriff unbefugter Dritter zu schützen seien[603] sowie die strengeren Regelungen einer hinreichend bestimmten bußgeldbewehrten Pflicht zum Schutz der Daten in den Corona-Rechtsverordnungen.[604] Besonders das Sanktionieren von Verstößen gegen Datensicherheitsanforderungen spricht auch bei intensiven Grundrechtsbeeinträchtigungen für deren Angemessenheit.[605]

Bei gänzlichem Fehlen solcher zusätzlichen Regelungen sind Regelungen über die Kontaktnachverfolgung durch eine Datenerhebung und -verarbeitung durch private Dritte höchst eingriffsintensiv und regelmäßig als unangemessen einzuordnen. Selbst bei Unterstellung der Wahrung aller zuvor beschriebenen Voraussetzungen sowie unter Anerkennung der Vielzahl an Zugeständnissen aufgrund der Pandemiesituation ist hier eine Grenze zu ziehen.

Dies lässt sich anhand der folgenden Illustration verdeutlichen: Bei Fehlen von zusätzlichen, auf den Schutz der personenbezogenen Kundendaten angelegten Regelungen, oblag es der Entscheidung der im Datenschutzrecht nicht fachkundigen Verantwortlichen, wie sie mit den jeweiligen Daten umgehen. Häufig wurden in diesen Fällen keine schützenden Vorkehrungen durch die privaten Verantwortlichen getroffen und es trat regelmäßig die Situation auf, dass alle Gäste die Daten der vorherigen Gäste einsehen konnten. Wenn dies nicht durch die die Datenerhebung anordnenden Regelung verhindert wird, trägt diese Regelung den Verhältnismäßigkeitsanforderungen nicht ausreichend Rechnung. Offen ausliegende Gästelisten oder für jeden beliebigen Dritten einsehbare Excel-Tabellen, in welche die personenbezogenen Daten

[603] Siehe die oben beispielhaft zitierten Regelungen aus den Bundesländern Baden-Württemberg, Berlin, Brandenburg, Bremen, Hessen, Nordrhein-Westfalen, Sachsen, Sachsen-Anhalt und Schleswig-Holstein.

[604] Siehe z.B. die die Daten schützenden Regelungen §§ 3 Abs. 4 S. 3 Nr. 2, 14 Abs. 3 Nr. 3 ThürSARS-CoV-2-IfS-GrundVO vom 09.06.2020 und §§ 3 Abs. 4 S. 3 Nr. 2, 14 Abs. 3 Nr. 3 ThürSARS-CoV-2-IfS-GrundVO vom 07.07.2020; §§ 7 Abs. 1 Nr. 2 a.E., Nr. 5, 39 Abs. 1 Nr. 49 HmbSARS-CoV-2-EindämmungsVO vom 30.06.2020.

[605] *Britz*, JA 2011, 81 (82).

eingetragen wurden, um die jeweiligen Einrichtungen aufsuchen zu dürfen, werden den grundrechtlich verbürgten Vorgaben des Datenschutzes nicht gerecht.[606]

Dementgegen kann das Ausfüllen von Einzelzetteln, ein vertrauliches Einsammeln und räumlich von Unbefugten abgeschirmtes Aufbewahren jener Zettel die Anforderungen des Rechts auf informationelle Selbstbestimmung wahren. Die Regelung, dass die Daten geschützt vor der Einsichtnahme unbefugter Dritter zu erheben und aufzubewahren sind, verhindert beispielsweise das soeben beschriebene offene Auslegen von Anwesenheitslisten oder eines Gästebuches. Um das Risiko eines Datenmissbrauches zu begrenzen, bedurfte es prozeduraler und organisatorischer Sicherungen.[607] Regelungen bezüglich der Sicherheit der personenbezogenen Daten können bei denjenigen, die die Daten angeben, das Gefühl des „Beobachtetseins" reduzieren.[608] Dass die personenbezogenen Kundendaten zu schützen sind, hätte in alle Datenerhebungs- und Datenverarbeitungsregelungen zur Kontakt- und Infektionskettennachverfolgung in der Corona-Pandemie für deren Verhältnismäßigkeit aufgenommen werden müssen.

In Betracht kommt eine Vielzahl möglicher Verfahrensausgestaltungen. Es könnte erwogen werden, ob es konkrete Regelungen wie „Gästebücher dürfen nicht geführt werden" oder „Die Zettel mit Kontaktdaten der Gäste dürfen nicht an einer einzigen, öffentlich zugänglichen und somit für die anderen Gäste einsehbaren Stelle aufbewahrt werden" als direkte Vorgaben für die Praxis gebraucht hätte, damit die jeweilige Datenerhebungsregelung zur Kontaktnachverfolgung in einer Corona-Verordnung verfassungsrechtlich gerechtfertigt ist. Dies ist jedoch abzulehnen. Dem Recht auf informationelle Selbstbestimmung kann eine solche Forderung von Detailliertheit über die bereits bestehenden, strengen Voraussetzungen hinaus für die Angemessenheit einer Regelung nicht entnommen werden.[609] Dass grundsätzlich Regelungen zum Schutz der Daten durch ein sicherndes Verfahren zu fordern sind, zwingt den Normgeber im hiesigen Kontext nicht zur Festlegung eines umfassend umschriebenen Verfahrens.[610] Vielmehr kann im Einzelfall überprüft werden, welche organisatorischen Sicherungsmaßnahmen tauglich, notwendig und angemessen sind.[611] Es genügte somit die Regelung, dass die Daten vor dem Zugriff unbefugter Dritter zu schützen seien, um die Angemessenheit einer Datenerhebungsregelung in der Corona-Pandemie im hier betrachteten Zeitraum zu stützen. Eine solche Regelung gab den privaten Verantwortlichen einen Spielraum zur Entscheidung, wie sie die verpflichtende Datenerhebungsregelung in ihrer Einrichtung umsetzen.

---

606 Vgl. *Haschert* in: Schmidt, Rechtsfragen zur Corona-Krise, 3. Auflage 2021, § 24, Rn. 144 ff.

607 Allgemeiner, ähnlich dazu *Di Fabio* in: Dürig/Herzog/Scholz, Grundgesetz-Kommentar, 104. EL April 2024, Art. 2 Abs. 1 GG, Rn. 184 f.

608 BVerfGE 65, 1 (42 f.); siehe auch BVerfGE 125, 260 (320 f.); *Britz*, JA 2011, 81 (82).

609 Vgl. *Britz*, JA 2011, 81 (82).

610 Vgl. BVerfGE 100, 313 (361 f.).

611 Vgl. BVerfGE 65, 1 (45 f.); *Haschert* in: Schmidt, Rechtsfragen zur Corona-Krise, 3. Auflage 2021, § 24, Rn. 149.

Zusammenfassend kann aus heutiger Sicht anhand der verfahrensrechtlichen Ausgestaltung ausgemacht werden, dass jene datenbezogenen Regelungen zur Infektionskettennachverfolgung mit einer Regelung zum Schutz der Daten angemessen und Datenverarbeitungsregelungen zur Kontaktnachverfolgung ohne einen Schutz durch Verfahren unangemessen waren.

V. Gewinn an Rechtssicherheit durch Einfügung des § 28a IfSG?

Seit dem 19. November 2020 existiert mit § 28a IfSG eine speziell auf die Corona-Pandemie zugeschnittene, seitdem mehrfach geänderte[612] parlamentsgesetzliche Regelung. Der durch das Dritte Bevölkerungsschutzgesetz[613] in einem nicht unumstrittenen, aber formell ordnungsgemäßen Verfahren[614] eingefügte § 28a Abs. 1 IfSG enthält einen nicht abschließenden Katalog von Regelbeispielen möglicher Pandemieeindämmungsmaßnahmen i.S.d. § 28 Abs. 1 IfSG, welche die Generalklausel konkretisieren und die für die Dauer der Feststellung einer epidemischen Lage von nationaler Tragweite nach § 5 Abs. 1 S. 1 IfSG zur Bekämpfung der Corona-Pandemie ergriffen werden können.[615] § 28a Abs. 1 IfSG ist insofern als lex specialis gegenüber § 28 Abs. 1 IfSG anzusehen.[616] Ziel des Bundesgesetzgebers war es, mit der Regelung den in Literatur und Rechtsprechung geäußerten Zweifeln an der Verfassungskonformität der Rechtsgrundlage für die zahlreichen Corona-Eindämmungsverordnungen der Bundesländer zu begegnen.[617]

Als notwendige Schutzmaßnahme im Sinne des § 28 Abs. 1 IfSG kann seit November 2020 die Verarbeitung der Kontaktdaten von Kundinnen und Kunden, Gästen oder Veranstaltungsteilnehmerinnen und -teilnehmern[618] angeordnet werden, „um nach Auftreten einer Infektion mit dem Coronavirus SARS-CoV-2 mögliche Infektionsketten nachverfolgen und unterbrechen zu können", so § 28a Abs. 1 Nr. 17 IfSG a.F. aus 2020 bzw. § 28a Abs. 1 Nr. 18 IfSG n.F. aus dem Jahr 2022.[619] § 28a Abs. 4 IfSG beschränkt die Art der Daten, die erhoben werden dürfen,

---

612 Zum Überblick siehe https://www.buzer.de/gesetz/2148/al254540.htm (zuletzt abgerufen: 18.09.2024).

613 Genauer: Drittes Gesetz zum Schutz der Bevölkerung bei einer epidemischen Lage von nationaler Tragweite vom 18.11.2020, BGBl. I 2397.

614 Vgl. *Fleischfresser* in: Kluckert, Das neue Infektionsschutzrecht, 2. Auflage 2021, § 13, Rn. 29b; *Kersten/Rixen*, Der Verfassungsstaat in der Corona-Krise, 3. Auflage 2022, Kapitel 2, S. 33 f.; *Kießling* in: Kießling, IfSG, 3. Auflage 2022, § 28a IfSG, Rn. 2 f.

615 Dazu z.B. *Eibenstein*, COVuR 2020, 856 (858); *Kluckert* in: Kluckert, Das neue Infektionsschutzrecht, 2. Auflage 2021, § 2, Rn. 111e.

616 Es ist von einer Sperrwirkung des § 28a IfSG mit Blick auf § 28 Abs. 1 IfSG hinsichtlich in § 28a Abs. 1 IfSG genannter Maßnahmen auszugehen; dazu VGH München, Beschluss 19.01.2021, 20 NE 21.76, Rn. 31; LVerfG Sachsen-Anhalt, Urteil vom 26.03.2021, LVG 4/21, Rn. 134; *Sangs*, NVwZ 2020, 1780 (1784).

617 BT Drs. 19/23944, S. 2; *Eibenstein*, COVuR 2020, 856 (857); *Poscher* in: Huster/Kingreen, Handbuch Infektionsschutzrecht, 2. Auflage 2022, Kapitel 4, Rn. 107 f.

618 Erneut: Zur Verkürzung im Folgenden mehrfach lediglich als „Gäste" bezeichnet.

619 Geändert durch das Gesetz zur Stärkung des Schutzes der Bevölkerung und insbesondere vulnerabler Personengruppen vor COVID-19 vom 16.09.2022, BGBl. I S. 1454 (1458).

enthält im Einklang mit Art. 5 Abs. 1 lit. b DSGVO[620] ein Zweckbindungsgebot sowie ein Verbot der Datenweitergabe und konkretisiert die Voraussetzungen und Grenzen der Kontaktdatenerhebung nach § 28a Abs. 1 Nr. 17 IfSG a.F. bzw. Abs. 1 Nr. 18 IfSG n.F.[621] Rechtsverordnungen, die auf § 32 i.V.m. §§ 28 Abs. 1, 28a Abs. 1 IfSG gestützt werden, sind nach § 28a Abs. 5 IfSG begründet und grundsätzlich auf vier Wochen befristet zu erlassen. Dass eine solche Befristung notwendig ist, rührt aus der zeitlichen Dimension des Verhältnismäßigkeitsgrundsatzes.[622] Aus der Begründung muss sich ergeben, „in welcher Weise die Schutzmaßnahmen im Rahmen eines Gesamtkonzepts der Infektionsbekämpfung dienen".[623]

Dementsprechend konnten die Datenerhebungs- bzw. Datenverarbeitungsregelungen zur Kontaktnachverfolgung in den Corona-Verordnungen, die zuvor allein auf die Generalklausel gestützt worden waren, seit dem 19. November 2020 auf Grundlage der § 32 S. 1 i.V.m. §§ 28 Abs. 1, 28a Abs. 1 Nr. 17 a.F. bzw. Nr. 18 n.F., Abs. 4 IfSG ergehen. Von der Möglichkeit, Rechtsverordnungen auf Grundlage der § 32 S. 1 i.V.m. §§ 28a, 28 Abs. 1 IfSG zur Bekämpfung der Corona-Pandemie zu erlassen, machten die Landesregierungen vielmals Gebrauch.[624] Die Datenerhebungsregelungen der Verordnungsgeber blieben ähnlich, allerdings waren sie seit Erlass des § 28a IfSG parlamentsgesetzlich vorgezeichnet. Dass die Kontaktdatenverarbeitungspflicht durch die privaten Einrichtungsbetreiberinnen und -betreiber nun nach § 28a Abs. 1 Nr. 17 a.F bzw. Nr. 18 n.F. IfSG eine mögliche Schutzmaßnahme im Sinne des § 28 Abs. 1 IfSG ist, stellt „einen mindestens mittelschweren Eingriff in das Recht auf informationelle Selbstbestimmung der Gäste aus Art. 2 Abs. 1 i.V.m. Art. 1 Abs. 1 GG dar"[625].

Die Frage, ob durch das Dritte Bevölkerungsschutzgesetz mehr Rechtssicherheit erzielt werden konnte, wurde vor allem in der *Literatur* unterschiedlich beantwortet. Einerseits wurde davon ausgegangen, dass sich die Rechtslage mit § 28a IfSG im Vergleich zur Situation bis November 2020 erheblich verbessert habe[626] und die Frage nach dem Gewinn an Rechtssicherheit jedenfalls im Kontext des Datenschutzes bejaht.[627]

Andererseits wurde betont, dass das vorherige Fehlen einer speziellen parlamentsgesetzlichen Grundlage und die demokratischen sowie rechtsstaatlichen Defizite der Generalklausel nicht durch die Einfügung des § 28a IfSG kompensiert werden konnten und dass das Dritte

---

620 *Kießling* in: Kießling, IfSG, 3. Auflage 2022, § 28a IfSG, Rn. 91.

621 *Johann/Gabriel* in: BeckOK Infektionsschutzrecht, 21. Edition, Stand: 08.07.2023, § 28a IfSG, Rn. 42; *Kühling/Schildbach* in: Huster/Kingreen, Handbuch Infektionsschutzrecht, 2. Auflage 2022, Kapitel 6, Rn. 145.

622 *Greve*, NVwZ 2020, 1786 (1791); vgl. zur Rechtslage vor Erlass des § 28a IfSG *Schmitz/Neubert*, NVwZ 2020, 666 (668).

623 BT-Drs. 19/24334, S. 81.

624 *Gölzer/Fischer-Uebler/Schaub*, NVwZ 2021, 928 (930); vgl. *Poscher* in: Huster/Kingreen, Handbuch Infektionsschutzrecht, 2. Auflage 2022, Kapitel 4, Rn. 112 f.

625 *Kießling* in: Kießling, IfSG, 3. Auflage 2022, § 28a IfSG, Rn. 87.

626 *Amhaouach/Huster/Kießling/Schaefer*, NVwZ 2021, 825 (826); *Dreier*, DÖV 2021, 229 (234); *Greve*, NVwZ 2020, 1786; *Wiedmann*, BRZ 2021, 87 (96).

627 *Kühling/Schildbach* in: Huster/Kingreen, Handbuch Infektionsschutzrecht, 2. Auflage 2022, Kapitel 6, Rn. 145.

Bevölkerungsschutzgesetz zu kaum merklichen Verbesserungen der verfassungsrechtlichen Situation geführt habe.[628] Zwar sei die Ergänzung des § 28a IfSG bereits aus allgemeinen Bestimmtheitsgesichtspunkten ein Fortschritt im Vergleich zur vorherigen Rechtslage; dies bedeute indes nicht, dass die Norm keine Mängel aufweise.[629] Gerade die Forderung nach einer verfassungskonformen Grundlage für zahlreiche Pandemieeindämmungsmaßnahmen sei nicht erfüllt worden, da § 28a IfSG über keine eigenen materiell-rechtlichen Tatbestandsvoraussetzungen und Rechtsfolgen verfüge, sondern in seinen Nummern lediglich Regelbeispiele und allein gerade keine Ermächtigungsgrundlage enthalte.[630]

Aufgrund derartiger Erwägungen kamen manche Stimmen in der Literatur zu dem Schluss, dass auch nach Inkrafttreten des § 28a IfSG[631] keine Rechtsgrundlage gegeben sei, die den verfassungsrechtlichen Anforderungen genügte, da mit den deklaratorischen Regelbeispielen für die flächendeckenden, schwerwiegenden Grundrechtseingriffe noch immer keine den Vorbehalt des Gesetzes ausfüllende Parlamentsentscheidung vorgelegen habe.[632] Es habe kein gestuftes Regelungskonzept von Pandemiebekämpfungsmaßnahmen[633] und wie bisher keine ausreichende demokratische Legitimation gegeben. Vielmehr stehe noch immer der Exekutive die Abwägungsentscheidung zu, welche Maßnahmen in welcher Situation zu treffen seien. Der Gesetzgeber hätte dieser Ansicht nach für die besonders grundrechtsintensiven Maßnahmen selbst Tatbestandsmerkmale normieren sollen, welche er an bestimmte Gefahrenlagen hätte knüpfen können.[634]

Dem wurde entgegengehalten, dass die Regelbeispielmethode im hiesigen Kontext insofern nicht weniger tauglich sei als die Regelung einer eigenständigen Ermächtigungsgrundlage, als dass der Parlamentsvorbehalt nicht mehr verlange als eine dem Willen des Gesetzgebers entsprechende parlamentsgesetzliche Regelung wesentlicher Maßnahmen, die mit § 28a IfSG gegeben sei. Der Gesetzgeber habe mit dieser Regelung klargestellt, dass intensive Grundrechtseingriffe zur Bekämpfung der Corona-Pandemie zulässig seien. Da jene Grundrechtseingriffe an die Feststellung einer epidemischen Lage von nationaler Tragweite geknüpft werden, obliegt die Entscheidung über die Ergreifung der grundrechtsbeeinträchtigenden Maßnahmen nicht allein der Exekutive, sondern es bedarf einer vorgeschalteten Entscheidung durch das Parlament, sodass auch nicht von einer zu niedrigen Eingriffsschwelle des § 28a IfSG gesprochen werden könne. Mit dem Katalog des § 28a Abs. 1 IfSG ermögliche der Gesetzgeber

---

[628] *Gölzer/Fischer-Uebler/Schaub*, NVwZ 2021, 928 (929 ff.); *Kluckert* in: Kluckert, Das neue Infektionsschutzrecht, 2. Auflage 2021, § 2, Rn. 98, 110, 111e ff.

[629] *Eibenstein*, COVuR 2020, 856 (857 f.); *Gölzer/Fischer-Uebler/Schaub*, NVwZ 2021, 928 (930).

[630] *Eibenstein*, COVuR 2020, 856 (859); *Kluckert* in: Kluckert, Das neue Infektionsschutzrecht, 2. Auflage 2021, § 2, Rn. 98, 111e ff.

[631] In seiner ursprünglichen Fassung.

[632] *Kluckert* in: Kluckert, Das neue Infektionsschutzrecht, 2. Auflage 2021, § 2, Rn. 111i; *Sangs*, NVwZ 2020, 1780 (1784 f.); *Stach*, NJW 2021, 10 (11).

[633] So OVG Münster, Beschluss vom 15.12.2020, 13 B 1731/20.NE, BeckRS 2020, 36237, Rn. 26.

[634] Zu der Ansicht in diesem Absatz *Eibenstein*, COVuR 2020, 856 (859 f.); *Gölzer/Fischer-Uebler/Schaub*, NVwZ 2021, 928 (930).

vielmehr die Entwicklung eines Schutzkonzepts durch die Exekutive in Form einer kombinierten Ergreifung der durch den Gesetzgeber vorgezeichneten Pandemiebekämpfungsmaßnahmen.[635]

Aufgrund der engen Verbindung zwischen dem Bestimmtheitsgebot aus Art. 80 Abs. 1 S. 2 GG und dem Vorbehalt des Gesetzes wurde teilweise auch die Kritik an § 28a IfSG hinsichtlich des Parlamentsvorbehalts auf die Beurteilung der hinreichenden Bestimmtheit der Verordnungsermächtigung übertragen. Manche Stimmen der Literatur gingen davon aus, dass auch nach Erlass des § 28a IfSG weiterhin nicht vorhersehbar war, in welchen Fällen und unter welchen Umständen Pandemiebekämpfungsmaßnahmen durch die Exekutive ergriffen werden konnten.[636] Der Parlamentsgesetzgeber hätte dieser Ansicht nach gerade für den Verordnungserlass nach § 32 IfSG spezielle Anforderungen normieren sollen, was im Rahmen des Dritten Bevölkerungsschutzgesetzes nicht geschehen sei.[637] An dieser Sichtweise wurde im Übrigen zum Teil auch hinsichtlich des Vierten Bevölkerungsschutzgesetzes vom 22. April 2021[638], genauer für § 28b IfSG festgehalten, welcher die „Probleme der mangelnden Bestimmtheit bestehender Ermächtigungsgrundlagen zur Pandemiebekämpfung nicht lös[e]".[639] Diesbezüglich sei darauf hingewiesen, dass der Kritik an § 28a IfSG und der Forderung nach einheitlichen Mindeststandards mit dem Erlass von § 28b und § 28c IfSG begegnet werden sollte, die wiederum in der Literatur erheblich kritisiert wurden[640], worauf es an dieser Stelle jedoch nicht ankommt.

Andere Teile der Literatur gingen davon aus, dass keine grundsätzlichen Bedenken gegen die Bestimmtheit von § 32 S. 1 i.V.m. §§ 28, 28a IfSG bestünden.[641] Denn obgleich die Regelung des § 28a Abs. 1 IfSG in seinen Nummern keine Standardmaßnahmen enthält, sei trotzdem anhand der Regelbeispiele hinreichend erkennbar, welche Pandemiebekämpfungsmaßnahmen ergriffen werden dürfen. Die Verfassung gebe dem Gesetzgeber keinen expliziten Regelungsweg vor, der sich von seiner Ergänzung der einschlägigen Normen (hier: § 32 S. 1 i.V.m. § 28 Abs. 1 IfSG) um § 28a IfSG und somit seinem Festhalten an dem bisherigen Regelungsregime des Infektionsschutzgesetzes unterscheiden würde. Die jeweiligen Maßnahmen seien auch in hinreichend bestimmter Weise formuliert, wobei sie der verordnungsgebenden Exekutive die weiterhin notwendigen Spielräume überließen. Die zeitliche Dauer sowie das Ausmaß und die Intensität der in Betracht kommenden Maßnahmen würden mit § 28a IfSG in

[635] Zu diesem Absatz *Wiedmann*, BRZ 2021, 87 (96 ff.); kritisch bezüglich der Verknüpfung mit der Feststellung einer epidemischen Lage von nationaler Tragweite: *Sangs*, NVwZ 2020, 1780 (1784).

[636] *Gölzer/Fischer-Uebler/Schaub*, NVwZ 2021, 928 (931).

[637] *Sangs*, NVwZ 2020, 1780 (1784).

[638] BGBl. I S. 802.

[639] *Gölzer/Fischer-Uebler/Schaub*, NVwZ 2021, 928 (935).

[640] Dazu z.B. *Fleischfresser* in: Kluckert, Das neue Infektionsschutzrecht, 2. Auflage 2021, § 18, Rn. 85 ff.; *Kuhlmann*, JM 2021, 288 (289 ff.).

[641] Diese Teile der Literatur übertragen zwar die Kritik an § 28a IfSG auf § 32 IfSG, halten sie aber nicht für durchschlagend. Siehe *Kießling* in: Kießling, IfSG, 3. Auflage 2022, § 32 IfSG, Rn. 6 f.; *Lindner* in: Schmidt, Rechtsfragen zur Corona-Krise, 3. Auflage 2021, § 18, Rn. 46.

parlamentsgesetzlicher Form bestimmt, wobei ein materieller und prozeduraler Rahmen für die Exekutive abgesteckt worden sei.[642] Durch die Bezugnahme des § 32 IfSG auf § 28a IfSG sei im größeren Maße als zuvor festgelegt, welchen Inhalts die Rechtsverordnungen sein dürfen. Dieser Inhalt würde aufgrund der Begründungspflicht aus § 28a Abs. 5 IfSG für Rechtsverordnungen transparent, welche zuvor nicht bestanden hatte.[643] Der Gesetzgeber habe die Abwägung der jeweils betroffenen Schutzgüter bereits auslegungsfähig vorgenommen und der Zweck der Verhinderung einer unkontrollierbaren Gesamtsituation ließe sich § 28a IfSG entnehmen – obgleich der Gesetzgeber Letzteres nicht ausdrücklich entschieden hat, was wiederum zum Teil kritisiert wird[644], genüge dies aufgrund der Auslegungsfähigkeit des Gesetzes den verfassungsrechtlichen Anforderungen. Es sei zudem eine bewusste Entscheidung des Gesetzgebers zur Erhaltung von Flexibilität gewesen, die Ergreifung von Maßnahmen den Verordnungsgebern zu überlassen, sodass die Übernahme legislativer Verantwortung nicht dementiert werden solle.[645]

Die *Rechtsprechung* ging überwiegend[646] davon aus, dass jedenfalls seit Erlass des § 28a IfSG der Inhalt, der Zweck und das Ausmaß der erteilten Ermächtigung im Delegationsgesetz hinreichend bestimmt seien.[647] Erneut fällt bei der Betrachtung der Corona-Rechtsprechung auf, dass das Bestimmtheitsgebot des Art. 80 Abs. 1 S. 2 GG weiterhin häufig in Kombination mit dem Vorbehalt des Gesetzes – wiederum mehrfach unpräzise als Gesetzesvorbehalt[648] bezeichnet – thematisiert wurde. Jene Rechtsprechung vertrat mehrheitlich, dass die Rolle des Gesetzgebers erheblich gestärkt worden sei: Die möglichen Pandemiebekämpfungsmaßnahmen seien ausdrücklich in § 28a Abs. 1 IfSG beschrieben, sodass eine grundsätzliche gesetzgeberische Billigung dieser Maßnahmen gegeben sei und somit dem Vorbehalt des Gesetzes Rechnung getragen wurde.[649] Jedenfalls bestünden keine durchgreifenden Bedenken dagegen, dass dem Parlamentsvorbehalt und den Anforderungen der Wesentlichkeitstheorie nun Genüge getan sei.[650] Um dies zu begründen, berief sich die Judikatur vermehrt auf die Begründung des Entwurfs zu § 28a IfSG.[651] Der Gesetzgeber habe den Inhalt und die Reichweite der potentiellen Maßnahmen in § 28a IfSG selbst vorgesehen, sodass jene unmittelbar demokratisch legitimiert seien, woran auch der verbleibende Spielraum der Verordnungsgeber nichts ändere.

---

642 *Amhaouach/Huster/Kießling/Schaefer*, NVwZ 2021, 825 (826).

643 *Aligbe*, ARP 2020, 374 (379).

644 *Klafki*, Stellungnahme, Ausschussdrucksache 19(14)246(9), 1 (6 f.).

645 Zu diesem Absatz *Greve*, NVwZ 2020, 1786 (1786-1790, 1792); *Seiler*, JZ 2021, 924 (927); *Wiedmann*, BRZ 2021, 87 (97 f.); Wissenschaftliche Dienste des Deutschen Bundestages, Sachstand WD 3, 3000, 060/21, S. 7.

646 Vgl. *Kingreen* in: Huster/Kingreen, Handbuch Infektionsschutzrecht, 2. Auflage 2022, Kapitel 1, Rn. 136.

647 So z.B. OVG Berlin-Brandenburg, Beschluss vom 11.02.2021, OVG 11 S 11/21, BeckRS 2021, 2412, Rn. 29.

648 OVG Münster, Beschluss vom 15.12.2020, 13 B 1731/20.NE, BeckRS 2020, 36237, Rn. 21; OVG Berlin-Brandenburg, Beschluss vom 11.02.2021, OVG 11 S 11/21, BeckRS 2021, 2412, Rn. 26.

649 VGH München, Beschluss vom 08.12.2020, 20 NE 20.2461, BeckRS 2020, 34549, Rn. 30; OVG Berlin-Brandenburg, Beschluss vom 05.02.2021, OVG 11 S 10/21, BeckRS 2021, 1217, Rn. 17; OVG Berlin-Brandenburg, Beschluss vom 11.02.2021, OVG 11 S 11/21, BeckRS 2021, 2412, Rn. 29.

650 Vgl. VGH Mannheim, Beschluss vom 18.12.2020, 1 S 4028/20, BeckRS 2020, 36334, Rn. 25.

651 Z.B. VGH München, Beschluss vom 08.12.2020, 20 NE 20.2461, BeckRS 2020, 34549, Rn. 26 ff.; OVG Berlin-Brandenburg, Beschluss vom 11.02.2021, OVG 11 S 11/21, BeckRS 2021, 2412, Rn. 29.

Jener Spielraum sei sogar förderlich, da es noch immer kurzfristiger Reaktionen auf die Entwicklung der Pandemie bedurft habe, welche im Wege exekutiver Rechtsetzung eher als im parlamentarischen Gesetzgebungsverfahren erfolgen konnten.[652]

Für die Sondersituation der Corona-Pandemie wird hier mit der überwiegenden Ansicht in der Rechtsprechung sowie Teilen der Literatur davon ausgegangen, dass der Gesetzgeber seiner verfassungsrechtlichen Verpflichtung zur hinreichend bestimmten Regelung des Wesentlichen mit Erlass des § 28a IfSG nachgekommen ist.[653]

Jedenfalls ist von einem Gewinn an Rechtssicherheit im Kontext des Datenschutzes auszugehen, wenn die detaillierten Voraussetzungen für Normen, welche das Recht auf informationelle Selbstbestimmung einschränken – wonach Anlass, Zweck und Grenzen einer Datenerhebung, -verarbeitung etc. grundsätzlich bereichsspezifisch und präzise festgelegt werden müssen[654] – betrachtet werden. Nach § 28a Abs. 1 Nr. 17 a.F. bzw. Nr. 18 n.F. IfSG kann als Schutzmaßnahme im Sinne des § 28 Abs. 1 IfSG die Verarbeitung der Kontaktdaten von Kundinnen und Kunden, Gästen oder Veranstaltungsteilnehmerinnen und -teilnehmern angeordnet werden. Deren „Besuch" bildet somit den Anlass für die Kontaktdatenerhebung, was mit § 28a IfSG durch den Gesetzgeber festgelegt wurde. Es ist dabei auch bereichsspezifisch geregelt, dass die seit November 2020 parlamentsgesetzlich vorgezeichnete Maßnahme ausschließlich auf die Corona-Pandemie bezogen ist.

Der Umfang der datenbezogenen Maßnahme lässt sich durch Auslegung ermitteln: Da die Norm die Anordnung der Kundenkontaktdatenverarbeitung zulässt, „um nach Auftreten einer Infektion mit dem Coronavirus SARS-CoV-2 mögliche Infektionsketten nachverfolgen und unterbrechen zu können", folgt daraus, dass nur die zur Kontaktnachverfolgung notwendigen Daten von den Gästen anzugeben bzw. von den Verantwortlichen zu erheben und für vier Wochen zu speichern sind, was auch in § 28a Abs. 4 S. 1, 3 IfSG zum Ausdruck kommt.

Aus dem soeben Zitierten ergibt sich außerdem der legitimierende Zweck für die Datenerhebungsregelungen: Um Infektionsketten nachverfolgen und unterbrechen zu können, sind die personenbezogenen Daten der Gäste zu erheben. Inwieweit sie verarbeitet werden dürfen, ergibt sich aus § 28a Abs. 4 IfSG. Demnach dürfen die personenbezogenen Daten nicht zu einem anderen Zweck als der Aushändigung an die Gesundheitsämter[655], nachdem diese die

---

[652] Zu diesem Absatz OVG Münster, Beschluss vom 15.12.2020, 13 B 1731/20.NE, BeckRS 2020, 36237, Rn. 13, 20, 24-27; *Seiler*, JZ 2021, 924 (927).

[653] *Greve*, NVwZ 2020, 1786 (1792).

[654] BVerfGE 125, 260 (327 f.) m.w.N.; *Di Fabio* in: Dürig/Herzog/Scholz, Grundgesetz-Kommentar, 104. EL April 2024, Art. 2 Abs. 1 GG, Rn. 182; *Jarass* in: Jarass/Pieroth, Grundgesetz Kommentar, 18. Auflage 2024, Art. 2 GG, Rn. 66; *Kühling/Schildbach* in: Huster/Kingreen, Handbuch Infektionsschutzrecht, 2. Auflage 2022, Kapitel 6, Rn. 19; *Lang/Wilms*, Staatsrecht II, 2. Auflage 2020, Rn. 425.

[655] Die Gesundheitsämter sind die gemäß § 28a Abs. 4 S. 3 IfSG „nach Landesrecht für die Erhebung der Daten zuständigen Stellen".

Verantwortlichen dazu aufgefordert haben, verwendet werden.[656] Die Verantwortlichen sind im Falle der Anforderung der Daten zur Übermittlung an das jeweils zuständige Gesundheitsamt verpflichtet (§ 28a Abs. 4 S. 5 IfSG). Die Daten dürfen schließlich auch vom Gesundheitsamt nur zum Zwecke der Kontaktnachverfolgung verwendet werden (§ 28a Abs. 4 S. 6 IfSG) und sie sind zu löschen, wenn sie dafür nicht mehr benötigt werden (§ 28a Abs. 4 S. 7 IfSG).

Da stets ein sachgebietsbezogener, nicht verallgemeinerungsfähiger Maßstab anzulegen ist, steht der Wahrung des datenspezifischen Normenklarheitsgebots nicht entgegen, dass die zur Datenerhebung verpflichtende Norm selbst weiterhin in Form exekutiver Rechtsetzung ergeht. Im Rahmen der Corona-Pandemie ist sachgebietsbezogen und hinreichend normenklar in § 28a Abs. 1 Nr. 18, Abs. 4 IfSG festgelegt, dass und in welchen Grenzen eine solche Maßnahme zur Pandemiebekämpfung zulässig ist. Die parlamentsgesetzliche Regelungssubstanz ist insofern auch für die Normadressaten verstehbar und nachvollziehbar.

Die Regelung des § 28a Abs. 1 Nr. 17 a.F. bzw. Nr. 18 n.F., Abs. 4 IfSG ist außerdem verhältnismäßig. Sie ermächtigt nicht zu unverhältnismäßigen Maßnahmen.[657] Wie bereits erläutert ist die organisatorische Absicherung des Datenschutzes für die Angemessenheit einer Kontaktdatenerhebungsregelung zur Nachverfolgbarkeit von Infektionsketten von maßgebender Bedeutung. Hier enthält bereits § 28a Abs. 4 S. 2 IfSG, der die mögliche Anordnung einer solchen Datenerhebungsregelung vorsieht, selbst eine Regelung zum Schutz der personenbezogenen Daten der Gäste. Demnach sind schützende Vorkehrungen durch die privaten Verantwortlichen zu treffen, indem sie sicherzustellen haben, dass Unbefugte keine Kenntnis von den erhobenen Daten nehmen können.

Um das Risiko eines Datenmissbrauches zu begrenzen und um den aus Art. 2 Abs. 1 i.V.m. Art. 1 Abs. 1 GG entspringenden Vorgaben gerecht zu werden, bedarf es organisatorischer Sicherungen, welche in § 28a Abs. 4 IfSG hinlänglich getroffen wurden. Zukünftige derartige Regelungen zur Kundenkontaktdatenerhebung und -verarbeitung durch Private zur Infektionskettennachverfolgung in einer Pandemie sollten daher eine mit § 28a Abs. 4 S. 2 IfSG vergleichbare, bereichsspezifische Regelung mit einer Sicherung des Grundrechtsschutzes durch Verfahren enthalten.

VI. Ausblick: Rechtspolitische Maßgaben für zukünftige Pandemien

Im Frühjahr und Sommer 2020 stellten § 32 S. 1 i.V.m. § 28 Abs. 1 IfSG eine hinreichende gesetzliche Grundlage für die Vielzahl an Pandemieeindämmungsmaßnahmen dar, welche die Exekutive im Verordnungswege erließ. Nach hier vertretener Ansicht hätte es nach einem halben Jahr der Corona-Pandemie einer spezialgesetzlichen Grundlage – jedenfalls für die

[656] Die Regelung des § 28a Abs. 4 S. 6 IfSG wird in der Literatur überwiegend als Verwendungsverbot i.S.d. § 160 Abs. 4 StPO eingeordnet. Dazu *Kühling/Schildbach* in: in: Huster/Kingreen, Handbuch Infektionsschutzrecht, 2. Auflage 2022, Kapitel 6, Rn. 193; *Zentgraf/Schäfer*, DÖV 2021, 788 (794).

[657] Vgl. *Murswiek*, NVwZ Extra 2021, 1 (2).

verpflichtenden Datenverarbeitungsregelungen für Einrichtungsbetreibende zur Kontaktnachverfolgung – bedurft. Nur aufgrund der Unbekanntheit der epidemiologischen Situation im Jahr 2020 wird dem Gesetzgeber im Kontext der Corona-Pandemie ein Reaktionszeitraum von sechs Monaten zugebilligt. Im Falle des Auftretens einer zukünftigen, neuen Pandemie wäre dies anders zu beurteilen, da die Argumente, welche für die ersten Monate der Corona-Pandemie herangezogen werden, nicht ohne Differenzierungen auf eine weitere, noch hypothetische Pandemie übertragen werden können. Sollte erneut eine Pandemie ausbrechen, wovon laut einigen Stimmen in der Fachwissenschaft auszugehen ist[658], so ist diese Situation nicht mehr komplett neuartig und unbekannt. Die für die Corona-Pandemie geschaffene Rechtsgrundlage (§ 28a IfSG) kann in einer zukünftigen Pandemie nicht ohne Weiteres herangezogen werden, da sie ausdrücklich auf die Corona-Pandemie zugeschnitten ist.[659]

Zwei grundsätzliche Szenarien von zukünftigen Pandemien sind aktuell vorstellbar. *Einerseits* ist denkbar, dass eine kommende Pandemie von einem völlig anderen Krankheitserreger und somit einem nicht mit SARS-CoV-2 vergleichbaren Virus dominiert wird. Es könnte sich beispielsweise um ein Virus handeln, dass ausschließlich durch direkten Körperkontakt übertragen wird und nicht durch Aerosole. Sodann wäre (bei dem Beispiel bleibend) die Anordnung einer Maskenpflicht – wie es § 28a Abs. 1 Nr. 2 IfSG ermöglicht – nicht förderlich, um diese hypothetische Pandemie einzudämmen.

Andererseits besteht die Möglichkeit, dass eine zukünftige Pandemie durch ein mit SARS-CoV-2 vergleichbares Virus ausgelöst wird. Gemeint ist ein solches Virus, welches in ähnlicher Weise übertragen wird (via Tröpfcheninfektionen bzw. eingeatmete Aerosole), eine ähnliche Inkubationszeit hat (vier bis sechs Tage je nach Virusvariante), in vergleichbarer Weise wirkt sowie vergleichbare Krankheitssymptome (Husten, Fieber, Schnupfen, Störung des Geruchs- und/oder Geschmackssinns) hervorruft und laut Robert-Koch-Institut insbesondere Vorerkrankte und ältere Menschen zu den Risikogruppen zählen.[660] Hinsichtlich einer derart ausgestalteten und wirkenden Krankheit bestehen mittlerweile zahlreiche Erfahrungswerte. In einer solchen aktuell noch hypothetischen Pandemie, die in den Grundzügen mit der Corona-Pandemie vergleichbar ist[661], bedürfte es deutlich schneller als in der Corona-Pandemie einer spezialgesetzlichen Rechtsgrundlage, die sich im Idealfall an § 28a IfSG orientiert. In seiner jetzigen Form könnte § 28a IfSG nicht ohne Änderungen in einer künftigen Pandemie herangezogen werden, da § 28a IfSG schließlich in seinem Wortlaut auf die Corona-Pandemie beschränkt ist: in § 28a Abs. 1 IfSG heißt es explizit „zur Verhinderung der Verbreitung der

[658] https://www.zdf.de/nachrichten/wissen/who-pandemie-abkommen-corona-100.html; https://www.focus.de/gesundheit/news/ranking-der-gefaehrlichsten-erreger-forscher-warnen-diese-viren-koennten-naechste-pandemie-verursachen_id_259881032.html; https://www.vfa.de/de/arzneimittel-forschung/coronavirus/pandemiebereitschaft-abwehr-gegen-die-naechste-pandemie (zuletzt abgerufen: 18.09.2024).

[659] Wie bereits erwähnt unter E. V.

[660] Zu den wesentlichen Parametern von COVID-19: https://www.rki.de/DE/Content/InfAZ/N/Neuartiges_Coronavirus/Steckbrief.html (zuletzt abgerufen: 18.09.2024).

[661] D.h. eine Pandemie, die durch ein neues, mit SARS-CoV-2 vergleichbares Virus ausgelöst wird, wobei das neue Virus zu einer ähnlichen Atemwegserkrankung wie Corona führt und in ähnlicher Weise übertragen wird.

Coronavirus-Krankheit-2019 (COVID-19) (...)". Zugespitzt formuliert könnte allerdings möglicherweise ausreichen, wenn der Gesetzgeber in einer solchen zukünftigen, mit der Corona-Pandemie vergleichbaren Pandemie lediglich den Namen „Coronavirus-Krankheit-2019 (COVID-19)" im Wortlaut des § 28a Abs. 1 IfSG gegen das neue, noch hypothetische Virus bzw. die durch das Virus ausgelöste Krankheit austauschte, was gegebenenfalls zusammen mit der Feststellung der epidemischen Lage von nationaler Tragweite nach § 5 IfSG erfolgen könnte.

Mittlerweile gibt es einige erprobte Pandemiebekämpfungsmaßnahmen, welche bereits frühzeitig, auf regionale Gegebenheiten bezogen und befristet getroffen werden können. An den Katalog des § 28a Abs. 1 IfSG angelehnt kommen als bereits erprobte Schutzmaßnahmen in Betracht: Ausgangs- und Kontaktbeschränkungen; die Beschränkung oder Schließung von Einrichtungen und Betrieben; die Erstellung von Hygienekonzepten für Betriebe, Einrichtungen oder Angebote mit Publikumsverkehr; die Beschränkung oder Untersagung von Veranstaltungen, Versammlungen und Reisen; die Anordnung eines Abstandsgebots im öffentlichen Raum; die Verpflichtung zum Tragen einer Mund-Nasen-Bedeckung in bestimmten Bereichen des öffentlichen Lebens; das Verbot der Alkoholabgabe und des Alkoholkonsums auf bestimmten öffentlichen Plätzen oder zu bestimmten Zeiten; Sperrstunden für die Gastronomie; die Erhebung, Speicherung und Schutz der Kontaktdaten von Kunden, Gästen oder Veranstaltungsteilnehmern.[662] Die genannten Maßnahmen könnten als Standardmaßnahmen in zukünftigen Pandemien formuliert werden. Diesem Vorschlag wird zuweilen entgegengehalten, dass bei einer solchen Regelung womöglich Schutzlücken entstehen könnten, da Standardmaßnahmen den Rückgriff auf die Generalklausel regelmäßig erschweren, wenn nicht sogar sperren, was ein dynamisches Reagieren auf aktuelle epidemiologische Entwicklungen vereiteln könnte. Wenn sich der Gesetzgeber in Zukunft also für eine Regelung exakter Tatbestandsmerkmale und Rechtsfolgen entscheiden würde, könnte dies einerseits zu starr für eine sich ständig verändernde Pandemiesituation sein oder andererseits die Gefahr der Übernormierung drohen.[663]

Dem Gesetzgeber muss jedenfalls ein Übergangszeitraum eingeräumt werden, um auf Besonderheiten zu reagieren und um die Eigenheiten einer aktuell noch hypothetischen Pandemie würdigen zu können. Dieser Zeitraum wäre aufgrund der soeben genannten Erwägungen jedoch deutlich kürzer zu bemessen als im Rahmen der Corona-Pandemie, sollte diese zukünftige Pandemie mit der Corona-Pandemie im Wesentlichen vergleichbar sein. Hingegen sollte der Übergangszeitraum für den Rückgriff auf die infektionsschutzrechtliche Generalklausel bzw. für Reaktionen des Gesetzgebers wiederum länger bemessen werden, sollte es sich um eine völlig neuartige, bisher noch unbekannte Krankheit handeln, welche die hypothetische Pandemie auslöst.

---

[662] Siehe auch BR- Drs. 640/20, S. 2 f.; VerfGH Thüringen, Beschluss vom 19.05.2021, VerfGH 110/20, S. 22 f.

[663] Dazu *Greve*, NVwZ 2020, 1786 (1788).

Da gegenwärtig im Jahr 2024 schon vielfältige Pandemieeindämmungsmaßnahmen erprobt sind und das Auftreten einer neuen Pandemie nicht unrealistisch ist, stellt sich die Frage, ob der Gesetzgeber nicht bereits jetzt tätig werden und Regelungen für zukünftige Pandemien schaffen sollte. Dazu könnte das Infektionsschutzgesetz um eine Norm oder mehrere Normen ergänzt werden, welche sowohl einen Maßnahmenkatalog als auch eine Verordnungsermächtigung enthalten und allgemein formuliert, also nicht wie die § 28a bis § 28c IfSG auf eine bestimmte Pandemie begrenzt, sind. Wenn dies geschehen würde, müsste nicht umgehend unter aktuell noch unvorhersehbaren Pandemiebedingungen ein Gesetz geschaffen werden, um dem begrenzt möglichen Zugriff auf die Generalklausel zu begegnen. Der aktuelle Gesetzgeber könnte die Erfahrungen der vergangenen vier Jahre verwerten und der zukünftige Gesetzgeber müsste nicht „von Null anfangen“, sondern es könnte auf jenes allgemein auf Pandemien bezogene Gesetz zurückgegriffen werden, welches im Verlauf einer neuen Pandemie situationsspezifisch modifiziert werden könnte, um auf die jeweiligen Pandemiegegebenheiten zu reagieren. Dies trägt dem Umstand Rechnung, dass noch nicht absehbar ist, ob und in welcher Form das Parlament im Falle eines erneuten Pandemieausbruchs überhaupt zusammenkommen könnte, zumal die Durchführung von virtuellen Parlamentssitzungen ohne körperliche Präsenz überwiegend als verfassungswidrig eingeordnet wird, da das Grundgesetz an mehreren Stellen[664] die physische Anwesenheit der Abgeordneten voraussetzt.[665] Eine Gefährdung der Funktionsfähigkeit des Bundestages könnte insofern vermieden werden.[666] Dass diesbezügliche Unsicherheiten und praktische Schwierigkeiten bestehen, zeigte sich im Thüringer Landtag, welcher im April 2020 nicht tagen konnte, da der aus Infektionsschutzgründen erforderliche Mindestabstand zwischen den Parlamentariern im Plenarsaal nicht eingehalten werden konnte. Daher wurde der Versuch unternommen, größere Räumlichkeiten der Messe Erfurt, des Flughafens oder der Eissporthalle für Plenarsitzungen zu nutzen.[667] Schließlich konnte die folgende Sitzung im Mai 2020 im Parksaal der Arena in Erfurt durchgeführt werden.[668]

Da das abermalige Auftreten einer Pandemie nicht ausgeschlossen ist und der Gesetzgeber jedenfalls in einer neuen, mit der Corona-Pandemie vergleichbaren Pandemie schneller agieren müsste, könnte daraus möglicherweise ein vorwirkender Gesetzgebungsauftrag hergeleitet werden. Aus den in der Corona-Pandemie gesammelten Erfahrungen heraus könnte es notwendig sein, dass der Gesetzgeber unmittelbar tätig wird und ausreichende Vorsorge trifft, anstelle die Entscheidung auf einen zukünftigen, jetzt noch nicht greifbaren Gesetzgeber zu

---

[664] Vgl. Art. 39 Abs. 3 S. 1, Art. 42 Abs. 1 S. 3, Abs. 3, Art. 43 Abs. 2 GG.

[665] *Friehe*, JA 2021, 831 (838); *Michl*, JuS 2020, 643 (645); Ausarbeitung des Wissenschaftlichen Dienstes des Deutschen Bundestages, WD 3, 3000, 084/20, S. 3 ff.; eine digitale Durchführung von Parlamentssitzungen auf Landesebene befürwortend *Brüning*, NVwZ 2021, 272 (274 f.); sogar auf Bundesebene *Lenz/Schulte*, NVwZ 2020, 744 (749); zur kommunalverfassungsrechtlichen Ebene siehe *Meyer*, NVwZ 2020, 1302 (1305 ff.); außerdem (mit Blick auf die kommunale Ebene) *Wacker*, NVwZ 2020, 922 (923-926).

[666] https://www.sueddeutsche.de/politik/virtueller-bundestag-corona-schaeuble-digitaler-1.4874777 (zuletzt abgerufen: 18.09.2024).

[667] https://www.spiegel.de/politik/deutschland/corona-krise-landtag-in-thueringen-sucht-ausweichquartier-a-fc5df590-24d5-48fe-b0af-9f144e45c550 (zuletzt abgerufen: 18.09.2024).

[668] Siehe Thüringer Landtag, Plenarprotokoll 7/11, 08.05.2020, S. 678.

verlagern[669], wobei ein frühzeitiges Herangehen im Endeffekt grundrechtsschonender sein könnte.[670]

Doch wenn davon ausgegangen würde, dass das gesetzgeberische Unterlassen bereits aktuell verfassungswidrig ist, dann würde mit dieser Annahme die Unterstellung einhergehen, dass der (zukünftige) Gesetzgeber in einer mit der Corona-Pandemie vergleichbaren Pandemie nicht schneller als im Jahr 2020 tätig würde. Dafür gibt es jedoch keine überzeugenden Anhaltspunkte.

Aus dem Verhältnismäßigkeitsgrundsatz entsteht im hiesigen Kontext ebenfalls keine Pflicht des Gesetzgebers zu einem aktuellen Tätigwerden.[671] In dieser Hinsicht ergibt sich aus dem Klimaschutz-Beschluss des Bundesverfassungsgerichts aus dem Jahr 2021[672] nichts anderes: In diesem Beschluss hat sich gezeigt, dass der Verhältnismäßigkeitsgrundsatz unter bestimmten Voraussetzungen laut Bundesverfassungsgericht durchaus geeignet sein kann, Handlungspflichten des Gesetzgebers zu begründen – eine Erkenntnis, die in einer Pandemiesituation auf den ersten Blick von erheblicher Relevanz sein könnte.

Das Bundesverfassungsgericht hat im Klimaschutz-Beschluss nicht die klassische Dogmatik der Schutzpflichten bemüht, sondern eine abwehrrechtliche Konstruktion herangezogen, welche *gegenwärtige* Regelungen als „eingriffsähnliche Vorwirkungen"[673] auf *zukünftige* Freiheitsrechte einordnet.[674] Die so genannte „intertemporale Freiheitssicherung"[675] ziele darauf ab, dass sich die jetzt lebende Generation keine strukturellen Lasten schaffe, welche nachfolgende Generationen in unverhältnismäßiger Weise zu potentiell extremen Restriktionen zwingen würden.[676]

Der Klimaschutz-Beschluss stieß in vielerlei Hinsicht auf erhebliche Kritik – insbesondere hinsichtlich des hier angesprochenen und problematisierten Aspekts. So wird beispielsweise darauf hingewiesen, dass die Ableitung einer Handlungspflicht aus dem Verhältnismäßigkeitsgrundsatz bereits für sich genommen methodisch fragwürdig sei.[677]

---

669 Vgl. zu einer Parallele zwischen Corona-Pandemie und Klima-Krise *Wagner*, NJW 2021, 2256 (2259 f., 2261).

670 Zu dieser Erwägung im Kontext des Klimaschutzbeschlusses des BVerfG NVwZ 2021, 951 siehe *Hofmann*, NVwZ 2021, 1587 (1589).

671 Dazu, dass der Verhältnismäßigkeitsgrundsatz für sich genommen keine Handlungspflicht gebietet: *Berkemann*, DÖV 2021, 701 (712).

672 BVerfG, Beschluss vom 24.03.2021, 1 BvR 2656/18 u.a.;

673 BVerfG, Beschluss vom 24.03.2021, 1 BvR 2656/18 u.a., Rn. 183 f.; 187, 189, 191; *Kahl*, EnWZ 2021, 268 (269 f.).

674 Vgl. zu diesem Aspekt kritisch *Breuer*, NVwZ 2022, 1233 (1239).

675 BVerfG, Beschluss vom 24.03.2021, 1 BvR 2656/18 u.a., 4. Leitsatz, Rn. 122, 183.

676 Dazu und zu diesem Absatz insgesamt: *Kahl*, EnWZ 2021, 268 (274); mit Blick auf die intertemporale Frei heitssicherung kritisch *Hofmann*, NVwZ 2021, 1587 (1588).

677 So beispielsweise *Berkemann*, DÖV 2021, 701.

Andere sprechen zwar von einer „bei wohlwollender Bewertung [...] innovativ[en]" Konstruktion des Bundesverfassungsgerichts – diese stelle sich jedoch bei „kritischer Sicht [...] als freischöpferische Deutung der Verfassungslage dar"[678] beziehungsweise als eine versteckte Prüfung des Untermaßgebots der Schutzpflichten, die das Bundesverfassungsgericht nicht offen ausgesprochen, sondern hinter der Fassade der abwehrrechtlichen Konstruktion verborgen habe.[679]

Das Bundesverfassungsgericht habe sich im Klimaschutz-Beschluss die „Rolle eines weit vorausschauenden Gesetzgebers" angemaßt, „indem es justiziable Ansprüche auf eine bestimmte Klimaschutzpolitik" eingeräumt habe.[680] In seinem Verhalten liege den Kritikern zufolge eine Kompetenzüberschreitung. Ähnlich, aber noch schärfer formuliert es Breuer, wenn er schreibt:

> „Soweit die vorauseilenden Ziel- und Reduktionsfixierungen des Gesetzes wegen ihres abstrakten Gehalts unvollständig und so nicht vollzugsfähig sind, ist das BVerfG aufgrund seiner Kontrollkompetenz nicht befugt, die fehlenden politischen Entscheidungen über Änderungen, Ergänzungen und effektive Operationalisierungen der gesetzlichen Klimaziele und Emissionsbegrenzungen an sich zu ziehen. Es darf Regelungen dieses Inhalts weder selbst vornehmen noch dem Gesetzgeber verpflichtend aufgeben."[681]

Unabhängig von den kritisierten, dogmatischen Unsicherheiten reflektiert der Klimaschutz-Beschluss jedenfalls eine aktuelle Tendenz in der Verfassungsrechtsprechung, nach der das Untermaßverbot sowie die Beobachtungs- sowie Nachbesserungspflichten des Gesetzgebers die Grundlage von Handlungspflichten darzustellen vermögen, welche aus dem Verhältnismäßigkeitsgrundsatz in verschiedenen Kontexten abgeleitet werden können. Dies legt die Annahme nahe, dass die strikte Verneinung von Handlungspflichten mit Blick auf zukünftige Pandemien nicht ohne Weiteres haltbar ist. Allerdings hält diese Annahme bei näherer Betrachtung nicht stand. Wie Spieth und Hellermann betonen, kann die Formel „‚Not kennt kein Gebot' [...] im freiheitlich-demokratischen Rechtsstaat keine Geltung beanspruchen" – und tatsächlich haben die Gerichte der Exekutive während der Corona-Pandemie – laut den Autoren „zu Recht" – „immer wieder die Grenzen des verfassungsrechtlich Zulässigen aufgezeigt und damit klargestellt, dass selbst existenzielle Krisen den staatlichen Stellen keine ‚carte blanche' für Grundrechtseingriffe vermitteln"[682]. Diesen Gedanken vermag man auf gesetzgeberische Unterlassungen zu übertragen. Zudem bleibt die gerichtliche Kontrolldichte in diesem Kontext beschränkt.[683]

---

[678] Beide Zitate *Breuer*, NVwZ 2020, 1233 (1234).

[679] Zu Letzterem *Calliess*, ZUR 2021, 355 (357); *Hofmann*, NVwZ 2021, 1587 (1588); *Kahl*, EnWZ 2021, 268 (273).

[680] Beide Zitate *Hofmann*, NVwZ 2021, 1587 (1588).

[681] *Breuer*, NVwZ 2022, 1233 (1237).

[682] Zu den drei Zitaten *Spieth/Hellermann*, NVwZ 2020, 1405.

[683] Vgl. *Wagner*, NJW 2021, 2256 (2259 f.).

Wenn man nun trotz der überzeugenden Argumenten der Kritiker mit dem Bundesverfassungsgericht zugesteht, dass ein aktuelles gesetzliches Unterlassen *generell* unter dem Gesichtspunkt unverhältnismäßiger Belastungen zukünftiger Freiheit problematisch sein könne, so könnte gegebenenfalls auch ein gegenwärtiges Unterlassen der Schaffung von Regelungen bezogen auf eine neue Pandemie unter denselben Maßstäben zu prüfen sein.

Allerdings – und darauf kommt es nach hier vertretener Ansicht an – müssen diese Positionen und Situationen streng voneinander getrennt werden: Der entscheidende Unterschied zwischen der Konstellation im Klimaschutz-Beschluss und (der Schaffung) einer auf zukünftige Pandemien bezogenen Regelung liegt darin, dass beim Klimaschutz *auf der einen Seite* die grundsätzliche Richtung der erforderlichen Maßnahmen zur Emissionsreduktion bereits bekannt und somit das zu erwartende Problem in seinen wesentlichen Konturen absehbar ist, während bei zukünftigen Pandemien *auf der anderen Seite* die konkrete Entwicklung hingegen noch nicht hinreichend absehbar ist und die Wissenschaft aktuell nur unter erheblichen Unsicherheiten Handlungsempfehlungen geben kann.

Daher können aus dem Klimaschutz-Beschluss keine Handlungspflichten des Gesetzgebers in der hiesigen Situation folgen. Mit anderen Worten: Der Gesetzgeber und gleichermaßen die Politik sollten sich zwar auf eine neue Pandemie vorbereiten – Dies führt jedoch nicht dazu, dass Ersterer aus verfassungsrechtlichen Gründen schon jetzt zur Schaffung einer parlamentsgesetzlichen Regelung verpflichtet wäre.

Dagegen spricht außerdem, dass zukünftige Pandemien andere als die aus der Corona-Pandemie bekannten Maßnahmen fordern könnten, die jetzt noch nicht vorstellbar sind.[684] Dies könnte es erforderlich machen, die Übergangszeiträume neu zu bestimmen. Außerdem gelten für den zukünftigen Gesetzgeber gegebenenfalls andere Mehrheitsverhältnisse. Zwar wurden einige Erfahrungen im Rahmen der Corona-Pandemie gesammelt – beispielsweise über die Wirksamkeit, Effektivität und Folgen von sog. Lockdowns und Schulschließungen.[685] Jedoch ist aktuell nicht vollständig vorhersehbar, inwiefern diese Erfahrungen in einer andersartigen, noch hypothetischen Pandemie übertragbar sein werden. Es könnten weitere Maßnahmen notwendig werden, die aktuell schlicht nicht regelbar sind. Solche nicht mit der Corona-Pandemie vergleichbare Pandemien sind aktuell noch nicht greifbar, weshalb der Gesetzgeber in diesem hypothetischen Szenario eine angemessene, aktuell nicht bezifferbare Zeitspanne benötigt, um möglicherweise erforderlich werdende Maßnahmen zu formulieren. Ein neues Regelungsbedürfnis entsteht nämlich gerade dann, wenn sich neuartige Probleme stellen, für die es noch keine Erfahrungen gibt.

---

[684] Insbesondere in der Konstellation einer völlig andersartigen Pandemie als der Corona-Pandemie.

[685] Siehe z.B. zu Schulschließungen BVerfGE 159, 355; zu Lockdowns https://www.mpg.de/19873933/0213-bild-covid-19-massnahmen-149835-x; https://www.praeventionstag.de/nano.cms/news/details/8108 (beide zuletzt abgerufen: 18.09.2024).

Der Vorschlag, auf Pandemien bezogene Normen bereits gegenwärtig im Infektionsschutzgesetz zu ergänzen, folgt nach alledem nicht aus einer verfassungsrechtlichen Notwendigkeit, sondern er basiert auf den Erfahrungen aus der Corona-Pandemie und daraus resultierenden, rechtspolitischen Erwägungen.

F. Zusammenfassung

Während der Corona-Pandemie erfolgten in Deutschland in den Jahren 2020 bis 2022 unter anderem schwerwiegende mittelbare Grundrechtseingriffe in das Recht auf informationelle Selbstbestimmung aus Art. 2 Abs. 1 i.V.m. Art. 1 Abs. 1 GG sowie in die Landesgrundrechte auf Datenschutz. Letztere sind im hiesigen Kontext als Mehrgewährleistung anzusehen, die „in Übereinstimmung" im Sinne des Art. 142 GG mit dem Grundgesetz stehen und daher neben den Bundesgrundrechten in Kraft bleiben.[686]

Dass im hiesigen Kontext nicht die Unionsgrundrechte vorrangig vor den Bundes- und Landesgrundrechten Anwendung finden, ist dem Umstand geschuldet, dass sowohl Art. 6 Abs. 1 UAbs. 1 lit. c, Abs. 2, 3 DSGVO als auch Art. 9 Abs. 2 lit. i DSGVO den Mitgliedstaaten Spielräume gewähren. Die Regelungen der verpflichtenden Datenerhebung und Datenverarbeitung durch die in den Corona-Verordnungen benannten Einrichtungsbetreibenden wurden nicht in einem vollständig unionsrechtlich determinierten Bereich erlassen, was eine Kontrolle am Maßstab der deutschen Grundrechte ermöglicht.[687]

In der Zeit nach dem ersten Lockdown im Jahr 2020 bis zum Erlass des § 28a IfSG am 18.11.2020 ordnete eine Vielzahl von Landesrechtsverordnungen an, dass verschiedene private Einrichtungsbetreiberinnen und -betreiber die Kontaktdaten[688] ihrer Gäste vor Zutrittsgewährung manuell oder mittels einer Applikation auf einem mobilen Endgerät digital zu erheben, überwiegend für vier Wochen aufzubewahren und dem Gesundheitsamt auf Anfrage zur Verfügung zu stellen hatten. Die Gäste hatten damit nur die Möglichkeit, entweder auf einen Besuch dieser Einrichtungen oder Veranstaltungen zu verzichten, um einer Erhebung und Verarbeitung ihrer personenbezogenen Daten zu entgehen, oder sie gingen bei einem Besuch das Risiko ein, dass die von ihnen angegebenen personenbezogenen Daten für die Erstellung von Bewegungs- und Persönlichkeitsprofilen genutzt werden konnten. Derartige verpflichtende Regelungen zur Kontaktdatenerhebung richteten sich nicht direkt an die Gäste selbst, sondern sie griffen mittelbar in deren Grundrecht auf Datenschutz ein. Es ist dabei nicht von einer wirksamen Zustimmung der Betroffenen im Sinne eines freiwilligen Grundrechtsverzichts auszugehen.[689]

Von Anbeginn der Corona-Pandemie bis zum Erlass des § 28a IfSG im November 2020 wurden die Corona-Verordnungen der Landesregierungen auf der Grundlage von § 32 S. 1 i.V.m. § 28 Abs. 1 IfSG[690] erlassen. In der Rechtsprechung und in der Literatur war zu dieser Zeit umstritten, ob die § 32 S. 1 i.V.m. § 28 Abs. 1 IfSG als Delegationsgesetz mit der Befugnis,

---

686 Dazu oben unter B.

687 Siehe dazu E. III.

688 Die von den Kunden und Gästen anzugebenden Daten bestanden i.d.R. aus deren Namen, dem Datum und der Uhrzeit des Aufenthaltes, deren Telefonnummer und Post- oder Mailanschrift.

689 Zum Aspekt der Zustimmung siehe E. I.

690 Letzterer in der Fassung vom 28.03.2020, geändert durch Art. 1 des Gesetzes vom 27.03.2020, BGBl. I S. 587.

J. S. Materne, *Das Recht auf informationelle Selbstbestimmung in der Corona-Pandemie*, https://doi.org/10.1007/978-3-658-50962-0_6

„die notwendigen Schutzmaßnahmen zu treffen", die Vorgaben des Bestimmtheitsgebots aus Art. 80 Abs. 1 S. 2 GG sowie die Anforderungen des Vorbehalts des Gesetzes wahrten.

Die Rechtsprechung sah das zum Verordnungserlass ermächtigende Gesetz für grundrechtsbeschränkende Maßnahmen vor allem im Anfangsstadium der Pandemie – im Frühjahr und Sommer 2020 – beinahe stets als eine den verfassungsrechtlichen Anforderungen genügende Grundlage an. Im Herbst und Winter 2020 wurden hingegen vermehrt „Zweifel" oder „Bedenken" gegen die Tauglichkeit von § 32 S. 1 i.V.m. § 28 Abs. 1 IfSG als Delegationsgesetz in der Rechtsprechung geäußert.[691] In diesem Umstand ist ein graduelles Muster in deren Entwicklung zu sehen, welches nicht stufenförmig, sondern als ansteigende Kurve zu verstehen ist.

Im Stadium des Pandemiebeginns war auch der Großteil der Literatur der Ansicht, dass § 32 S. 1 i.V.m. § 28 Abs. 1 IfSG hinreichend bestimmt i.S.d. Art. 80 Abs. 1 S. 2 GG waren und die Voraussetzungen des Vorbehalts des Gesetzes zu wahren vermochten.[692] Allerdings wurde in der Literatur früher und vehementer als in der Rechtsprechung bestritten, dass § 32 S. 1 i.V.m. § 28 Abs. 1 IfSG eine taugliche gesetzliche Grundlage für die erheblichen Grundrechtseingriffe in Rechtsverordnungen zur Pandemiebekämpfung darstellten. Dabei trennte die Literatur überwiegend konsequenter als die Rechtsprechung zwischen den Voraussetzungen des Vorbehalts des Gesetzes einerseits und jenen des Bestimmtheitsgebots aus Art. 80 Abs. 1 S. 2 GG andererseits.

Einige Gerichte gingen noch im Oktober und November 2020, dass § 32 S. 1 i.V.m. § 28 Abs. 1 IfSG eine taugliche Grundlage für verschiedenste Grundrechtsbeeinträchtigungen in den Corona-Rechtsverordnungen waren.[693] Doch dies ging zu weit: Der Zeitraum von März 2020 (ab dem Erlass erster Pandemiebekämpfungsmaßnahmen) bis Ende November 2020 war für einen verfassungskonformen Zugriff auf die Generalklausel zu lang. Zwar lässt sich rückblickend kein genauer Tag für den Beginn der Zuständigkeit des Parlaments ausmachen. Doch nicht nur die Gerichte hätten in der jeweiligen Situation bloß Zweifel an der Tauglichkeit von § 32 S. 1 i.V.m. § 28 Abs. 1 IfSG als Delegationsgesetz haben müssen. Vielmehr hätte der Gesetzgeber selbst früher erkennen müssen, dass die §§ 28-32 IfSG auf eine globale Pandemie mit erheblichen, flächendeckenden Grundrechtseingriffen nicht zugeschnitten sind und dass sie lediglich kurzfristig und übergangsweise eine taugliche Grundlage für solche Eingriffe bilden können.

Anschließend wurde thematisiert, welche Gründe es dafür gegeben haben könnte, dass diverse Gerichte nicht früher zu dem gleichen Schluss wie die überwiegende Literatur (mangelnde Tauglichkeit von § 32 S. 1 i.V.m. § 28 Abs. 1 IfSG für schwerwiegende Grundrechtseingriffe

[691] Zu den Aspekten dieses Absatzes siehe C. I.

[692] Zur Literatur siehe C. II.

[693] Dazu C. I. 1.

nach mehreren Monaten der Corona-Pandemie) gekommen sind. Zudem wurden weitere Besonderheiten der Corona-Rechtsprechung problematisiert.[694]

Aus der hier getroffenen Annahme, dass der Übergangszeitraum für einen verfassungskonformen Rückgriff auf § 32 S. 1 i.V.m. § 28 Abs. 1 IfSG als Delegationsgesetz nach einem halben Jahr der Corona-Pandemie abgelaufen war, resultiert die Rechtsfolge, dass alle ab diesem Zeitpunkt erlassenen Corona-Verordnungen bis zum Erlass des § 28a IfSG im November 2020 verfassungswidrig sind. Jene Verfassungswidrigkeit führt nach hier vertretener Ansicht nicht zur Nichtigkeit der Corona-Verordnungen. Wenn das Bundesverfassungsgericht hypothetisch im Sommer 2020 zu dem hier behandelten Problem hätte entscheiden müssen, so spricht vieles dafür, dass es allenfalls die Unvereinbarkeit mit dem Grundgesetz, nicht aber die Nichtigkeit der Verordnungen festgestellt hätte.[695] Ferner hätte es diese Unvereinbarkeitserklärung verbinden können mit einer befristeten Weitergeltungsanordnung der verfassungswidrigen Regelung, da die Unanwendbarkeit der Corona-Verordnungen dem Schutz überragender Gemeinschaftsgüter entgegengestanden hätte und unter Abwägung der jeweils betroffenen Grundrechte der Eingriff vorübergehend hinzunehmen war. So hätte das Bundesverfassungsgericht dem Gesetzgeber eine Frist bis zum Ablauf des 31. Dezember 2020 setzen können.

Ferner muss laut der Rechtsprechung des Bundesverfassungsgerichts stets ein „Gesetz“ bei einer Beeinträchtigung des Schutzbereichs des Rechts auf informationelle Selbstbestimmung vorliegen, welches „Voraussetzungen und Umfang der Beschränkung hinreichend klar umschreibt und überdies dem Grundsatz der Verhältnismäßigkeit genügt“[696]. Diese Anforderungen hatte das Bundesverfassungsgericht vor über 40 Jahren im Volkszählungsurteil[697] aus dem Jahre 1983 aufgestellt.[698] Der Kontext und die technischen Möglichkeiten haben sich allerdings heutzutage erheblich geändert. Das Bundesverfassungsgericht und alle, die an dessen Dogmatik anknüpfen, hatten bei dem Erlass des Volkszählungsurteils eine Situation wie die Corona-Pandemie nicht vor Augen.

Mit Blick auf jene Pandemiesituation sollte der Schwerpunkt der Ausführungen zu den Normenklarheitsanforderungen nicht in der ausnahmslosen Forderung nach einer normenklaren parlamentsgesetzlichen Grundlage gesehen werden, sondern generell in der für eine verfassungskonforme Einschränkung des Grundrechts auf Datenschutz notwendigen Voraussetzung, dass die genannten Anforderungen an die Normenklarheit erfüllt werden – bestenfalls durch den Gesetzgeber, gegebenenfalls jedoch im Wege exekutiver Rechtsetzung.

[694] Dazu C. IV.

[695] Siehe zu den Rechtsfolgen C. V.

[696] BVerfGE 92, 191 (197).

[697] BVerfGE 65, 1.

[698] Dazu D. I. 1.

Wenn im Rahmen der Pandemie keine pauschale Grenze exekutiver Rechtsetzungsbefugnisse beim Datenschutz gezogen wird, so kann ausnahmsweise genügen, dass die Corona-Rechtsverordnungen aus dem Jahre 2020 den Anlass, Zweck und die Grenzen der Kundenkontaktdatenverarbeitung bereichsspezifisch, präzise und normenklar regelten.[699]

Da bei Beeinträchtigungen des Grundrechts auf Datenschutz außerdem grundsätzlich gefordert wird, dass prozedurale und organisatorische Vorkehrungen für den Datenschutz getroffen werden, wird in der Angemessenheitsbeurteilung im Rahmen der Verhältnismäßigkeit der Aspekt des Grundrechtsschutzes durch Verfahren relevant.[700] Anhand einer Betrachtung, ob und in welcher Ausgestaltung verfahrensbezogene Anforderungen zum Schutz der Daten in den Corona-Verordnungen enthalten waren oder nicht, lassen sich zwei Fallgruppen bilden, wovon eine als regelmäßig verfassungskonform und eine als verfassungswidrig eingeordnet wird.

Für diese Einordnung spielen die Regelungen der Corona-Verordnungen hinsichtlich Ordnungswidrigkeiten eine entscheidende Rolle.[701] Als grundsätzliche Gemeinsamkeit war festzustellen: Wenn in der jeweiligen Rechtsverordnung eine Pflicht zur Erhebung von personenbezogenen Daten der Gäste zur Infektionskettennachverfolgung enthalten war, war größtenteils das Nichterfüllen dieser Pflicht durch die Verantwortlichen überwiegend unter Verweis auf § 73 Abs. 1a Nr. 24 IfSG bußgeldbewehrt. Ein Großteil der Corona-Rechtsverordnungen regelte, dass es eine Ordnungswidrigkeit darstellte, wenn die Verantwortlichen entgegen einer verpflichtenden Datenerhebungsregelung in der jeweiligen Rechtsverordnung gar keine Gästeliste oder Anwesenheitsliste führten.

Andere Corona-Verordnungen enthielten darüber hinaus Regelungen zum Schutz der durch die Einrichtungsbetreiberinnen und -betreiber zu erhebenden Daten. In einem Teil der Rechtsverordnungen befand sich die Regelung, dass die Daten vor dem Zugriff unbefugter Dritter zu schützen seien. Ein kleiner Teil der Rechtsverordnungen griff diese Regelung zum Schutz der Daten wiederum im Rahmen des Ordnungswidrigkeitenkatalogs auf. Vergleichsweise selten fand sich eine konkrete bußgeldbewehrte Pflicht hinsichtlich des Schutzes der Daten.

Darin, dass derartige Bußgeldregelungen in den Corona-Verordnungen getroffen wurden, wurde zum Teil ein Verstoß gegen das Bestimmtheitsgebot aus Art. 103 Abs. 2 GG gesehen.[702] Es sollte allerdings differenziert werden zwischen dem Maßstab für Straftatbestände und dem Maßstab für Bußgeldtatbestände. Hier wird von reduzierten Anforderungen an die Bestimmtheit von Bußgeldtatbeständen ausgegangen.

Vorliegend wird differenziert zwischen Ordnungswidrigkeitennormen der Corona-Rechtsverordnungen, welche pauschal auf sämtliche vorstehende Normen verwiesen und Verstöße mit

[699] Siehe D. III.

[700] Mehr dazu unter E. IV. 2.

[701] Siehe E. IV. 2.

[702] Zu Art. 103 Abs. 2 GG siehe E. IV. 2. b.

einem Bußgeld bedroht haben und solchen, die nicht sämtliche Normen der Verordnung in Bezug nahmen, sondern bei denen erkennbar wurde, dass der Normgeber eine Auswahl getroffen hat, indem er auf einige Normen verwies, jedoch eben nicht auf alle.

Bei einer organisatorischen Absicherung des Datenschutzes kann eine Datenverarbeitungsregelung zur Kontaktnachverfolgung grundsätzlich angemessen und der mittelbare Eingriff gerechtfertigt sein. Diese Fallgruppe betrifft die Regelungen, welche hinsichtlich der Datenerhebungen in den jeweils betroffenen Einrichtungen anordneten, dass die Daten vor dem Zugriff unbefugter Dritter zu schützen seien sowie die strengeren Regelungen einer bußgeldbewehrten Pflicht zum Schutz der Daten in den Corona-Rechtsverordnungen.[703] Hingegen sind die Regelungen über die verpflichtende Datenerhebung und -verarbeitung durch private Dritte bei gänzlichem Fehlen solcher zusätzlichen Regelungen zum Schutz der Daten höchst eingriffsintensiv und regelmäßig als unangemessen einzuordnen.[704]

Die Rechtslage änderte sich zum 19. November 2020 mit Inkrafttreten der Neuregelung des § 28a IfSG. Dieser enthält einen nicht abschließenden Katalog von Regelbeispielen möglicher Maßnahmen im Sinne des § 28 Abs. 1 IfSG zur Eindämmung der Corona-Pandemie. Die Verordnungsermächtigung des § 32 S. 1 IfSG verweist nunmehr unter anderem auf § 28a IfSG, weshalb die betrachteten Datenverarbeitungsregelungen seit dem 19. November 2020 auf § 32 S. 1 i.V.m. §§ 28 Abs. 1, 28a Abs. 1 Nr. 17 a.F. bzw. Nr. 18 n.F., Abs. 4 IfSG als Delegationsgesetz gestützt werden können bzw. konnten.

Dabei stellte sich erneut die Frage, ob die Verordnungsermächtigung den Bestimmtheitsanforderungen des Art. 80 Abs. 1 S. 2 GG gerecht wird. Teilweise wurde in der Literatur davon ausgegangen, dass keine grundsätzlichen Bedenken gegen die Bestimmtheit von § 32 S. 1 i.V.m. §§ 28, 28a IfSG bestünden. Dabei wurde zwar die grundsätzliche Kritik an § 28a IfSG auf § 32 S. 1 IfSG übertragen, jedoch teilweise nicht für durchschlagend gehalten.[705] Obgleich § 28a Abs. 1 IfSG in seinen Nummern keine Tatbestandsvoraussetzungen und Rechtsfolgen normiert, so ist trotzdem anhand der Regelbeispiele erkennbar, welche Maßnahmen zur Eindämmung der Corona-Pandemie ergriffen werden dürfen. Auch die Rechtsprechung ging überwiegend davon aus, dass seit Erlass des § 28a IfSG der Inhalt, der Zweck und das Ausmaß der erteilten Ermächtigung im Delegationsgesetz hinreichend bestimmt im Sinne des Art. 80 Abs. 1 S. 2 GG waren. Der Gesetzgeber ist somit seiner Verpflichtung zur hinreichend bestimmten Regelung des Wesentlichen mit Erlass des § 28a IfSG in der Corona-Pandemie nachgekommen.

---

[703] Einerseits durch die Regelung, die das Nichterfüllen der Pflicht aus der Norm, welche die Kontaktnachverfolgung und zugleich den Schutz der Daten vor unbefugten Dritten anordnete, mit einem Bußgeld sanktionierte, andererseits bei einer konkreten bußgeldbewehrten Pflicht hinsichtlich des Schutzes der Daten.

[704] Siehe E. IV. 2. c.

[705] Dazu unter E. V.

Darüber hinaus ist von einem Gewinn an Rechtssicherheit auszugehen, wenn die Normenklarheitsvoraussetzungen für Normen betrachtet werden, welche das Recht auf informationelle Selbstbestimmung einschränken: Diese verlangen, dass Anlass, Zweck und Grenzen einer Datenerhebung und -verarbeitung grundsätzlich bereichsspezifisch und präzise (parlamentsgesetzlich[706]) festgelegt werden, was in § 28a IfSG geschehen ist: Im Rahmen der Corona-Pandemie ist seit November 2020 sachgebietsbezogen und normenklar in § 28a Abs. 1 Nr. 17 a.F. bzw. Nr. 18 n.F., Abs. 4 IfSG festgelegt, zu welchem Anlass[707] und Zweck[708] sowie in welchen Grenzen eine solche Maßnahme zur Bekämpfung der Corona-Pandemie angeordnet werden kann.

Schließlich ist die Regelung des § 28a Abs. 1 Nr. 17 a.F. bzw. Nr. 18 n.F., Abs. 4 IfSG auch verhältnismäßig. Erneut spielt insbesondere die organisatorische Absicherung des Datenschutzes für die Angemessenheit der Regelung eine maßgebende Rolle.[709] Bereits § 28a Abs. 4 S. 2 IfSG enthält eine Regelung zum Schutz der personenbezogenen Daten der Einrichtungsbesucherinnen und -besucher: Demnach sind schützende Vorkehrungen durch die privaten Verantwortlichen zu treffen, indem sie sicherzustellen haben, dass Unbefugte keine Kenntnis von den erhobenen Daten nehmen können. Die geforderten prozeduralen Sicherungen zum Grundrechtsschutz durch Verfahren wurden in § 28a Abs. 4 IfSG hinlänglich getroffen.

Was vor Erlass des § 28a IfSG äußerst kritisch hinsichtlich des Bestimmtheitsgebots aus Art. 80 Abs. 1 S. 2 GG und des Vorbehalts des Gesetzes, der spezifischen Vorgaben des Normenklarheitsgebots im Kontext des Grundrechts auf Datenschutz sowie der häufig nicht vorhandenen Regelungen zum Schutz der Daten war, verbesserte sich mit der Neuregelung im November 2020. Für zukünftige, mit der Corona-Pandemie vergleichbare Pandemien[710] bedarf es, jedenfalls wenn es um Regelungen einer verpflichtenden Kontaktdatenerhebung durch Private zur Infektionskettennachverfolgung geht, schneller einer bereichsspezifischen Grundlage einschließlich einer Regelung zum Schutz der personenbezogenen Daten.

[706] Nicht unumstritten, siehe D. III.

[707] Nämlich: Das gewünschte Aufsuchen der jeweiligen Einrichtung bildet den Anlass für die Datenerhebung.

[708] Nämlich: um Infektionsketten nachverfolgen und unterbrechen zu können; Verarbeitung zu keinem anderen Zweck als der Aushändigung an die Gesundheitsämter, nachdem diese die Verantwortlichen dazu aufgefordert haben.

[709] Angemessen sind v.a. Regelungen, welche hinsichtlich der Kundendatenerhebungen in den jeweiligen Einrichtungen anordnen, dass die Daten vor dem Zugriff unbefugter Dritter zu schützen seien, s.o. E. IV.

[710] Dazu E. VI.

Literaturverzeichnis

Albrecht, Jan Philipp / Jotzo, Florian Das neue Datenschutzrecht der EU, Baden-Baden 2017

Aligbe, Patrick Bevölkerungsschutz durch das Dritte Gesetz zur epidemischen Lage von nationaler Tragweite, ARP 2020, 374 – 379

Amhaouach, Lamia / Huster, Stefan / Kießling, Andrea / Schaefer, Lynn Die Beteiligung der Landesparlamente in der Pandemie – Modelle und Entwicklungen, NVwZ 2021, 825 – 830

Antweiler, Clemens Betriebsuntersagung durch Covid-19-Rechtsverordnungen: Eigentumseingriff und Entschädigung, NVwZ 2020, 584 – 589

Aust, Helmut Philipp / Meinel, Florian Entscheidungsmöglichkeiten des BVerfG, JuS 2014, 113 – 117

Barczak, Tristan Typologie des Verwaltungsakts, JuS 2018, 238 – 245

Behrendt, Svenja Entzauberung des Rechts auf informationelle Selbstbestimmung, Tübingen 2023

Bender, Philipp Verwaltungsgerichtlicher Rechtsschutz gegen Gottesdienstverbote durch Maßnahmen zur Eindämmung des Coronavirus, NVwZ Extra 9b/2020, 1 – 6

Benkert, Daniel Abfragen des Impfstatus, NJW-Spezial 2021, 660

J. S. Materne, *Das Recht auf informationelle Selbstbestimmung in der Corona-Pandemie*, https://doi.org/10.1007/978-3-658-50962-0

Berkemann, Jörg „Freiheitschancen über die Generationen" (Art. 20a GG) – Intertemporaler Klimaschutz im Paradigmenwechsel – Zugleich Besprechung von BVerfG, Beschl. v. 24.3.2021, 1 BvR 2656/18 u.a. (Klimaschutz), DÖV 2021, 701 – 715

Berwanger, Jörg Defizitäres Infektionsschutz-Entschädigungsrecht, NVwZ 2020, 1804 – 1808

Bethge, Herbert Die Entscheidungswirkung von Normbeanstandungen des Bundesverfassungsgerichts, JURA 2009, 18 – 24

Birkner, Stefan Parlamentarische Legitimation und effektive Pandemiebekämpfung, ZRP 2020, 157 – 159

Bleckmann, Albert Probleme des Grundrechtsverzichts, JZ 1988, 57 – 62

Bloß, Miriam / Kühhorn, Johannes Strafrechtliche Ermittlungen gestützt auf »Corona-Gästelisten«, JA 2020, 1036 – 1045

Bremert, Benjamin / Hansen, Marit / Körffer, Barbara / Polenz Sven Pandemie und Datenschutz, DuD 2020, 791 – 795

Breuer, Rüdiger Klimaschutz durch Gerichte?, NVwZ 2022, 1233 – 1241

Brink, Stephan / Joos, Daniel Datenschutz in Zeiten der Corona-Pandemie, NZA-Beilage 2021, 17 – 21

Britz, Gabriele	Schutz informationeller Selbstbestimmung gegen schwerwiegende Grundrechtseingriffe – Entwicklungen im Lichte des Vorratsdatenspeicherungsurteils, JA 2011, 81 – 85
Brocker, Lars	Exekutive versus parlamentarische Normsetzung in der Corona-Pandemie, NVwZ 2020, 1485 – 1488
Brosius-Gersdorf, Frauke (Hrsg.)	Dreier Grundgesetz-Kommentar, Band 1, 4. Auflage, Tübingen 2023 (zit.: *Bearbeiter* in: Dreier Grundgesetz-Kommentar, 4. Auflage 2023, Art. ... Rn. ...)
Brüning, Christoph	Was wirklich nottut – Parlamentsroutine statt Notparlament, NVwZ 2021, 272 – 275
Brüning, Christoph / Thomsen, Frederik	Not kennt ein Gebot: Gewaltenteilung in Zeiten einer Pandemie, NVwZ 2021, 1183 – 1187
Bull, Hans Peter	Sinn und Unsinn des Datenschutzes, Persönlichkeitsrecht und Kommunikationsfreiheit in der digitalen Gesellschaft, Tübingen 2015
Bull, Hans Peter	Informationelle Selbstbestimmung – Vision oder Illusion?, 2. Auflage, Tübingen 2011
Bull, Hans Peter	Wie wirkt das Landesverfassungsrecht?, NordÖR 2008, 49 – 55

Bull, Hans Peter — Zweifelsfragen um die informationelle Selbstbestimmung – Datenschutz als Datenaskese?, NJW 2006, 1617 – 1624

Bundesärztekammer / Kassenärztliche Vereinigung — Neuartiges Coronavirus – Weltgesundheitsorganisation vergibt offiziellen Namen, Deutsches Ärzteblatt, Jg. 117, Heft 8, 2020, A362

Calliess, Christian — Das „Klimaurteil" des Bundesverfassungsgerichts: „Versubjektivierung" des Art. 20a GG?, ZUR 2021, Band 6, S. 355 – 357

Cremer, Wolfram — Art. 80 Abs. 1 S. 2 GG und Parlamentsvorbehalt – Dogmatische Unstimmigkeiten in der Rechtsprechung des Bundesverfassungsgerichts, AöR 1997, Band 122, Heft 2, 248 – 267

von Danwitz, Thomas — Die Gestaltungsfreiheit des Verordnungsgebers, SÖR, Band 554, Berlin 1989

Dapprich, Tim Niklas — Die Pflicht zur Präzisierung eines legitimen Zwecks – Die Dogmatik des Verhältnismäßigkeitsgrundsatzes am Beispiel der Corona-Politik, COVuR 2021, 717 – 722

Deutsch, Markus — Die heimliche Erhebung von Informationen und deren Aufbewahrung durch die Polizei, MA, Band 12, Heidelberg 1992

Dochow, Carsten — Digitale Überwachung und Gesundheitsdatenschutz in Zeiten einer nationalen epidemischen Lage, GuP 2020, 129 – 147

Donner, Hartwig / Simon, Jürgen — Genomanalyse und Verfassung, DÖV 1990, 907 – 918

Dörr, Oliver / Grote, Rainer / Marauhn, Thilo (Hrsg.) — EMRK/GG, Konkordanzkommentar, Band I, 3. Auflage, Tübingen 2022

(zit.: *Bearbeiter* in: Dörr/Grote/Marauhn, EMRK/GG, Konkordanzkommentar, 3. Auflage 2022, Kapitel ..., Rn. ...)

Dreier, Horst — Dreier Grundgesetz-Kommentar, Band 2, 3. Auflage, Tübingen 2015

(zit.: *Bearbeiter* in: Dreier Grundgesetz-Kommentar, 3. Auflage 2015, Art. ... Rn. ...)

Dreier, Horst — Dreier Grundgesetz-Kommentar, Band 3, 3. Auflage, Tübingen 2018

(zit.: *Bearbeiter* in: Dreier Grundgesetz-Kommentar, 3. Auflage 2018, Art. ... Rn. ...)

Dreier, Horst — Rechtsstaat, Föderalismus und Demokratie in der Corona-Pandemie, DÖV 2021, 229 – 242

Eberle, Carl-Eugen — Gesetzesvorbehalt und Parlamentsvorbehalt, DÖV 1984, 485 – 493

Eckart, Christian / Winkelmüller, Michael (Hrsg.)
Infektionsschutzrecht, Beck'scher Online-Kommentar, 21. Edition, München 2024

(zit.: *Bearbeiter* in: BeckOK Infektionsschutzrecht, 21. Edition, Stand: ..., § ..., Rn. ...)

Eibenstein, Henrik
Die (vertane) Chance des § 28a IfSG, COVuR 2020, 856 – 864

Eibenstein, Henrik
Anmerkungen zu VG Hamburg, Beschluss vom 10.11.2020 – 13 E 4550/20, CoVuR 2020, 888 – 893

Emmenegger, Sigrid / Wiedmann, Ariane (Hrsg.)
Linien der Rechtsprechung des Bundesverfassungsgerichts, Band 2, Berlin 2011

(zit.: *Bearbeiter* in: Linien der Rechtsprechung des Bundesverfassungsgerichts, 2011, S. ...)

Epping, Volker
Grundrechte, 9. Auflage, Berlin 2021

Epping, Volker / Hillgruber, Christian (Hrsg.)
Beck'scher Online-Kommentar Grundgesetz, 58. Edition, München 2024

(zit.: *Bearbeiter* in: BeckOK Grundgesetz, 58. Edition, Stand: ..., Art. ..., Rn. ...)

Erb, Volker / Schäfer, Jürgen
Münchener Kommentar zum StGB, Band 7, 4. Auflage, München 2022

(zit.: *Bearbeiter* in: Münchener Kommentar zum StGB, 4. Auflage 2022, § ..., Rn. ...)

Erdmann, Max Kohärenz in der Krise?, NVwZ 2020, 1798 – 1802

Europäischer Datenschutzausschuss Leitlinien 04/2020 für die Verwendung von Standortdaten und Tools zur Kontaktnachverfolgung im Zusammenhang mit dem Ausbruch von COVID-19 vom 21.4.2020, 4 – 22

Fährmann, Jan / Arzt, Clemens Polizeilicher Umgang mit personenbezogenen Daten in der Corona-Pandemie, DuD 2020, 801 – 805

Felz, Sebastian Booster für den (betrieblichen) Infektionsschutz, ARP 2021, 294 – 298

Franzius, Claudio Das Recht auf informationelle Selbstbestimmung, ZJS 3/2015, 259 – 270

Friehe, Matthias „Corona im Bundestag", JA 2021, 831 – 838

Gärditz, Klaus Ferdinand / Abdulsalam, Maryam Kamil Rechtsverordnungen als Instrument der Epidemie-Bekämpfung, GSZ 2020, 108 – 115

Gersdorf, Hubertus / Paal, Boris P. (Hrsg.) Beck'scher Online-Kommentar Informations- und Medienrecht, 44. Edition, München 2024

(zit.: *Bearbeiter* in: BeckOK InfoMedienR, 44. Edition, Stand: ..., Art. ..., Rn. ...)

Giesberts, Ludger / Gayger, Michael / Weyand, Philip COVID-19 – Hoheitliche Befugnisse, Rechte Betroffener und staatliche Hilfen, NVwZ 2020, 417 – 423

Glaab, Sarah / Schwedler, Anna Besuchseinschränkungen in Pflegeheimen zur Bekämpfung des Coronavirus, NJW 2020, 1702 – 1705

Glaeske, Gerd Die Pandemie durch SARS-CoV-2/Covid-19 – der Übergang zur chronischen Phase, Public Health Forum, Band 29, Heft 1, 2021, 42 – 46

Gola, Peter Zwei Jahre neues Bundesdatenschutzgesetz – Zur Entwicklung des Datenschutzrechts seit 1991, NJW 1993, 3109 – 3118

Golland, Alexander Datenschutzkonforme Test-, Impf- und Genesungskontrollen in Betrieben der Privatwirtschaft, DSB 2021, 158 – 160

Gölzer, Sarah / Fischer-Uebler, Annika / Schaub, Annkathrin Die ungenutzte Macht der Parlamente in der Covid-19-Pandemie, NVwZ 2021, 928 – 935

Grabitz, Eberhard / Hilf, Meinhard (Begr.) Das Recht der Europäischen Union, Band I, München 2023

(zit.: *Bearbeiter* in: Das Recht der Europäischen Union, Werkstand: ..., Art. ..., Rn. ...)

Greve, Holger Infektionsschutzrecht in der Pandemielage – Der neue § 28a IfSG, NVwZ 2020, 1786 – 1792

Guckelberger, Annette Ausgangsbeschränkungen und Kontaktverbote anlässlich der Corona-Pandemie, NVwZ Extra 9a/2020, 1 – 15

Gurlit, Elke — Verfassungsrechtliche Rahmenbedingungen des Datenschutzes, NJW 2010, 1035 – 1041

Gusy, Christoph — Informationelle Selbstbestimmung und Datenschutz: Fortführung oder Neuanfang?, KritV, Vol. 83, No. 1, 2000, 52 – 64

Hahn, Lisa / Petras, Maximilian / Valentiner, Dana / Wienfort, Nora (Hrsg.) — Grundrechte, Berlin 2022

Hänold, Stefanie — DSK: Einsatz von Wärmebildkameras bzw. elektronischer Temperaturerfassung im Rahmen der Corona-Pandemie, ZD-Aktuell 2020, 07411

Härtel, Ines — Digitalisierung im Lichte des Verfassungsrechts – Algorithmen, Predictive Policing, autonomes Fahren, LKV 2019, 49 – 60

Hase, Friedhelm — Verfassungsrechtswissenschaft in der Corona-Krise – worauf kommt es an?, JZ 22/2020, 1107 – 1108

Heinemann, Patrick — Behrendt, Entzauberung des Rechts auf informationelle Selbstbestimmung, NVwZ 2024, 570

Heinig, Hans Michael / Kingreen, Thorsten / Lepsius, Oliver / Möllers, Christoph / Volkmann, Uwe / Wißmann, Hinnerk — Why Constitution Matters – Verfassungsrechtswissenschaft in Zeiten der Corona-Krise, JZ 18/2020, 861 – 872

Hidalgo, Martina / Ceelen, Christoph / Buziek, Lisa — „3G-Regelung“ im Betrieb – Nicht so unzulässig wie gedacht?, NJW 2021, 3151 – 3157

Hofmann, Ekkehard — Der Klimaschutzbeschluss des BVerfG, NVwZ 2021, 1587 – 1590

Hören, Thomas — Bull, Sinn und Unsinn des Datenschutzes, ZD-Aktuell 2015, 04165

Huster, Stefan / Kingreen, Thomas (Hrsg.) — Handbuch Infektionsschutzrecht, 2. Auflage, München 2022

(zit.: *Bearbeiter* in: Huster/Kingreen, Handbuch Infektionsschutzrecht, 2. Auflage 2022, Kapitel ..., Rn. ...)

Hufen, Friedhelm — Staatsrecht II, 10. Auflage, München 2023

Ipsen, Jörn — Staatsrecht II, 24. Auflage, München 2021

Jarass, Hans Dieter / Pieroth, Bodo (Begr.) — Grundgesetz für die Bundesrepublik Deutschland, Kommentar, 18. Auflage, München 2024

(zit: *Bearbeiter* in: Jarass/Pieroth, Grundgesetz Kommentar, 18. Auflage 2024, Art. ..., Rn. ...)

Görres-Gesellschaft (Hrsg.) — Staatslexikon, Band 3, 8. Auflage, Freiburg im Breisgau 2019

Kahl, Hartmut — Unzureichende Zielsetzung im Klimaschutzgesetz vereitelt künftige Ausübung von Freiheitsrechten, Anmerkung zu BVerfG, Beschluss vom 24. März 2021, 1 BvR 2656/18 u.a., EnWZ 2021, 268 – 275

Kersten, Jens — Covid-19 – Kein Ausnahmezustand!, ZRP 2020, 65

Kersten, Jens / Rixen, Stephan — Der Verfassungsstaat in der Corona-Krise, 3. Auflage, München 2022

Kießling, Andrea (Hrsg.) — Infektionsschutzgesetz Kommentar, 3. Auflage, München 2022

(zit.: *Bearbeiter* in: Kießling, IfSG, 3. Auflage 2022, § ..., Rn. ...)

Kingreen, Thorsten — Das Studium des Verfassungsrechts in der Pandemie, JURA 2020, 1019 – 1035

Kingreen, Thorsten / Kühling, Jürgen — Weniger Schutz durch mehr Recht: Der überspannte Parlamentsvorbehalt im Datenschutzrecht, JZ 2015, 213 – 220

Klafki, Anika — Mehr Parlament wagen? – Die Entdeckung des Art. 80 IV GG in der Corona-Pandemie, NVwZ 2020, 1718 – 1722

Klafki, Anika — Stellungnahme, Ausschussdrucksache 19(14) 246(9), 1 – 10

Klafki, Anika Verwaltungsrechtliche Anwendungsfälle im Kontext der Covid-19-Pandemie, JuS 2020, 511 – 515

Kloepfer, Michael / Schärdel, Florian Grundrechte für die Informationsgesellschaft – Datenschutz und Informationszugangsfreiheit ins Grundgesetz? JZ 9/2009, 453 – 462

Kluckert, Sebastian (Hrsg.) Das neue Infektionsschutzrecht, 2. Auflage, Baden-Baden 2021

(zit.: *Bearbeiter* in: Kluckert, Das neue Infektionsschutzrecht, 2. Auflage 2021, § ..., Rn. ...)

Knell, Sebastian Der Einsatz von Drohnen zur Überwachung des Kontaktverbots in Zeiten der Corona-Pandemie, NVwZ 2020, 688 – 689

Kühling, Jürgen Das „Recht auf Vergessenwerden" vor dem BVerfG – November(r)evolution für die Grundrechtsarchitektur im Mehrebenensystem, NJW 2020, 275 – 280.

Kühling, Jürgen / Sackmann, Florian Das Mehrebenensystem der Datenschutzgrundrechte im Lichte der Rechtsprechung von BVerfG und EuGH, JURA 4/2018, 364 – 377

Kuhlmann, Simone Das neue Infektionsschutzgesetz, JM 2021, 288 – 294

Ladeur, Karl-Heinz	Das Recht auf informationelle Selbstbestimmung: Eine juristische Fehlkonstruktion?, DÖV 2/2009, 45 – 55
Lang, Heinrich / Wilms, Heinrich	Staatsrecht II, 2. Auflage, Stuttgart 2020
Leisner-Egensperger, Anna	Die Freiheit und ihr Schutz, NJW 2021, 2415 – 2420
Lenz, Christopher / Schulte, Henrike	Sitzungen des Bundestags per Videokonferenz: Gehst du noch hin oder streamst du schon?, NVwZ 2020, 744 – 749
Lepsius, Oliver	Grundrechtsschutz in der Corona-Pandemie, Corona und Grundgesetz, RuP, Beiheft 7, 2021, 40 – 63
Lepsius, Oliver	Grundrechtsschutz in der Corona-Pandemie, RuP 3/2020, 258 – 281
Maaß, Frank	Coronavirus – aktuelle rechtliche Entwicklungen, NVwZ 2020, 589 – 595
Makoski, Bernadette	Kooperativer Grundrechtsschutz im europäischen Mehrebenensystem, EuZW 2020, 1012 – 1018
von Mangoldt, Hermann / Klein, Friedrich / Starck, Christian (Begr.)	Grundgesetz Kommentar, Band 1, 8. Auflage, München 2024 (zit.: *Bearbeiter* in: Huber/Voßkuhle, Grundgesetz Kommentar, 8. Auflage 2024, Art. ..., Rn. ...)

von Mangoldt, Hermann / Klein, Friedrich / Starck, Christian (Begr.) — Grundgesetz Kommentar, Band 2, 8. Auflage, München 2024

(zit.: *Bearbeiter* in: Huber/Voßkuhle, Grundgesetz Kommentar, 8. Auflage 2024, Art. ..., Rn. ...)

Manssen, Gerrit — Staatsrecht II, 19. Auflage, München 2022

Marquardsen, Maria / Gerlach, Jens — Die Corona-Pandemie in der verwaltungsrechtlichen Prüfung – Teil II, JA 2020, 801 – 808

Martini, Mario / Thiessen, Bianca / Ganter, Jonas — Zwischen Vermummungsverbot und Maskengebot: Die Versammlungsfreiheit in Zeiten der Corona-Pandemie, NJOZ 2020, 929 – 935

Maunz, Theodor (Begr.) — Schmidt-Bleibtreu/Klein/Bethge, Bundesverfassungsgerichtsgesetz, 63. Auflage, München 2023

(zit.: *Bearbeiter* in: Schmidt-Bleibtreu/Klein/Bethge, Bundesverfassungsgerichtsgesetz, 63. EL Juni 2023, § ..., Rn. ...)

Maunz, Theodor / Dürig, Günter (Begr.) — Dürig/Herzog/Scholz, Grundgesetz-Kommentar, Band I, 104. Ergänzungslieferung, München 2024

(zit.: *Bearbeiter* in: Dürig/Herzog/Scholz, Grundgesetz-Kommentar, 104. EL 2024, Art. ... Rn.: ...)

Maunz, Theodor / Dürig, Günter (Begr.) Dürig/Herzog/Scholz, Grundgesetz-Kommentar, Band V, 104. Ergänzungslieferung, München 2024

(zit.: *Bearbeiter* in: Dürig/Herzog/Scholz, Grundgesetz-Kommentar, 104. EL 2024, Art. ... Rn. ...)

Mayen, Thomas Der verordnete Ausnahmezustand, NVwZ 2020, 828 – 834

Meyer, Hubert Die Krise und das Kommunalverfassungsrecht, NVwZ 2020, 1302 – 1307

Meyer, Hubert COVID-19: Verantwortung in der Krise – Zwischenruf aus der Praxis, NVwZ 2020, 609 – 611

Michael, Lothar / Morlok, Martin Grundrechte, 8. Auflage, Baden-Baden 2022

Michl, Fabian Der demokratische Rechtsstaat in Krisenzeiten, JuS 2020, 643 – 647

Michl, Fabian Der demokratische Rechtsstaat in Krisenzeiten, JuS 2020, 507 – 510

Müller, Daniel Bernhard / Dittrich, Lars Linien der Rechtsprechung des Bundesverfassungsgerichts, Band 6, Berlin 2022

(zit.: *Bearbeiter* in: Linien der Rechtsprechung des Bundesverfassungsgerichts, 2022, S. ...)

Müller-Glöge, Rudi / Preis, Ulrich / Schmidt, Ingrid (Hrsg.) — Erfurter Kommentar zum Arbeitsrecht, 24. Auflage, München 2024

(zit.: *Bearbeiter* in: Erfurter Kommentar zum Arbeitsrecht, 24. Auflage 2024, Art. ..., Rn. ...)

von Münch, Ingo / Kunig, Philip (Begr.) — Grundgesetz-Kommentar, Band 1, 7. Auflage, München 2021

(zit.: *Bearbeiter* in: von Münch/Kunig, Grundgesetz-Kommentar, 7. Auflage 2021, Art. ..., Rn. ...)

von Münch, Ingo / Kunig, Philip (Begr.) — Grundgesetz-Kommentar, Band 2, 7. Auflage, München 2021

(zit.: *Bearbeiter* in: von Münch/Kunig, Grundgesetz-Kommentar, 7. Auflage 2021, Art. ..., Rn. ...)

von Münch, Ingo / Mager, Ute — Staatsrecht II, 7. Auflage, Stuttgart 2018

Murswiek, Dietrich — Die Corona-Waage – Kriterien für die Prüfung der Verhältnismäßigkeit von Corona-Maßnahmen, NVwZ Extra 5/2021, 1 – 15

Nettesheim, Martin — Grundrechtsschutz der Privatheit, Referat, VVDStRL 70, 2011, 7 – 43

Neumann, Eva / Eichberger, Fabian Simon — Die Unionsgrundrechte vor dem Bundesverfassungsgericht, JuS 2020, 502 – 506

Niedenhoff, Horst-Udo / Orth, Peter	Neue Wege für Wirtschaft und Gesellschaft, Wiesbaden 2021
Niedernhuber, Tanja	Die Verwendung von Corona-Gästelisten zur Strafverfolgung, KriPoZ 6/2020, 318 – 336
Ohler, Christoph	Der institutionelle Vorbehalt des Gesetzes, AöR, Band 131, Heft 3, 2006, 336 – 377
Pautsch, Arne	Das verordnungsvertretende Landesgesetz als parlamentarischer Rettungsanker in der Corona-Krise?, SächsVBl. 2/2021, 33 – 38
Pautsch, Arne / Haug, Volker	Parlamentsvorbehalt und Corona-Verordnungen – ein Widerspruch, NJ 2020, 281 – 286
Petersen, Niels	Deutsches und Europäisches Verfassungsrecht II, 2. Auflage 2022
Poppenhäger, Holger	Informationelle Gewaltenteilung, Zulässigkeit und Grenzen der Nutzung personenbezogener Daten für statistische Zwecke und Zwecke des Verwaltungsvollzugs, NVwZ 1992, 149 – 151
Rademacher, Timo / Perkowksi, Lennart	Staatliche Überwachung, neue Technologien und die Grundrechte, Jus 2020, 713 – 720
Rixen, Stephan	Gesundheitsschutz in der Coronavirus-Krise – Die (Neu-)Regelungen des Infektionsschutzgesetzes, NJW 2020, 1097 – 1103

Robert Koch-Institut (Hrsg.) Dritte Aktualisierung der „Retrospektiven Phaseneinteilung der COVID-19-Pandemie in Deutschland“, Epidemiologisches Bulletin 38/2022, 3 – 6

Robert Koch-Institut (Hrsg.) Zweite Aktualisierung der „Retrospektiven Phaseneinteilung der COVID-19-Pandemie in Deutschland“, Epidemiologisches Bulletin 10/2022, 3 – 5

Robert Koch-Institut (Hrsg.) Aktualisierung zur „Retrospektiven Phaseneinteilung der COVID-19-Pandemie in Deutschland“, Epidemiologisches Bulletin 37/2021, 13 – 14

Robert Koch-Institut (Hrsg.) Retrospektive Phaseneinteilung der COVID-19-Pandemie in Deutschland bis Februar 2021, Epidemiologisches Bulletin 15/2021, 8 – 15

Roßnagel, Alexander 40 Jahre Volkszählungsurteil des Bundesverfassungsgerichts, JURA 12/2023, 1363 – 1375

Sachs, Michael (Hrsg.) Grundgesetz Kommentar, 9. Auflage, München 2021

(zit.: *Bearbeiter* in: Sachs, Grundgesetz Kommentar, 9. Auflage 2021, Kapitel .../ Art. ..., Rn. ...)

Sagan, Adam Arbeiten im Betrieb unter Corona-Bedingungen, NZA-Beilage 2021, 21 – 29

Sangs, André — Das Dritte Gesetz zum Schutz der Bevölkerung bei einer epidemischen Lage von nationaler Tragweite und Gesetzgebung während der Pandemie, NVwZ 2020, 1780 – 1785

Schlaich, Klaus / Korioth, Stefan — Das Bundesverfassungsgericht, 12. Auflage, München 2021

Schlegel, Rainer / Meßling, Miriam / Bockholdt, Frank — COVID-19 – Corona-Gesetzgebung, 2. Auflage, München 2022

Schlink, Bernhard — Das Recht auf informationelle Selbstbestimmung, Der Staat, Vol. 25, No. 2, Berlin 1986, 233 – 250

Schmidt, Hubert (Hrsg.) — Rechtsfragen zur Corona-Krise, 3. Auflage, München 2021

(zit.: *Bearbeiter* in: Schmidt, Rechtsfragen zur Corona-Krise, 3. Auflage 2021, § ..., Rn. ...)

Schmitt, Felix — Die Verfassungswidrigkeit der landesweiten Ausgangsverbote, NJW 2020, 1626 – 1631

Schmitt, Carl — Politische Theologie, 9. Auflage, Berlin 2009

Schmitz, Holger / Neubert, Carl-Wendelin — Praktische Konkordanz in der Covid-Krise, NVwZ 2020, 666 – 671

Schoch, Friedrich / Schneider, Jens-Peter (Hrsg.) — Verwaltungsrecht Kommentar, Bände zum VwVfG, Werkstand: 4. EL August, München 2023

(zit.: *Bearbeiter* in: Schoch/Schneider, Verwaltungsrecht, Werkstand: 4. EL November 2023, § ... VwVfG, Rn. ...)

Schrader, Hans-Hermann — Datenschutz in den Grundrechtskatalog, CR 1994, 427 – 430

Schwarz, Kyrill-Alexander — Das Infektionsschutzgesetz und die Grundrechte – ein Lehrstück zum verfassungsrechtlichen Freiheitsverständnis bei drohenden Gefahren, JA 2020, 321 – 326

Seiler, Christian — Pandemiebedingte Maßnahmen zur Kontaktvermeidung als verfassungsrechtliche Herausforderung, JZ 2021, 924 – 931

Shirvani, Foroud — Defizitäres Infektionsschutz-Entschädigungsrecht, NVwZ 2020, 1457 – 1462

Siegel, Thorsten — Verwaltungsrecht im Krisenmodus, NVwZ 2020, 577 – 583

Simitis, Spiros — Die informationelle Selbstbestimmung – Grundbedingung einer verfassungskonformen Informationsordnung, NJW 1984, 398 – 405

Spieth, Friedrich / Hellermann, Niclas — Not kennt nicht nur ein Gebot – Verfassungsrechtliche Gewährleistungen im Zeichen von Corona-Pandemie und Klimawandel, NVwZ 2020, 1405 – 1408

Stach, Daniel — Die häusliche Quarantäne nach Ein- oder Rückreise aus dem Ausland, NJW 2021, 10 – 17

Stelkens, Paul / Bonk, Joachim / Leonhardt, Klaus (Begr.) — Verwaltungsverfahrensgesetz Kommentar, 10. Auflage, München 2023

(zit.: *Bearbeiter* in: Stelkens/Bonk/Sachs, Verwaltungsverfahrensgesetz, 10. Auflage 2023, § ..., Rn. ...)

Stern, Klaus / Sodan, Helge / Möstl, Markus (Hrsg.) — Das Staatsrecht der Bundesrepublik Deutschland im europäischen Staatenverbund, Band 3, 2. Auflage, München 2022

(zit.: *Bearbeiter* in: Stern/Sodan/Möstl, Staatsrecht, 2. Auflage 2022, § ..., Rn. ...)

Stern, Klaus / Sodan, Helge / Möstl, Markus (Hrsg.) — Das Staatsrecht der Bundesrepublik Deutschland im europäischen Staatenverbund, Band 4, 2. Auflage, München 2022

(zit.: *Bearbeiter* in: Stern/Sodan/Möstl, Staatsrecht, 2. Auflage 2022, § ..., Rn. ...)

Stroscher, Jan-Philipp / Schomberg, Sabrina — Digitale Kontaktnachverfolgung per App – ist ein Ende der Zettelwirtschaft in Sicht?, ZD-Aktuell 2021, 05138

Taeger, Jürgen / Pohle, Jan (Hrsg.) — Computerrechts-Handbuch, 39. Ergänzungslieferung, München 2024

(zit.: *Bearbeiter* in: Taeger/Pohle, Computerrechts-Handbuch, 39. EL April 2024, Teil ..., Abschnitt ..., Rn. ...)

Thüringer Landtag	Plenarprotokoll 7/11, 08.05.2020
Vogelgesang, Klaus	Grundrecht auf informationelle Selbstbestimmung?, Studien und Materialien zur Verfassungsgerichtsbarkeit, Baden-Baden 1987
Volkmann, Uwe	Heraus aus dem Verordnungsregime, NJW 2020, 3153 – 3160
Voßkuhle, Andreas / Kaiser, Anna-Bettina	Grundwissen – Öffentliches Recht: Der Grundrechtseingriff, JuS 2009, 313 – 315
Wacker, Gottfried	Entscheidungsfindung in Kollegialorganen in Krisenzeiten, NVwZ 2020, 922 – 926
Wagner, Gerhard	Klimaschutz durch Gerichte, NJW 2021, 2256 – 2263
Waldhoff, Christian	Der Bundesstaat in der Pandemie, NJW 2021, 2772 – 2777
Wegener, Bernhard Werner / Muth, Sven	Das »neue Grundrecht« auf Gewährleistung der Vertraulichkeit und Integrität informationstechnischer Systeme, JURA 2010, 847 – 852
Wiedmann, Jan-Louis	Die Rolle des Bundestages in der Corona-Krise, BRZ 2021, 87 – 100
Wissenschaftliche Dienste des Deutschen Bundestags	Sachstand WD 3, 3000, 060/21

Wissenschaftliche Dienste des Deutschen Bundestages	Virtuelles Parlament, WD 3, 3000, 084/20
Zentgraf, Clarissa Katharina Julia / Schäfer, Christian	Zu Gast bei einem Verbrechen – Datenschutzrechtliche Bewertung des repressiv-polizeilichen Zugriffs auf Corona-Kontaktlisten, DÖV 2021, 788 – 794
Ziekow, Jan	Verordnungsermächtigungen mit supra- und internationalen Bezügen, JZ 20/1999, 963 – 970
Zuck, Rüdiger / Zuck, Holger	Die Rechtsprechung des BVerfG zu Corona-Fällen, NJW 2020, 2302 – 2307

Gebraucht werden die üblichen Abkürzungen, vgl.

Kirchner, Hildebert	Abkürzungsverzeichnis der Rechtssprache, 10. Auflage, Berlin 2021.

Quellen aus dem Internet

https://www.infektionsschutz.de/erregersteckbriefe/coronavirus-sars-cov-2/

https://www.dzif.de/de/glossar/coronavirus

https://uol.de/aktuelles/artikel/angriff-von-coronaviren-in-nahaufnahme-4788

https://wirtschaftslexikon.gabler.de/definition/lockdown-122433

https://www.who.int/director-general/speeches/detail/who-director-general-s-opening-remarks-at-the-media-briefing-on-covid-19---11-march-2020

https://www.rki.de/DE/Content/Infekt/NRZ/Influenza/zirkulierende/VirolAnalysen_2020_21.html

https://www.wiwo.de/politik/deutschland/corona-wie-verlief-der-erste-lockdown-in-deutschland/26853384.html

https://www.wiwo.de/politik/deutschland/corona-lockdown-so-ist-der-zweite-lockdown-in-deutschland-verlaufen/27076474.html

https://www.ldi.nrw.de/3g-nachweis-und-kontaktdaten-einfach-zerreissen-reicht-nicht

https://www.welt.de/vermischtes/article207183545/Regeln-in-der-Corona-Krise-Wo-die-Polizei-die-Ausgangssperre-per-Drohne-kontrolliert.html

https://netzpolitik.org/2020/landespolizeien-setzen-drohnen-ein/

https://link.springer.com/article/10.1007/s00103-022-03649-1

https://www.bmbf.de/bmbf/shareddocs/kurzmeldungen/de/faq-zum-nationalen-forschungsn-zwerk-der-universitaetsmedizin.html

https://www.brak.de/anwaltschaft/tipps-und-leitfaeden/corona/landesverordnungen-erlasse-und-allgemeinverfuegungen-der-laender/

https://www.rki.de/DE/Content/InfAZ/N/Neuartiges_Coronavirus/Steckbrief.html

https://www.rki.de/DE/Content/InfAZ/N/Neuartiges_Coronavirus/Steckbrief.html#:~:text=Die%20Inkubationszeit%20gibt%20die%20Zeitspanne,%2D14%2C2%20Tage

J. S. Materne, *Das Recht auf informationelle Selbstbestimmung in der Corona-Pandemie*, https://doi.org/10.1007/978-3-658-50962-0

https://www.bundesregierung.de/breg-de/suche/konferenz-der-bundeskanzlerin-mit-den-regierungschefinnen-und-regierungschefs-der-laender-am-14-oktober-2020-1798942

https://www.n-tv.de/wissen/Maskenstreit-entzuendet-sich-wegen-Studie-neu-article23890133.html

https://www.tagesschau.de/faktenfinder/corona-studie-masken-101.html

https://pwwl.de/40-jahre-volkszaehlungsurteil-eine-gratulation-an-das-recht-auf-informationelle-selbstbestimmung/

https://www.datenschutz-praxis.de/grundlagen/volkszaehlungsurteil/

https://www.handelsblatt.com/meinung/gastbeitraege/gastkommentar-die-coronakrise-ist-ein-stresstest-fuer-die-grundrechte-und-die-verfassung/25699392.html?ticket=ST-2704475-lOG4Fm6KgeF4J6KoKCcd-ap1

https://www.phoenix.de/stresstest-corona-a-4456582.html

https://www.verkuendung-bayern.de/baymbl/2020-270/

https://praxistipps.chip.de/was-ist-eine-app-definition-bedeutung_41316

https://luca-app.de/app-privacy-policy/

https://www.basicthinking.de/blog/2022/04/14/luca-app-beendet-kontaktdatenerfassung/

https://www.n-tv.de/panorama/Luca-App-setzt-Erfassung-von-Kontaktdaten-aus-article23261926.html

https://www.bundesregierung.de/breg-de/aktuelles/corona-warn-app-ruhemodus-2182638#:~:text=Die%20App%20ist%20ab%201,als%20auch%20für%20Android%2DGeräte

https://www.buzer.de/gesetz/2148/al254540.htm

https://www.faz.net/aktuell/politik/union-und-spd-einig-infektionsschutzgesetz-wird-schnell-neu-gefasst-17034341.html

https://www.zdf.de/nachrichten/wissen/who-pandemie-abkommen-corona-100.html

https://www.focus.de/gesundheit/news/ranking-der-gefaehrlichsten-erreger-forscher-warnen-diese-viren-koennten-naechste-pandemie-verursachen_id_259881032.html

https://www.vfa.de/de/arzneimittel-forschung/coronavirus/pandemiebereitschaft-abwehr-gegen-die-naechste-pandemie

https://www.sueddeutsche.de/politik/virtueller-bundestag-corona-schaeuble-digitaler-1.4874777

https://www.spiegel.de/politik/deutschland/corona-krise-landtag-in-thueringen-sucht-ausweichquartier-a-fc5df590-24d5-48fe-b0af-9f144e45c550

https://www.mpg.de/19873933/0213-bild-covid-19-massnahmen-149835-x

https://www.praeventionstag.de/nano.cms/news/details/8108

Alle Links wurden zuletzt abgerufen am 18. September 2024.

FSC
www.fsc.org
MIX
Papier | Fördert gute Waldnutzung
FSC® C083411

Kolibri 360 GmbH
Ferdinand-Jühlke-Straße 7
99095 Erfurt, Deutschland
produktsicherheit@kolibri360.de